워런 버핏 바이블 2021

버핏이 직접 말해주는 투자와 경영의 지혜 2: 2017~2021

워런 버핏 바이블 2021

버핏이 직접 말해주는 투자와 경영의 지혜 2: 2017~2021

이건·최준철·홍영표 엮고 지음

에프엔미디어

차례

2장 | 기업 인수

3장 | 자본 배분

4장 | 회계, 평가

5장 | 지배구조

6장 | 버크셔의 기업문화

7장 | 시장에 대한 관심

8장 | 보험·금융업

9장 | 제조·서비스업

10장 | 버크셔 경영 실적 보고

11장 | 학습과 삶의 지혜

12장 | 버크셔 해서웨이와 S&P500의 실적 비교

부록

추천의 말

투자와 인생을 배우다

워런 버핏의 조언은 얼마만큼의 값어치가 있을까? 버핏과 점심 식사를 하면서 투자와 인생에 관해 버핏에게 묻고 직접 조언을 들을 수 있는 '버핏과의 점심' 경매가 있다. 2000년부터 이어져오고 있으며, 최근인 2019년 경매는 무려 457만 달러(약 51억 원)에 낙찰되었다. 이렇게 큰 돈을 주고서라도 듣고 싶어 하는 버핏의 조언을 거의 공짜로 들을 수 있는 방법이 있다. 바로 버핏이 회장 겸 CEO인 투자회사 버크셔 해서웨이의 연차 보고서에 실린, 버핏이 손수 공들여 쓴 주주 서한을 읽는 일이다.

이 주주 서한에 버크셔 주주총회의 질의응답 내용을 더해 주제별로 잘 정리한 책이 《워런 버핏 바이블》이다. 이번에 나온 《워런 버핏 바이블 2021》은 전작에 이어 2021년까지의 기간을 다뤘다. 워런 버핏에 관한 최고 권위자인 이건 번역가가 본문을 엮었고, 여기에 '버핏 마니아'인 홍영표 변호사와 '리틀 버핏'으로 불리는 최준철 브이아이피자산운용 대표의 '한국판 Q&A'를 더해 국내 독자들이 궁금해할 내용을 해설했다.

우리 주위에는 멘토를 자처하는 수많은 투자 전문가의 조언이 넘쳐난다. 나도 20년 전 투자를 시작한 이래 어떻게 하면 현명한 투자자가 될 수 있을지 고심하며 여기저기 끊임없이 답을 구해왔다. 하지만 지금까지 벤저민 그레이엄과 그의 제자 버핏의 말과 글보다 더 훌륭한 조언을 찾지 못했다. 이들의 조언은 100년에 이르는 장구한 시간에도 여전히 빛을 내고 있으며 앞으로도 그럴 것으로 믿는다.

버핏의 말처럼 투자는 복잡하지 않다. 버핏의 조언에는 복잡한 수식이 없고 난해한 경제 전망이나 시장 예측도 없다. 빨리 돈을 벌고 싶어 하는 욕심이, 부질없는 시장 전망이나 주가 예측에 시간을 허비하게 만들고 투자를 복잡하게 만들 뿐이다.

나는 버핏의 조언을 받아들이면서 세상과 사람에 대한 이해가 훨씬 깊어졌다. 투자뿐 아니라 삶에서 진정 소중한 것이 무엇인지 깨닫게 된다. 버핏은 투자자로서도 인생 선배로서도 정말 닮고 싶은 분이다. 부디 독자 여러분도 책을 통해 투자와 인생에 대한 버핏의 가르침을 받아보길 권한다.

박성진(이언투자자문 대표)

머리말

떨렸지만, '진심' 하나로 만든 책

'바이블'은 어떤 저작물에든 함부로 붙이기에 무척이나 부담스러운 표현이다. 특정 분야의 내용을 집대성했다는 뜻을 담고 있기도 하지만 일종의 종교적 단어이기도 해서 저자의 권위가 뒷받침되지 않으면 그 무게를 감당하기가 쉽지 않다.

상장 회사의 실적 보고를 담은 주주 서한을 전 세계 모든 투자자가 손꼽아 기다리고, 미국 소도시에서 개최되는 그 회사의 주주총회에 4만 명이 운집한다면 이는 가히 종교적 팬덤이라고 할 수 있지 않을까? 그렇다. 21세기 자본주의를 상징하며 투자의 신으로 불리는 워런 버핏이라면 그의 어록을 바이블로 부르기에 부족함이 없다.

성과가 모든 것을 웅변하는 투자의 세계에서 누적 수익률이야말로 권위의 시작이다. 하지만 버핏이 그 비결을 혼자만 알고 숨겼다면, 공개했더라도 대중이 이해할 수 없는 표현만 썼다면, 그의 지혜가 오로지 돈을 버는 데만 한정됐다면 우리는 그를 지금보다 덜 사랑했을지도 모르겠다.

주주 서한에서는 깊이와 재치를 담은 글로 전 세계 투자자에게 영감을 주며, 주주총회 Q&A 시간에는 소탈한 모습으로 다양한 궁금증을 해소해주는데 그 범위는 투자뿐 아니라 인생의 지혜까지 아우른다.

잘 알려진 것처럼 버핏은 투자를 제재로 목차를 짜 책을 저술한 적이 없기에 그의 생각을 파악하기 위해서는 주주 서한과 주주총회의 답변에 기대는 수밖에 없다. 연도별로 읽다 보면, 좋은 말들이기는 하나 제재나 주제의 경계가 뚜렷하지 않아 실제 투자에 적용하는 데 애를 먹게 된다. 이 고민을 해결한 책이 바로 《워런 버핏 바이블》이다. 주식 투자, 기업 인수, 자본 배분, 지배구조, 삶의 지혜 등 제재별로 카테고리를 나누어 내용을 재배치한 덕에 독자는 투자 현인이 전하는 이야기의 의미와 의도를 본질의 훼손 없이 더 쉽게 이해할 수 있게 되었다.

나는 《워런 버핏 바이블》의 순수한 팬으로서 열심히 추천하고 다녔다. 그런데 번역을 맡은 이건 역자는 이 책이 2017년에 끝나버린 것이 무척 아쉬웠는지 이후 2021년까지 계속된 주주 서한과 주주총회 Q&A를 묶어 시리즈로 이어가자는 대담한 기획을 제안했다. 여기에 에프엔미디어의 김기호 대표는 한국 독자(특히 '주린이')가 이해하기 쉽도록 해설을 달자는 아이디어를 덧붙였다. 이에 나와 홍영표 변호사가 공감해 《워런 버핏 바이블 2021》이 탄생했다.

이 책 곳곳에는 홍영표 변호사가 아마추어 투자자의 눈높이에서 던진 질문에 내가 답변을 한 Q&A 섹션이 포함되어 있고, 각 장 끝에는 내가 작성한 해설문이 들어가 있다. 실로 무섭고 떨렸지만 어떻게든 더 많은 한국의 투자자가 버핏의 메시지를 쉽게 이해하면 좋겠다는 진심 하나로 작업에 임했다. 주식 투자를 시작한 1996년 이래 주주 서한을 읽으며 다양한 경로로 탐구해온 버핏 관련 지식을 담으려 노력했다. Q&A와 해설에서 도움을 얻지 못한 독자가 있다면 전적으로 내가 부족한 탓이다.

버핏은 1930년생이다. 생물학적으로 볼 때 그의 메시지를 접할 날이 그리 많이 남지 않은 것이 사실이다(그래서 나도 더 지체하면 안 되겠다는 조바심으로 2014년 버크셔 주주총회에 참석했다. 그로부터 7년이 지났지만 그는 여전히 건재하다. 다행이다). 아무쪼록 그가 앞으로도 지금처럼 건강을 유지해 주주 서한과 주주총회를 오래도록 주관할 수 있기를 바란다. 물론 그와 함께 '《워런 버핏 바이블》 시리즈'도 계속될 것이다.

최준철(브이아이피자산운용 대표)

일러두기

1. { 2017 }=2017년 주주 서한. 2017년 버크셔 해서웨이 연차 보고서에 실렸으며 2018년 2월 25일 발표되었다. 일반적으로 n년도 주주 서한은 n+1년 2월 말에 발표된다.
2. { Q 2020-4 }=2020년 버크셔 해서웨이 주주총회 4번째 질의응답. 2020년 주주총회는 2020년 5월 2일 열렸다. 일반적으로 n년도 주주총회는 n년 5월 초에 열린다.
3. 본문 중간중간의 '한국판 Q&A'는 독자의 이해를 돕기 위해 넣은 것이다. 한국 독자를 대신해 가치투자자 홍영표 변호사가 질문하고, 버핏 전문가 최준철 브이아이피자산운용 대표가 답변했다.

1장

주식 투자

미분배 이익의 기여 {2017}

2017년 우리 주식 포트폴리오(우리가 보유한 여러 상장 회사의 '소수 지분')가 수령한 배당은 37억 달러였습니다. 이 금액은 우리의 일반회계원칙(Generally Accepted Accounting Principles, GAAP) 이익에 포함되고 분기 및 연례 보고서의 '영업이익'에도 포함됩니다.

그러나 이 금액은 우리가 보유한 주식에서 나오는 '진정한' 이익의 극히 일부에 지나지 않습니다. 우리는 '주요 사업 원칙'을 수십 년 동안 명시했는데, 이 중 원칙 6은 미분배 이익도 이후 자본이득을 통해서 배당 못지 않게 기여할 것이라는 의미를 가지고 있습니다.

새로운 GAAP 규정에 따르면 미실현 손익도 항상 이익에 포함해야 합니다. 따라서 우리는 예전처럼 자본이득을 정밀하게 인식하지 않을 것입니다. 물론 장기적으로는 앞에서 언급한 원칙 6처럼 우리 포트폴리오 기업의 미분배 이익은 자본이득의 형태로 결국 버크셔에 기여할 것이라고 확신합니다.

단기적으로는 미분배 이익에 의해 주식의 가치가 상승하는 모습을 보기 힘들 것입니다. 폭등과 폭락을 거듭하는 주가는 해마다 증가하는 내재가치와 무관하게 움직이는 것처럼 보이기 때문입니다. 하지만 벤저민 그레이엄Benjamin Graham의 금언처럼 "시장은 단기적으로 보면 인기도를 가늠하는 투표소 같지만, 장기적으로 보면 실체를 측정하는 저울이라 할 수 있습니다".

◇◇◇◇◇◇◇◇◇◇◇◇◇

장기적으로는 가치가 계속 증가하는데 단기적으로는 주가가 무작위로 오르내리는 모습을 생생하게 보여주는 사례가 바로 버크셔입니다. 지난 53년 동안 버크셔는 이익을 재투자했고 복리의 마법은 버크셔의 가치를 해마다 상승시켰습니다. 그런데도 버크셔 주가는 네 번 폭락했습니다. 그 끔찍한 폭락 사례는 다음과 같습니다.

버크셔 해서웨이 주가 폭락 사례

기간	고가	저가	등락률
1973/03 ~ 1975/01	$93	$38	-59.10%
1987/10/02 ~ 1987/10/27	$4,250	$2,675	-37.10%
1998/06/19 ~ 2000/03/10	$80,900	$41,300	-48.90%
2008/09/19 ~ 2009/03/05	$147,000	$72,400	-50.70%

이 표를 근거로 나는 주식 투자에 차입금을 절대 사용하지 말라고 강력하게 주장하는 바입니다. 주가가 단기간에 얼마나 하락할지 아무도 알 수 없기 때문입니다. 차입금이 소액이라 해도 마찬가지입니다. 무시무시한 뉴스가 숨 가쁘게 쏟아지면 사람들은 불안감에 사로잡힐 수밖에 없습니다. 불안한 마음으로는 좋은 판단을 내리지 못합니다.

지난 53년과 마찬가지로 향후 53년 동안에도 버크셔 (그리고 다른 기업) 주가는 이 표처럼 폭락을 맛볼 것입니다. 이런 폭락이 언제 일어날지는 아무도 모릅니다. 녹색 신호등이 황색을 거치지 않고 곧바로 적색으로 바뀌는 일은 언제든 일어날 수 있습니다. 그러나 차입금에 발이 묶이지 않은 사람에게 주가 폭락은 놀라운 기회입니다. 이때가 바로 키플링의 시

'If(만일)'를 떠올릴 시점입니다.

만일 모두가 흥분해 너를 비난할 때에도 네가 냉정을 유지할 수 있다면…
만일 네가 기다리면서도 지치지 않을 수 있다면…
만일 어떤 생각을 하더라도 그 생각에 매몰되지 않을 수 있다면…
만일 모두가 너를 의심할 때에도 자신을 믿을 수 있다면…
세상 전부가 너의 것이라네.

WB 한국판 Q&A

Q: 워런 버핏은 자본이득을 배당하는 대신 효율적인 곳에 재투자합니다. 한국 기업은 어떤가요? 효율적이지 못한 내부 거래 등으로 자기자본이익률(ROE)을 낮추는 경우도 있습니다. 이 때문에 시장 전체의 할인율이 높아지는 것 같습니다.(홍영표)

한국 기업도 배당하지 않은 자본이득을 기존 사업에 재투자하거나 유관 분야로 확장하는 데 능합니다. 대주주의 지분이 많아 장기적 안목으로 투자할 수 있다는 강점과 맞물립니다. 하지만 기업 인수, 자사주 매입 등 재투자는 미국 기업과 비교하면 갈 길이 멉니다. 자본주의 역사가 짧아 경험이 부족한 탓도 있지만 경영자의 ROE 개념 부족이 더 큰 이유입니다. 대책 없는 유보로 ROE가 떨어지니 당연히 시장 전체의 할인율이 높아집니다. 이는 주주 중시 경영이 자리 잡히지 않았다는 뜻이기도 해 역시 할인 요인이 됩니다. 일감 몰아주기 등 내부 거래는 범죄에 가까운, 명백하게 잘못된 행위이니 논의에서 제외하겠습니다.(최준철)

'내기'에서 얻은 뜻밖의 투자 교훈 {2017}

2007년 12월 19일 나는 10년짜리 내기를 했고, 약 9년이 지난 2017년 초에 그 경과를 자세히 보고했습니다. 이제 최종 결과가 나왔는데 여러모로 깜짝 놀랄 만한 내용입니다.

내가 내기를 한 이유는 두 가지입니다. (1) 내 예상이 적중하면 2018년 초 자선 단체 걸즈 잉크 오브 오마하Girls Inc. of Omaha가 받게 되는 기부금을 내 지출액 31만 8,250달러보다 대폭 늘리고 싶었습니다. (2) 장기적으로는 저비용 S&P500 인덱스펀드의 실적이 두둑한 인센티브를 받는 '조력자들'과 투자 전문가들이 운용하는 펀드의 실적보다 높다는 나의 확신을 널리 알리고 싶었습니다.

특히 두 번째 이유가 엄청나게 중요합니다. 미국 투자자들은 여러 단계에 걸쳐 터무니없이 많은 보수를 매년 자산운용사에 지급하고 있습니다. 그 돈은 제 값어치를 할까요? 투자자들이 실제로 얻는 수익이 지급하는 보수만큼 높아질까요?

내 상대였던 프로테제 파트너스Protégé Partners는 S&P500 대비 초과수익이 예상되는 '펀드 오브 펀드(fund-of-fund: 다른 펀드에 투자하는 펀드)' 5개를 선정했습니다. 이 펀드는 표본 규모가 작지 않았습니다. 이 5개 펀드에 포함된 헤지펀드가 200개 이상이었으니까요. 월스트리트 사정에 정통한 자산운용사 프로테제가 투자 전문가 5명을 선정했고, 이 5명이 투자 전문가 수백 명이 운용하는 헤지펀드에 투자했습니다. 이들은 우수한 두뇌를 가졌고, 아드레날린과 확신이 넘치는 엘리트 집단이었습니다.

이 5개의 펀드 오브 펀드를 관리하는 전문가들에게는 유리한 점이 더 있었습니다. 이들은 이 10년 동안 헤지펀드 포트폴리오를 재구성할 수 있었습니다. 유망한 헤지펀드는 새로 들이고 기량이 떨어지는 헤지펀드는 내보낼 수 있었던 것이죠.

프로테제에 참여한 사람들은 모두 두둑한 인센티브를 받았습니다. 5개 펀드 오브 펀드의 관리자와 이들이 선정한 헤지펀드 매니저들은 단지 시장이 전반적으로 상승해서 발생한 이익에 대해서도 두둑한 보수를 받았습니다(우리가 버크셔를 경영한 53년을 10년 단위로 나누면 43개 기간이 나오는데, 이 기간 모두 S&P500 상승 햇수가 하락 햇수보다 많았습니다).

심지어 성과보수는 푸짐한 고정 보수에 딸린 덤이었습니다. 10년 동안 펀드에서 손실이 나도 펀드매니저들은 큰 부자가 될 수 있었습니다. 매년 평균 2.5%에 이르는 고정 보수가 5개 펀드 오브 펀드의 관리자와 이들이 선정한 헤지펀드 매니저들에게 분배되었으니까요.

다음은 내기의 최종 결과입니다.

5개 펀드 오브 펀드는 출발이 좋아서 2008년에는 모두 인덱스펀드를 눌렀습니다. 그러더니 곧 지붕이 무너져 내렸습니다. 이후 9년 동안 한 해도 빠짐없이 인덱스펀드에 뒤처졌습니다.

단언하건대 지난 10년 동안 주식시장 흐름에 이상 현상은 전혀 없었습니다. 2007년 말 투자 '전문가들'을 대상으로 주식의 장기 수익률 예측치 설문 조사를 했다면, 이들의 예측치 평균은 S&P500의 이 기간 실제 수익률 8.5%와 비슷했을 것입니다. 이런 환경이라면 돈을 쉽게 벌 수 있었습니다. 실제로 월스트리트의 '조력자들'은 거금을 벌었습니다. 그러나 펀드 오브 펀드에 투자한 사람들에게는 잃어버린 10년이 되었습니다.

실적은 좋아지기도 하고 나빠지기도 합니다. 그러나 한번 지급한 보수

펀드 오브 펀드 운용 수익률(2008~2017년, 단위: %)

연도	펀드 A	펀드 B	펀드 C	펀드 D	펀드 E	S&P500 인덱스펀드
2008	-16.5	-22.3	-21.3	-29.3	-30.1	-37.0
2009	11.3	14.5	21.4	16.5	16.8	26.6
2010	5.9	6.8	13.3	4.9	11.9	15.1
2011	-6.3	-1.3	5.9	-6.3	-2.8	2.1
2012	3.4	9.6	5.7	6.2	9.1	16.0
2013	10.5	15.2	8.8	14.2	14.4	32.3
2014	4.7	4.0	18.9	0.7	-2.1	13.6
2015	1.6	2.5	5.4	1.4	-5.0	1.4
2016	-3.2	1.9	-1.7	2.5	4.4	11.0
2017	12.2	10.6	15.6	NA	18.0	21.8
최종 수익률	21.7	42.3	87.7	2.8	27.0	125.8
연 수익률	2.0	3.6	6.5	0.3	2.4	8.5

* 프로테제 파트너스와의 합의에 따라 이들 펀드 오브 펀드의 명칭은 공개되지 않았습니다. 그러나 나는 이들의 연례 회계 감사 자료를 받아보았습니다. 펀드 A, B, C의 2016년 실적은 작년에 보고한 실적에서 약간 수정되었습니다. 펀드 D는 2017년 청산되었으므로 연 수익률은 9년 실적으로 계산되었습니다.

는 절대 돌아오지 않습니다.

◇◇◇◇◇◇◇◇◇◇◇◇◇

WB 한국판 Q&A

Q: 버핏은 헤지펀드와 액티브펀드의 보수 체계를 문제 삼으며 인덱스펀드에 투자할 것을 권합니다. 한국에서는 역량이 부족한 개인 투자자의 직접 투자 수익률이 외국인과 기관에 비해 현저하게 낮아 인덱스펀드가 대안으로 제시되기

도 합니다. 인덱스펀드가 최선이라면 결국 개인 투자자는 초과수익을 추구하지 못하게 될 텐데요.

착각하지 말아야 할 것이 있습니다. 주주총회의 버핏은 펀드매니저가 아니라 버크셔의 경영자라는 사실입니다. 다른 액티브펀드를 소개할 자리가 아닌 거죠. 또한 투자 대상을 찾는 노력을 기울이되 비용은 많이 쓰지 않는다는 자신의 원칙을 부각하는 것일 수도 있습니다. 종합하면 “전문성이 부족한 개인 투자자가 (지속적으로) 초과수익을 얻기는 매우 힘드니, 세쿼이아펀드 같은 좋은 펀드를 선택하거나(버핏은 투자조합을 해산할 때 대안 중 하나로 세쿼이아펀드를 추천했습니다), 종목 선정에 많은 노력을 기울일 수 없다면 차라리 비용이 적은 인덱스펀드에 투자하는 것이 낫다” 정도로 해석하는 것이 옳습니다.

덧붙이자면 버핏은 장기 투자를 전제로 인덱스펀드의 유용성을 말하고 있습니다만, 우리나라에서는 인덱스펀드의 대용이라 할 수 있는 ETF가 단기 시장 예측을 반영하는 단기 트레이딩 대상으로 사용되는 듯 보여 안타깝습니다.

Q: 버핏이 투자하는 기업은 차입금 비중이 낮습니다. 또한 그는 주식 투자에 차입금을 사용하지 말라고 강조합니다. 개인 투자자의 차입금 사용에 대해 권장할 만한 기준이 있을까요?

영원히 쓸 수 있는 차입금이 있다면 괜찮겠지만 현실에서는 지급 기한이 존재하고 주식 가치가 담보 이하로 내려갈 경우 강제 청산을 당합니다. 또한 차입금을 쓰면 심리 상태가 취약해져, 주가가 생각대로 움직이지 않을 경우 판단을 그르칠 수 있습니다. 저도 버핏과 같은 이유로 차입금을 쓰지 않는 것이 최선이라고 생각합니다. 하지만 폭락장 저가 매수 기회를 놓칠 수 없어 불가피하게 차입금을 사용한다면 자신의 현금흐름으로 상환 가능한 범위에 한정해야 합니다. 물론 투자 대상 자체가 튼튼해야겠죠.

이 내기에서 얻은 중요한 교훈이 또 하나 있습니다. 시장은 대체로 합리적이지만 가끔 미친 듯이 움직이기도 합니다. 이때 기회가 생깁니다. 이 기회를 잡는 데에는 대단한 지성도, 경제학 학위도, 월스트리트 전문 용어도 필요 없습니다. 집단적 공포와 광기에서 벗어나 단순한 기본 요소 몇 개에 집중하는 능력만 있으면 됩니다. 오랜 기간 상상력이 부족하거나 어리석은 사람처럼 보여도 괘념치 말아야 합니다.

처음에 프로테제와 나는 기부금 100만 달러를 조성하기 위해 제로쿠폰 장기 국채(일명 스트립스Strips)를 액면가 50만 달러에 각각 매수했습니다. 10년 후 50만 달러가 상환되는 이 채권의 원가는 31만 8,250달러여서 액면가의 64%에 약간 못 미쳤습니다.

명칭이 말해주듯이 이 채권에서는 이자가 나오지 않습니다. 그러나 할인된 가격에 매수했으므로 만기까지 보유할 때 나오는 수익률이 연 4.56%였습니다. 프로테제와 나는 이 채권을 계속 보유해 2017년 말 만기 상환액 100만 달러를 기부금으로 지급할 생각이었습니다. 그러나 우리가 이 채권을 매수한 후 채권시장에서 매우 이상한 일이 벌어졌습니다. 만기를 5년 남겨둔 2012년 11월, 우리 채권이 액면가의 95.7%에 거래되고 있었습니다.

이 가격이면 만기 수익률이 연 1% 미만이었습니다. 더 정확하게 말하면 연 0.88%였습니다. 수익률이 이렇게 낮은데도 계속 보유하는 것은 정말이지 바보짓이었습니다. 반면 (대표적인 미국 기업들을 시가총액 기준으로 가중 평균해 실적을 반영한) S&P500의 자기자본이익률(ROE)은 연 10%를 훨씬 초과했습니다. 게다가 2012년 11월 S&P500의 현금 배당 수익률은 연 2.5%로 우리 국채 수익률의 약 3배였습니다. 이 배당은 향후 증가할 것이 거의 확실했습니다.

이 외에도 S&P500 기업들은 막대한 이익을 유보하고 있었습니다. 이들은 유보이익으로 사업을 확장할 수도 있고 자사주를 매입할 수도 있습니다. 어느 쪽을 선택하든 장기적으로 주당 이익이 대폭 증가하게 됩니다. 그리고 1776년 이래로 늘 그랬듯이, 온갖 사소한 문제에도 불구하고 미국 경제는 계속 발전했습니다.

2012년 말 주식과 국채 사이에서 터무니없는 가격 불균형을 발견한 프로테제와 나는 국채를 매도해 버크셔 B주 1만 1,200주를 매수하기로 합의했습니다. 그 결과 지난달 말 걸즈 잉크 오브 오마하는 처음에 계획되었던 기부금 100만 달러가 아닌 222만 2,279달러를 받게 되었습니다.

분명히 밝히는데, 2012년 이후 버크셔의 실적은 탁월하지 않았습니다. 탁월할 필요도 없었습니다. 버크셔 주가 상승률이 국채 수익률 연 0.88%보다 높기만 하면 충분했습니다. 그다지 어려운 실적이 아니었습니다.

이 교체 투자에 따르는 유일한 위험은 2017년 말 이례적인 약세장이 닥치는 것이었습니다. 프로테제와 나는 그 가능성이 매우 낮다고 판단했습니다. 근거는 두 가지입니다. 2012년 말 버크셔 주가는 합리적인 수준이었고, 이후 5년 동안 버크셔의 순자산가치가 거의 틀림없이 대폭 증가할 것으로 보았습니다. 만에 하나 발생할 수 있는 기부금 감소 위험에 대해서는, 그러니까 2017년 말 버크셔 주식 1만 1,200주 매각 대금이 100만 달러에 못 미칠 경우에는 내가 그 차액을 메워주기로 합의했습니다.

◇◇◇◇◇◇◇◇◇◇◇◇

투자는 장래에 더 많이 소비하려고 현재 소비를 포기하는 행위입니다.

‘위험’은 이 목표가 달성되지 않을 가능성입니다. 이 기준을 적용하면 2012년에는 이른바 ‘무위험risk-free’ 장기 국채가 주식에 대한 장기 투자보다 훨씬 위험했습니다. 2012~2017년의 인플레이션이 연 1%에 이르기만 해도 우리 국채의 구매력은 감소했을 터이니까요.

투자 기간이 1일, 1주, 1년이라면 주식이 단기 국채보다 훨씬 위험할 것입니다. 그러나 금리 대비 적정 주가수익배수(PER)로 매수해 잘 분산된 주식 포트폴리오를 구성한다면 투자 기간이 길어질수록 국채보다 더 안전할 것입니다.

연금 기금, 대학 기금, 저축하는 개인 등 장기 투자자들이 자신의 포트폴리오에 포함된 채권의 비중으로 위험을 측정한다면 이는 끔찍한 실수입니다. 포트폴리오에 우량 등급 채권이 편입되면 대개 포트폴리오의 위험이 증가합니다.

◇◇◇◇◇◇◇◇◇◇◇◇◇

내기에서 얻은 마지막 교훈입니다. 중요하면서 ‘쉬운’ 결정에 관심을 집중하고 매매를 삼가십시오. 10년 동안 내기에 참여한 200여 명의 헤지펀드 매니저는 틀림없이 수만 번에 이르는 매수·매도 결정을 내렸을 것입니다. 이들 대부분은 결정에 대해 심사숙고했을 것이며 그 결정이 유리하다고 믿었을 것입니다. 그 과정에서 이들은 10-K(미국 기업이 증권거래위원회에 의무적으로 제출하는 연차 보고서) 분석, 경영진 인터뷰, 업계 전문지 구독, 월스트리트 애널리스트 협의도 했을 것입니다.

그러나 그 10년 동안 프로테제와 나는 조사, 통찰, 재능 그 어디에도 기대지 않은 채 단 하나만 결정했습니다. PER 100이 넘는(가격 95.7/수익률

0.88) 국채를 매도해 버크셔 주식을 매수하기로 한 것입니다. 이후 5년 동안 국채에서 나오는 '이익'은 증가할 수 없다고 보았고, 경기가 그저 그런 수준이더라도 유보이익에 힘입어 버크셔의 내재가치 증가율은 연 8% 이상일 것으로 기대했기 때문입니다.

이렇게 단순한 분석을 바탕으로 프로테제와 나는 교체 매매를 실행했고, 시간이 흐르면 8% 수익이 0.88% 수익을 (압도적으로) 누를 것이라고 확신하면서 느긋하게 기다렸습니다.

W23 한국판 Q&A

Q: 채권과 주식의 비율 조정, 즉 리밸런싱에 대한 실전 사례로 보입니다. 버핏이 이 같은 리밸런싱을 하게 된 구체적 배경(채권 가격 변화 등)이 궁금합니다.

2012년만 해도 금융위기 여파에 유럽 재정 위기까지 겹쳐 위험 회피 심리가 강했습니다. S&P500도 2007년 고점을 넘지 못할 정도였죠. 그래서 당시 투자자는 주식보다 채권, 그중에서도 가장 안전하다는 미국 국채를 선호했습니다. 미국 국채 수요가 높다 보니 채권 가격이 올라 버핏과 프로테제가 보유한 채권 포지션이 시세 차익을 낸 반면 잔여 만기 이자율은 떨어진 셈이죠. 버핏은 자산 간 비교를 통해 수익률 연 0.88%의 채권보다 배당 수익률 2.5%의 S&P500이, S&P500보다 (자신이 내재가치 증가 폭을 잘 아는) 버크셔 주식이 더 낫다고 판단한 것입니다.

가중 평균 유형 ROE 20% 이상 기업 {2019}

다음은 연말 현재 시장 평가액이 가장 큰 보통주 15종목입니다. 크래프트 하인즈(Kraft Heinz, 325,442,152주)는 우리가 지배 주주 집단의 일원이어서 '지분법'으로 평가하므로 여기에 포함하지 않았습니다. 버크셔가 보유한 크래프트 하인즈는 우리 재무상태표에 GAAP 기준 138억 달러로 표시되어 있는데, 2019년 12월 31일 감사받은 순자산가치 중 우리 몫에 해당하는 금액입니다. 그러나 이 주식의 연말 시장 평가액은 105억 달러에 불과했다는 점을 밝혀둡니다.

찰리와 나는 여기 열거한 2,480억 달러어치의 주식이 주식시장의 흐름에 따라 돈을 거는 종목들이라고 생각하지 않습니다. 따라서 '월스트리트'의 평가 등급 강등, 실적의 기대치 '미달', 연준의 조처, 정국 추이, 이코노미스트의 예측, 기타 주요 관심사에 따라 함부로 매도하지 않습니다.

우리는 보유 주식을 기업 일부에 대한 소유권으로 생각합니다. 그리고 이 기업들의 가중 평균 유형 ROE는 20% 이상이라고 판단합니다. 이 기업들은 과도한 부채를 쓰지 않고서도 이익을 내고 있습니다. 이해하기 쉽고 기반이 확고한 대기업이 내는 실적이 이 정도라면 어느 모로 보아도 놀라운 수준입니다. 특히 최근 10년 동안 사람들이 채권에 투자하면서 수용한 수익률(예컨대 2.5% 이하였던 국채 30년물의 수익률)과 비교하면 정말로 환상적인 실적입니다.

금리 예측은 우리 전문 분야가 절대 아닙니다. 찰리와 나는 1년, 10년, 30년 뒤 금리가 어떻게 될지 전혀 알지 못합니다. 아마도 우리 편견이겠지만 금리 예측은 미래의 금리보다도 예측하는 전문가에 대해 알려주는

2019년 말 현재 시장 평가액이 가장 큰 보통주 15종목

주식 수*	회사명	지분율(%)	매입 원가 (100만 달러)**	시가 (100만 달러)
151,610,700	아메리칸 익스프레스	18.7	1,287	18,874
250,866,566	애플	5.7	35,287	73,667
947,760,000	뱅크 오브 아메리카	10.7	12,560	33,380
81,488,751	뱅크 오브 뉴욕 멜론	9.0	3,696	4,101
5,426,609	차터 커뮤니케이션즈	2.6	944	2,632
400,000,000	코카콜라	9.3	1,299	22,140
70,910,456	델타항공	11.0	3,125	4,147
12,435,814	골드만삭스	3.5	890	2,859
60,059,932	JP모간체이스	1.9	6,556	8,372
24,669,778	무디스	13.1	248	5,857
46,692,713	사우스웨스트항공	9.0	1,940	2,520
21,938,642	유나이티드 컨티넨털	8.7	1,195	1,933
149,497,786	US뱅코프	9.7	5,709	8,864
10,239,160	비자	0.6	349	1,924
345,688,918	웰스 파고	8.4	7,040	18,598
	기타***		28,215	38,159
	보통주 시장 평가액 합계		110,340	248,027

* 버크셔 자회사 연금 기금에서 보유 중인 주식은 제외.

** 실제 매입 가격이며 세무 보고 기준임.

*** 우선주 및 (보통주 인수) 워런트로 구성된 옥시덴탈 페트롤리움Occidental Petroleum Corporation 투자 100억 달러 포함.

바가 훨씬 더 많다고 생각합니다. 다만 금리가 향후 수십 년 동안 현재와 비슷한 수준이고 법인세율도 현재 수준과 비슷하게 유지된다면, 장담컨대 장기적으로는 주식의 수익률이 장기 고정금리 채권보다 훨씬 높을 것입니다.

이런 장밋빛 예측에는 경고가 붙는 법입니다. 내일 주가는 아무도 알

수 없으니까요. 가끔은 주가가 50% 이상 폭락할 수도 있습니다. 그러나 작년 주주 서한에도 썼듯이 미국은 순풍을 타고 있고 에드거 로렌스 스미스Edgar Lawrence Smith가 설명한 복리의 기적도 있으므로, 차입금을 쓰지 않으며 감정을 조절할 수 있는 사람에게는 장기적으로 주식이 훨씬 유리한 선택이 될 것입니다.

2020년 시장 평가액 상위 15종목 { 2020 }

다음은 연말 현재 시장 평가액이 가장 큰 보통주 15종목입니다. 크래프트하인즈(325,442,152주)는 우리가 지배 주주 집단의 일원이어서 '지분법'으로 평가하므로 여기에 포함하지 않았습니다. 버크셔가 보유한 크래프트하인즈는 우리 재무상태표에 GAAP 기준 133억 달러로 표시되어 있는데, 2020년 12월 31일 감사받은 순자산가치 중 우리 몫에 해당하는 금액입니다. 그러나 이 주식의 연말 시장 평가액은 113억 달러에 불과했다는 점을 밝혀둡니다.

2020년 말 현재 시장 평가액이 가장 큰 보통주 15종목

주식 수*	회사명	지분율(%)	매입 원가 (100만 달러)**	시가 (100만 달러)
25,533,082	애브비(AbbVie)	1.4	2,333	2,736
151,610,700	아메리칸 익스프레스	18.8	1,287	18,331
907,559,761	애플	5.4	31,089	120,424
1,032,852,006	뱅크 오브 아메리카	11.9	14,631	31,306
66,835,615	뱅크 오브 뉴욕 멜론	7.5	2,918	2,837
225,000,000	비야디(BYD)	8.2	232	5,897
5,213,461	차터 커뮤니케이션즈	2.7	904	3,449
48,498,965	셰브런(Chevron)	2.5	4,024	4,096
400,000,000	코카콜라	9.3	1,299	21,936
52,975,000	GM	3.7	1,616	2,206
81,304,200	이토추상사(Itochu)	5.1	1,862	2,336
28,697,435	머크(Merck)	1.1	2,390	2,347
24,669,778	무디스	13.2	248	7,160
148,176,166	US뱅코프	9.8	5,638	6,904
146,716,496	버라이즌(Verizon)	3.5	8,691	8,620
	기타***		29,458	40,585
	보통주 시장 평가액 합계		108,620	281,170

* 버크셔 자회사 연금 기금에서 보유 중인 주식은 제외.

** 실제 매입 가격이며 세무 보고 기준임.

*** 우선주 및 (보통주 인수) 워런트로 구성된 옥시덴탈 페트롤리움 투자 100억 달러 포함. 현재 평가액은 90억 달러.

Q: 크래프트 하인즈는 지분법으로 평가하고 앞의 15종목은 GAAP 기준으로 표시했습니다. 이는 한국 회계 기준으로 어떻게 설명할 수 있나요?

애플, 코카콜라 등 보유 종목은 지배권을 가지고 있지 않아 주식시장에서 매긴 시가로 평가했습니다. 한국에서 일반 기업이 투자 목적으로 상장 주식을 보유할 때 평가하는 방법과 동일합니다. 반면 크래프트 하인즈는 지분율이 30% 이하라 연결 대상은 아니지만, 3G캐피털과 함께 공동 지배권을 행사하기 때문에 버크셔 손익계산서에 지분법으로 반영했습니다. 동서식품의 지분을 50% 소유하고 있는 동서 역시 크래프트 하인즈와 공동 지배권을 행사하기 때문에 회계 기준을 연결 손익이 아닌 지분법으로 잡았습니다(크래프트 하인즈는 상장 회사, 동서식품은 비상장 회사라는 차이가 있기는 합니다).

Q: 가중 평균 유형 ROE 20% 이상은 어떤 의미이며, 이러한 기업이 과도한 부채를 쓰지 않고도 이익을 내는 이유는 무엇인가요?

ROE는 공식상 부채를 많이 쓰면 수치가 올라갑니다. 이와 다르게 가중 평균 유형 ROE는 부채 비율과 상관없이 생산에 직접 투입된 자본에 대한 효율을 나타내므로 조금 더 본질적인 수익 창출력을 보여줍니다. 순수한 주주 자본만으로 20% 이상의 이익률을 낸다는 것은 수익 창출력이 매우 높은 사업이라는 의미입니다. 이러한 이익률은 애플처럼 충성도 높은 고객을 보유하고 있거나, 뱅크 오브 뉴욕 멜론처럼 특정 서비스를 독점하고 있거나, 코카콜라처럼 탁월한 브랜드의 힘으로 가격 결정력을 가지고 있는 경우에 가능합니다.

중요한 것은 시장 규모 { Q 2018-9 }

포트폴리오 규모가 10억 달러에 불과하다면 신흥 시장에도 투자하시겠습니까?

버핏 가능성을 배제하지는 않겠지만, 우리는 규모가 수천억 달러인 신흥 시장보다는 규모가 30조 달러에 이르는 미국 시장에서 우선적으로 기회를 탐색할 것입니다. 우선 미국 시장을 샅샅이 뒤져본 후 다른 나라 몇 곳을 찾아볼지 모르겠습니다만 아주 작은 시장에는 들어가지 않을 것입니다. 중요한 것은 지역이 아니라 시장 규모입니다.

멍거 내 포트폴리오에는 이미 중국 주식이 들어 있으므로 질문자에게 그렇다고 대답하는 셈입니다.

버핏 찰리는 중국이 사냥터로 더 낫다고 말했지요. 아직 성숙기가 아닌데도 규모가 큽니다. 시장은 숙성될수록 효율성이 높아집니다. 30년 전에는 일본 워런트의 가격 흐름이 매우 이상했지만, 지금은 그런 현상이 사라졌습니다.

가장 재미있었던 개인적 투자 사례 { Q 2019-2 }

지금까지 가장 재미있었던 개인적 투자 사례는 무엇인가요?

버핏 대박을 터뜨릴 때가 항상 즐거운 법이지요. 한번은 아틀레드Atled 주식 1주를 샀습니다. 유통 주식이 98주에 불과해서 유동성은 없는 주식이었습니다. 아틀레드는 세인트루이스에 사는 남자 100명이 100달러씩 출자하기로 하고 설립한 회사인데 두 사람이 약속을 지키지 않아 유통 주식이 98주에 불과했습니다. 이들은 루이지애나에 오리 사냥 클럽을 만들고 그곳 토지를 조금 매입했습니다. 오리 사냥 중 누군가 쏜 총알이 땅에 박히자 석유가 솟구쳤습니다. 이 땅에서는 지금도 석유가 나오고 있을 것입니다. 나는 40년 전 이 주식을 2만 9,200달러에 샀습니다. 오리 사냥 클럽이 이 땅을 계속 보유했다면 지금은 주가가 200~300만 달러에 이를 것입니다. 그러나 석유회사에 매각했습니다. 나는 당시 주식 살 돈이 없어서 은행에서 대출을 받았는데, 은행 직원이 "엽총 살 돈도 대출해드릴까요?" 라고 묻더군요.

멍거 두 가지 사례가 떠오릅니다. 가난했던 젊은 시절, 나는 1,000달러에 유정 사용권을 샀는데 이후 매우 오랜 기간 사용료로 매년 10만 달러를 받았습니다. 그러나 이런 투자는 평생 한 번뿐이었습니다. 이후 벨리지 오일 주식을 몇 주 샀는데 단기간에 30배 상승했습니다. 그러나 나는 기회를 잡은 횟수보다 포기한 횟수가 5배나 많습니다. 어리석은 결정 때문에 후회하는 분은 나를 보면서 위안을 얻으시기 바랍니다.

아마존 주식 매수 {Q 2019-4}

최근 아마존Amazon 주식 매수는 버크셔의 가치투자 철학에 변화가 생겼다는 뜻인가요?

버핏 지난 1분기에 토드Todd Combs와 테드Ted Weschler 중 한 사람이 아마존 주식을 매수했습니다. 장담하건대 둘 다 가치투자자입니다. 사람들은 가치투자가 저주가순자산배수(PBR), 저PER 등과 관련되었다고 생각하지만, 찰리도 말했듯이 장래에 더 많이 얻으려고 하는 투자는 모두 가치투자입니다. 아마존의 PER이 높긴 해도, PBR이 0.7인 은행 주식을 사는 것과 마찬가지로 여전히 가치투자라는 말입니다. 두 사람은 나보다 훨씬 더 넓은 영역에서 수백 개 종목을 조사하면서, 기업이 마지막 날까지 창출하는 현금 등 온갖 변수를 분석해 가치투자 원칙에 따라 투자 대상을 선정합니다. 이 과정에서 두 사람의 의견이 일치할 필요가 없고, 내 의견과 일치할 필요도 없습니다. 두 사람은 매우 똑똑하고 헌신적이며 인품도 훌륭합니다. 지난 60여 년

WB 한국판 Q&A

Q: 버핏과 멍거의 한국 투자 사례가 궁금합니다. 버핏이 포스코를 처분한 이유가 비효율적인 한국의 기업 지배구조와 관련이 있다고 생각하나요?

버핏과 멍거가 포스코에 처음 투자했을 때에는 높은 생산 효율에 따른 가격 경쟁력과 중국의 철강 수요, 그리고 이를 반영하지 못한 낮은 밸류에이션에 주목한 것으로 보입니다. 하지만 금융위기 이후 중국에서 철강 생산량이 많아진 결과 포스코의 수익력이 감소했고, 엎친 데 덮친 격으로 국내에서도 현대제철이라는 경쟁사가 나타나면서 투자 아이디어가 훼손되었습니다. 포스코의 기업 지배구조에서 비롯된 비관련 사업 다각화가 불편했겠지만 이것이 처분의 이유는 아니라고 생각합니다. 기업 환경의 변화가 매도의 더 큰 이유였을 것으로 추측합니다. 사실 사업 구조가 비슷한 페트로차이나PetroChina를 고점에 처분한 것과 비교하면 포스코 매도 시기는 아쉬움이 남습니다.

동안 찰리가 내 결정을 뒤늦게 비판한 적이 없듯이, 나도 두 사람의 결정을 뒤늦게 비판하지 않습니다.

결국 우리는 기원전 600년경 이솝Easop이 한 말 "손안의 새 한 마리가 숲속의 새 두 마리보다 낫다"를 생각해야 합니다. 우리도 아마존을 살 때 숲속에 있는 새가 몇 마리인지, 그 새가 손안에 들어오는 시점은 언제가 될 것인지 등을 생각합니다.

멍거 우리는 나이가 많아서 사고의 유연성이 매우 부족합니다. 아마존을 일찌감치 사지 않은 것에 대해서는 후회하지 않습니다. 베이조스Jeff Bezos는 경이로운 인물입니다.

버핏 어리석게도 나는 구글Google도 알아보지 못했습니다. 사실 우리는 구글의 위력을 간파할 기회가 있었습니다. 우리는 클릭당 10달러를 지불하면서 구글에서 가이코GEICO 광고를 한 적이 있습니다. 당시 구글의 한계 비용이 제로였는데도 우리 광고는 효과가 있었습니다.

멍거 이렇게 광고 효과를 확인하고서도 우리는 손가락만 빨고 있었지요.

버핏 찰리가 더 과격한 표현을 쓰지 않아서 다행입니다.

보유 종목을 공개하지 않는 이유 { Q 2019-11 }

버크셔가 보유한 상장 주식 목록을 모두 공개할 생각은 없나요?

버핏 누구나 어렵지 않게 계산할 수 있듯이 버크셔의 가치 중 약 40%는 상장 주식이고 약 60%는 우리 자회사들입니다. 우리가 보유한 상장 주식 중 상위 10개 종목을 제외하면 나머지 종목이 버크셔의 가치에서 차지하는 비중은 10% 미만일 것입니다.

우리가 보유한 미국 주식 목록은 분기마다 공개됩니다. 그러나 할 수만 있다면 분기 단위로도 공개하고 싶지 않습니다. 넷젯Net Jet의 전략, 루브리졸Lubrizol의 첨가제 개선 계획, 네브래스카 퍼니처 마트 Nebraska Furniture Mart의 신규 매장 개설 계획 등을 공개하고 싶지 않듯이 말이지요. 우리는 의무 사항을 넘어서는 종목 정보는 절대 공개하지 않을 것입니다.

우리는 보유 종목을 공개할 이유가 없습니다. 사람들이 앞다투어 우리 보유 종목을 매수할지도 모르니까요. 우리가 보유한 상장 주식 2,000억 달러 중 1,500억 달러 이상에 해당하는 기업이 해마다 자사주를 매입해 우리 지분을 높여주고 있습니다. 우리가 보유 종목을 공개하고 사람들이 우리 종목을 매수하면 이들 기업은 자사주를 매입할 때 더 높은 가격을 지불해야 합니다.

사람들은 보유 종목의 주가가 상승하면 매우 기뻐합니다. 그러나 우리의 실적은 뱅크 오브 아메리카Bank of America, 애플Apple 등 주요 종목들의 주가가 예컨대 향후 10년 동안 하락해서 이들 기업이 자사주를 대량으로 매입할 때 훨씬 좋아집니다. 이는 우리가 이들 종목을 추가로 매수하는 것과 똑같습니다. 단지 우리 돈 대신 기업의 돈으로 매수할 뿐입니다. 이치는 아주 단순합니다. 그런데도 보유 종목을 공개하고 싶을까요? 게다가 우리는 수시로 주식을 사고팔기도 어렵습니다.

좁은 영역에 집중하기

{ Q 2019-12 }

지금처럼 경쟁이 치열한 상황에서 능력범위circle of competence를 관리한다면 더 확대하겠습니까, 아니면 범위는 좁히고 훨씬 더 깊게 파겠습니까?

버핏 질문자 말씀대로 지금은 내가 투자를 시작한 시점보다 경쟁이 훨씬 치열합니다. 당시 나는 〈무디스 제조회사 매뉴얼〉과 〈무디스 금융회사 매뉴얼〉을 첫 페이지부터 마지막 페이지까지 훑어보면서 관심 종목을 찾아낼 수 있었습니다.

나는 지금도 최대한 많은 자료를 읽으려고 합니다. 최대한 많은 기업을 최대한 많이 파악하고, 대부분의 경쟁자보다 내가 더 많이 알고 더 정확하게 이해하는 기업이 어느 기업인지 찾아내려고 합니다. 또한 제대로 이해하지 못하는 기업도 파악하려고 노력합니다. 나는 능력범위를 최대한 키우는 일에 집중하며, 내 능력범위의 지름이 얼마나 되는지도 현실적으로 파악하려고 합니다.

1951년 1월 어느 토요일 나는 가이코의 로리머 데이비드슨Lorimer Davidson을 만나면서 보험업을 이해할 수 있었습니다. 그가 내게 3~4시간 설명해준 내용이 매우 타당했기 때문입니다. 그래서 나는 보험업을 파고들었고 깊이 이해할 수 있었습니다. 보험에 대해서는 내 머리가 잘 돌아갔습니다. 그러나 소매업은 잘 이해할 수가 없었습니다. 나도 찰리가 일했던 잡화점에서 일했지만, 둘 다 소매업에 대해서 많이 배우지 못했습니다. 고된 일이라서 하기 싫다는 생각만 들었습니다.

좁은 영역에 대해서나마 남들보다 더 많이 파악하고 있다면, 빈번

하게 매매하려는 충동을 억제할 수 있다면 승산이 매우 높아질 때까지 기다리세요. 매우 유리한 게임을 하게 될 것입니다.

멍거 대다수 사람에게 훌륭한 전략은 전문화라고 생각합니다. 항문과와 치과를 겸하는 의사에게 치료받으려는 사람은 아무도 없습니다. 통상적으로 성공하는 방법은 범위를 좁혀 전문화하는 것입니다. 워런과 나는 원치 않아서 전문화를 선택하지 않았지만, 다른 사람들에게도 우리 방식을 추천할 수는 없군요.

버핏 우리 때는 투자가 일종의 보물찾기였습니다. 보물을 찾기가 어렵지 않았지요.

멍거 당시에는 효과적이었지만 운도 좋았지요. 지금은 올바른 방식이 아닙니다.

버핏 내가 가장 잘 이해하는 사업은 보험이었습니다. 내게는 경쟁자도 거의 없었습니다.

한번은 펜실베이니아 보험사에 대해 확인할 사항이 있어서 해리스버그에 있는 보험과를 찾아갔습니다. 당시에는 인터넷으로 이런 정보를 입수할 수가 없었습니다. 내가 그 회사에 대해 질문하자 담당 공무원이 말했습니다. "그 보험사에 대해 질문한 사람은 당신이 처음입니다."

스탠더드 앤드 푸어스 자료실을 방문했을 때도 온갖 정보를 요청할 수 있었습니다. 자료실에는 탁자가 많았지만 이용하는 사람이 아무도 없어서 자료를 마음대로 펼쳐놓고 조사할 수 있었습니다. 당시에는 경쟁자가 거의 없었습니다.

하지만 단 하나라도 매우 잘 알면 언젠가 우위를 확보할 수 있습니다. IBM의 토머스 왓슨 1세Thomas J. Watson Sr.는 말했습니다. "나는 천재가 아닙니다. 그래서 일부에 대해서만 잘 압니다. 그러나 나는 그 일부를 벗어나는 일이 없습니다." 찰리와 나도 그렇게 하려고 노력했습니다. 당신도 십중팔구 그렇게 할 수 있습니다.

멍거 우리는 여러 분야에서 그렇게 했습니다. 쉬운 일이 아니었죠.

버핏 그래서 큰 손실도 몇 번 보았습니다.

100만 달러를 운용한다면? { Q 2019-16 }

당신은 운용 자산이 100만 달러라면 연 50% 수익률도 가능하다고 말했는데, 이 금액이면 담배꽁초 투자나 차익 거래 기법을 사용할 생각인가요?

버핏 차익 거래를 할 텐데 통상적인 차익 거래와 많이 다를 것입니다. 나는 부채를 사용하지 않을 것이므로 본질적으로 무위험 차익 거래가 될 것입니다. 그러나 운용 자산 규모가 1억 달러로 늘어나면 연 50%였던 수익률은 수직으로 떨어지겠지요.

멍거 운용 자산 규모가 커지면 그 규모가 일종의 닻이 됩니다. 천재적인 펀드매니저가 훌륭한 실적을 세우면서 운용 자산을 300억 달러로 키우고 건물의 두 층을 젊은 직원들로 채우는 순간 훌륭한 실적은 사라지고 맙니다.

버크셔가 매도한 4대 항공사는? { Q 2020-2 }

버크셔가 지분을 매각한 4대 항공사를 밝혀주시겠습니까?

버핏 우리는 항공사 경영진에게 실망해서 매도한 것이 절대 아닙니다. 단지 항공산업에 대한 평가가 달라졌을 뿐입니다. 우리가 매도한 미국 4대 항공사는 아메리칸항공American Airlines, 델타항공Delta Airlines, 사우스웨스트항공Southwest Airlines, 콘티넨탈항공Continental Airlines입니다. 이제 항공산업의 환경이 바뀌었습니다. 항공사들의 문제가 조속히 해결되기를 바랍니다. 여러 산업 중에서도 특히 항공산업이 통제 불능 사건에 의해서 큰 타격을 입었다고 생각합니다. 그레그, 보탤 말 있나?

그레그 에이블 보탤 말 없습니다.

버핏 제2의 찰리가 등장했군요. 항공사 투자는 내 실수였습니다. 확률이 낮아도 가끔 발생하는 사건이 있는데, 이번에는 항공산업에서 발생했습니다. 투자를 결정한 사람은 바로 나였습니다.

보유 지분 100% 매도 { Q 2020-3 }

4대 항공사 지분을 모두 처분하셨나요?

버핏 네. 모두 매도했습니다. 우리는 보유 지분을 매도하면 대개 모두 매도합니다. 조금만 파는 방식이 아니라는 뜻입니다. 어떤 기업의 지분을 100% 인수하면, 일부를 매각하고 90%나 80%만 보유하지 않는 것처럼 말이지요. 마음에 드는 기업이면 지분을 최대한 인수해서 최대한 오래 보유합니다. 항공사 주식은 매수한 가격보다 훨씬 낮은 가격에 매도했습니다.

주식 매수의 적기는?

{ Q 2020-4 }

당신은 주주들에게 주식을 매수하라고 권유합니다. 하지만 버크셔가 보유한 막대한 현금은 주식 매수를 꺼리는 것으로 보이기도 합니다.

버핏 현재 우리 포트폴리오 규모는 그다지 크지 않습니다. 최악의 상황을 가정할 때, 나는 확률이 희박한 사건에 대해서도 생각합니다. 나는 그런 사건이 발생하지 않길 바라지만 그래도 발생 가능성이 없는 것은 아닙니다. 보험 사업을 하다 보면 사상 최대 규모의 허리케인이 발생할 수 있습니다. 허리케인 발생 1개월 후 사상 최대 규모의 지진이 발생할 수도 있습니다. 그래서 우리는 한 가지 사건에만 대비하지 않습니다. 문제가 가속적으로 확대될 가능성에도 대비합니다.

예컨대 2008~2009년 세계 금융위기에서도 첫날에 모든 문제가 한꺼번에 발생하지 않았습니다. 9월 초 패니메이Fannie Mae, 프레디맥Freddie Mac 등 정부 지원 기관Government Sponsored Enterprises이 법정관리에 들어가자 문제가 본격적으로 시작되었습니다. 이어서 MMF(머니 마켓 펀드)시장이 붕괴하면서 순자산가치가 액면가 밑으로 떨어졌습니다. 이렇게 한 사건이 다른 사건을 불러일으키기도 합니다.

그래서 우리는 사람들이 생각하는 최악의 사례보다 훨씬 나쁜 시나리오에 대비합니다.

나는 주식을 오늘, 내일, 다음 주, 다음 달에 매수하라고 권유하는 것이 아닙니다. 매수 시점은 여러분의 상황을 고려해서 선택해야 합니다. 그러나 매우 장기간 보유할 생각이고 금전적·심리적 충격까지 버텨내기로 각오한 사람이 아니라면 주식을 매수해서는 안 됩니다. 농부들이 농지 시세에 관심 기울이지 않고 계속 농지를 보유하듯이 주식 시세에 관심을 기울이지 말고 계속 보유해야 합니다. 주가가 바닥일 때 매수하려 해서도 안 됩니다. 여러분에게 바닥 시점을 알려줄 수 있는 사람은 아무도 없습니다. 주식을 매수하고 나서 주가가 50% 이상 폭락해도 느긋한 태도로 견뎌낼 수 있어야 합

W3 한국판 Q&A

Q: 2020년의 항공사 지분 매도가 2021년 시점에서 볼 때 결과적으로 옳은 선택이었나요? 사후적이기는 하나 이에 대해서 알려진 버핏의 견해나 시장의 반응이 궁금합니다.

주가만 놓고 보면 1년 만에 빠르게 반등했으므로 바닥에서 매도했다고 볼 수 있습니다. 하지만 당시 버핏의 결정은 합리적이었다고 생각합니다. 코로나19 때문에 매출이 극단적으로 줄어든 상황에서 항공 산업의 생존을 위한 증자는 불가피했습니다. 버핏은 이로 인해 지분 가치가 크게 희석될 것을 우려했을 것으로 추측됩니다. 투자 아이디어가 틀렸다고 판단되면 생각을 바꾸어 행동에 나서는 것이 그의 방식입니다. 한번 사면 기업이 어떻게 되든 끝까지 보유한다는 것은 그에 대한 잘못된 '미신' 중 하나입니다.

니다.

몇 년 전 연차 보고서(2017년 주주 서한)에서 밝혔듯이 버크셔 주가는 세 번 50% 이상 폭락했습니다. 만일 당시 차입금으로 버크셔 주식을 보유하고 있었다면 포지션이 청산되었을 것입니다. 하지만 주가 폭락과 무관하게 버크셔에는 아무 문제가 없었습니다.

주가 폭락에 대응하려 하거나 남의 이야기에 휘둘린다면 주식을 계속 보유하기 어렵습니다. 투자 심리가 흔들려서는 안 됩니다. 나는 손실을 두려워하지 않으며 찰리도 마찬가지입니다. 하지만 많은 사람이 공포에 무너지고 신중하지 못한 행동을 합니다. 바이러스에 유난히 취약한 사람들이 있는 것과 마찬가지입니다.

투자 심리가 불안정한 사람은 주식을 보유해서는 안 됩니다. 잘못된 시점에 주식을 매수하거나 매도할 것이기 때문입니다. 다른 사람의 조언에 의지해서도 안 됩니다. 자신이 스스로 이해하고 결정해야 합니다. 자신이 이해하지 못하면 남의 말에 휘둘리게 되니까요.

오늘이 매수에 적기인지 나는 알지 못합니다. 1~2년 보유하면 좋은 실적이 나올지도 나는 알지 못합니다. 그러나 20~30년 보유한다면 좋은 실적이 나올 것입니다.

인덱스펀드의 시대는 끝났나? { Q 2020-10 }

최근 액티브펀드 매니저들은 패시브 투자의 시대가 끝났다고 말합니다. 이제는 인덱스펀드에 장기 투자해도 안전하지 않다고 말합니다. 어떻게 생각하시나요?

버핏 나는 유서를 변경하지 않았습니다. 내 아내는 상속받는 돈의 90%를 인덱스펀드로 보유하게 됩니다. 증권업계에서 인덱스펀드를 권유하지 않는 것은 팔아도 돈벌이가 되지 않기 때문입니다. "인덱스펀드의 시대는 끝났다"라는 말은 "미국에 투자하는 시대는 끝났다"라는 말과 다르지 않습니다. 그래서 나는 절대로 동의할 수 없습니다. 인덱스펀드에 뭔가 특별한 문제가 있다는 주장은 근거를 찾기 어렵습니다. 높은 보수를 받는 펀드와 낮은 보수를 받는 인덱스펀드 중 장기적으로 어느 쪽이 승리할지 나는 분명히 알고 있습니다. 뛰어난 실적을 안겨줄 수 있다고 고객을 설득해야 돈을 버는 사람이 많습니다. 운이 좋아서 실적을 내는 사람도 일부 있고 실력으로 실적을 내는 사람도 소수 있습니다. 그래서 사람들은 짐 사이먼스(James Simons: 헤지펀드 '르네상스 테크놀로지' 설립자) 같은 탁월한 실력자를 찾을 수 있다는 생각에 매료됩니다. 짐 사이먼스는 실력으로 탁월한 실적을 달성했지만 이는 매우 이례적인 경우이며 보수도 매우

WB　　　　한국판 Q&A

Q: 버핏처럼 시세에 관심을 기울이지 않고 계속 보유하는 태도가 한국 시장에도 적합한가요? 그렇지 않다면 그 이유는 무엇인가요?

버핏이 미국의 모든 주식에 대해 장기 보유를 주장하는 것은 아닙니다. 한국에서도 시간이 친구가 되는 스노볼Snowball 유형의 기업에 한정한다면 '계속 보유하는 것'은 충분히 가능합니다. 다만 미국에 비해 경기 순환 종목이 많다 보니 대상이 한정되어 있습니다.

높습니다. 게다가 펀드 규모가 커지면 실적을 유지하기 어려워지므로 이런 펀드는 모집을 중단하기도 합니다. 자산운용업계에서는 펀드 판매만 잘해도 돈을 벌고, 판매와 운용을 다 잘하면 더 많이 법니다. 그런데 업계의 실상을 보면 운용을 잘해서 버는 돈보다 판매를 잘해서 버는 돈이 훨씬 많습니다.

초과수익의 어려움

{ Q 2020-11 }

지난 5~15년 버크셔의 실적이 S&P500보다 저조한 이유는 무엇인가요?

버핏 나는 버크셔의 장기 수익성이 다른 어떤 기업보다도 견실하다고 생각합니다. 그러나 향후 10년 수익률이 S&P500보다 높다는 쪽에 내 목숨을 걸고 싶지는 않습니다. 물론 버크셔의 수익률이 더 높을 가능성도 어느 정도 있다고 생각합니다. 지난 50여 년 중 버크셔가 초과수익을 낸 경우가 몇 번인지는 모르겠지만, 1954년에 기록한 실적이 최고였습니다. 하지만 당시에는 운용 자산 규모가 아주 작았습니다. 운용 자산 규모가 작을 때에는 초과수익을 올리기가 쉽다고 생각합니다.

그러나 운용 자산 규모가 커질수록 초과수익을 내기가 더 어려워집니다. 실제로 우리는 운용 자산 규모가 커지면서 초과 실적을 내기가 더 어려워졌습니다. 그래서 나는 S&P500 대비 초과수익을 내겠다는 약속을 아무에게도 하지 않을 것입니다. 그러나 나는 재산의 99%를 버크셔에 넣어두겠다는 약속은 하겠습니다. 내 가족도 재산의 대부분을 버크셔 주식으로 보유하고 있습니다. 나는 장기적으로 버크셔가 잘되기를 누구보다도 바라는 마음입니다. 하지만 이런 마음이 실적을 보장해주지는 않습니다.

버크셔가 형편없는 실적을 내는 모습은 상상하기 어렵지만, 세상에는 어떤 일도 발생할 수 있습니다. 1분기 말, 다소 감소한 버크셔의 순자산은 약 3,700억 달러지만 그래도 미국 최대 규모이며 아마 세계에서도 최대 규모일 것입니다. 그래서 운용에 어려운 점이 있습니다.

WB 한국판 Q&A

Q: 버크셔의 운용 자산이 커져 실적이 S&P500에 못 미칠 가능성도 있나요? 그렇다면 버크셔보다 인덱스펀드에 투자하는 것이 더 합리적일 텐데요.

시장의 변동성이 크지 않다면 그럴 수 있습니다. 버핏이 언급한 대로 연 단위로 보았을 때 상승장에서는 시장에 못 미치지만 하락장에서는 시장을 이길 가능성이 높은 버크셔 주식의 특성도 이해해야 하고요. 하지만 시장이 큰 폭으로 하락할 때 과감하게 투자에 나서 좋은 기업을 헐값에 사들이는 버핏의 실력을 고려하면, 변동성 상황이 누적될수록 버크셔가 S&P500보다 좋은 성과를 낼 수 있으리라 믿습니다.

석유회사들의 큰 위험

{ Q 2020-13 }

석유 주식 투자에서 원금 영구 손실 가능성이 있나요?

버핏 분명히 있습니다. 의심의 여지가 없습니다. 석유 가격이 현재 수준에 머문다면 막대한 손실이 발생할 수 있습니다. 그러면 은행 대출도 부실화되므로 은행업계에도 악영향이 미치게 됩니다. 서부 텍사스산 원유 가격이 10~20달러대였다면 석유업계에 이렇게 막대한 자금이 투자되지 않았을 것입니다. 구리산업도 마찬가지입니다.

석유회사들은 선물옵션을 이용해서 가격 위험을 어느 정도 줄일 수 있습니다. 실제로 옥시덴탈 페트롤리움Oxidental Petroleum은 풋옵션을 매도해 위험을 관리했습니다. 석유 주식 매수는 유가가 장기적으로 상승하는 쪽에 돈을 거는 셈입니다. 만일 유가가 현재 수준으로 유지된다면 석유회사들은 큰 위험을 떠안게 됩니다. 그러므로 원금 영구 손실 가능성이 있습니다.

WB 한국판 Q&A

Q: 원금의 영구 손실은 정확히 어떤 의미인가요?

원금의 영구 손실은 단순히 주가의 단기적 하락으로 평가손을 기록한다는 의미와 다릅니다. 이 손실은 너무 고평가된 가격에 투자했거나 기업 가치가 원래 수준을 회복할 수 없는 경우처럼, 시간이 아무리 지나도 매수한 가격에 도달하지 못할 때 발생합니다. 버핏은 유가가 현재 수준으로 유지된다면 석유회사의 기업 가치가 회복되지 못해 영구 손실이 발생할 수 있다고 지적합니다.

1장 해설

버핏은 버크셔가 가진 상장 주식 포트폴리오의 가치가 자신이 생각하는 실제 가치와 차이가 있다고 여긴다. 이유는 두 가지다. 첫째, 단기적인 주가는 주식의 내재가치를 제대로 반영하고 있지 못하며 유보이익의 재투자는 간과되고 있다. 둘째, 변경된 회계 규정에 따라 주식을 시가로 평가해 버크셔의 손익에 반영하면서 내재가치보다 변동이 큰 주가로 인해 분기 손익이 왜곡되고 있다. 버핏은 주식시장과 회계 규정이 일으키는 착시를 교정하기 위해 주주 서한의 많은 지면을 할애한다.

인덱스펀드는 버핏이 버크셔 외 투자 대안으로 많이 언급하는 대상이며 실제로 버핏은 자신의 실적을 S&P500과 비교해 제시하기도 한다. S&P500은 미국 경제의 미래와 동행하는 지표인 동시에 기업 이익에 기초하고 있어 인플레이션을 헤지하기에도 적합한 투자 수단이다. 버핏은 프로테제 회장과 내기를 해 인덱스펀드의 수익률이 헤지펀드의 수익률을 능가한다는 것을 입증한 적도 있다. 그는 또한 펀드의 과도한 보수가 장기 수익률에 미치는 영향을 강조하기 위해 인덱스펀드의 장점을 부각하기도 한다. 한국의 개인 투자자도 코스피지수를 추종하는 ETF에 투자하는데 시장의 방향성에 베팅하는 경우가 대부분이다. 버핏이 언급하는 인덱스펀드 투자는 '샀다, 팔았다'가 아니라 경제의 미래를 믿는 장기 투자다.

버핏의 항공사 투자가 투자자 사이에서 회자되었던 것은 과거 US에어USAir에 투자했다 실패한 이력 때문이다. 코로나19라는 돌출 변수로 버핏은 2020년 주주총회에서 실수를 한 번 더 인정해야 했다. 다만 그의 항공사 주식 매도를 '항공사들이 망할 것이다, 회복이 매우 늦을 것이다'라고 해석하는 것은 옳지 않다. 생존을 위한 증자로 기존 주주의 보통주 가치가 크게 희석되는 상황을 회피하기 위해서라고 해석하고 싶다. 버핏은 자사주를 매입해 소각하면서 발행 주식 수가 줄어드는 과정을 즐긴다. 반면 항공사의 경우 주식 수가 크게 늘어날 것으로 예상하는 듯하다.(최준철)

2장

기업 인수

버크셔가 고수하는 기업 인수 지침 { 2017 }

버크셔의 가치를 높이는 4대 기본 요소는 다음과 같습니다. (1) 대규모 기업 인수, (2) 우리 자회사와 어울리는 협력회사 인수, (3) 우리 자회사들의 매출 증대 및 이익률 개선, (4) 우리 주식 및 채권 포트폴리오에서 나오는 투자 이익. 이 섹션에서는 2017년 기업 인수 활동을 돌아보겠습니다.

우리가 찾는 대규모 기업의 핵심 특성은 영속적인 경쟁력, 유능하고 정직한 경영진, 높은 순유형자산이익률, 매력적인 내부 성장률(internal growth rate, 유보이익만으로 달성되는 성장률), 합리적인 인수 가격입니다.

2017년 우리가 검토한 거래에서는 거의 예외 없이 '합리적인 인수 가격'이 장애물이었습니다. 단지 괜찮을 뿐 탁월한 수준에는 절대 못 미치는 기업들조차 사상 최고 가격을 기록했으니까요. 낙관적인 인수자들은 이런 가격도 상관 않는 듯했습니다.

기업들은 왜 이토록 인수에 열광할까요? 대개 의욕적인 사람들이 CEO가 되기 때문입니다. 월스트리트 애널리스트나 이사회가 CEO에게 기업 인수 가능성을 검토해보라고 권유하는 것은 성숙한 10대 자녀에게 정상적인 성생활을 하라고 하는 것과 같습니다.

일단 CEO가 기업 인수를 갈망하게 되면 인수를 정당화하는 예측 자료는 항상 차고 넘칩니다. 부하 직원들도 환호합니다. 업무 영역이 확장되는 데다가 기업 규모가 커지면 급여 수준도 올라가기 때문입니다. 투자은행들도 막대한 보수에 군침을 흘리면서 갈채를 보냅니다(그러나 이발사에게 이발할 때가 되었는지를 물어서는 안 됩니다). 대상 기업의 과거 실적이 인수 기준에 못 미치면 대규모 '시너지 효과'가 예상된다고 하겠지요. 인수 검토 자료가 실망을 안겨주는 일은 절대 없습니다.

2017년에는 이례적인 저금리로 자금을 충분히 조달할 수 있어서 기업 인수 활동이 더욱 가열되었습니다. 저금리 자금을 이용하면 높은 가격에 기업을 인수해도 주당 이익이 증가하니까요. 반면에 버크셔는 자기자본 기준으로 인수 타당성을 평가합니다. 우리는 기본적으로 부채를 매우 꺼리는 데다, 우리 자회사 한 곳에 막대한 부채를 떠안기는 것이 불합리하다고 생각하기 때문입니다(클레이턴이 주택 담보 대출 용도로 조달하는 부채와, 우리 전력회사들이 고정자산에 투자하려고 조달하는 부채 등은 예외입니다). 우리는 시너지 효과를 절대 고려하지 않으며, 실제로 시너지 효과가 나오는 사례도 많지 않습니다.

우리가 부채를 꺼리지 않았다면 그동안 우리 수익률이 더 상승했을 것입니다. 그러나 찰리와 나는 밤잠을 설쳤을 것입니다. 우리는 없어도 되는 돈을 벌려고 피 같은 돈을 거는 행위는 미친 짓이라고 생각합니다. 이는 50년 전부터 우리가 유지한 사고방식입니다. 몇몇 친구와 친척이 믿고 맡긴 돈으로 각자 투자조합을 운영하던 시절부터였습니다. 버크셔에 약 100만 '동업자들'이 참여한 지금도 우리는 이 사고방식을 유지하고 있습니다.

최근에는 우리 인수 실적이 저조했지만, 찰리와 나는 버크셔가 거대 기업을 인수할 기회가 가끔은 올 것으로 믿습니다. 그동안 우리는 단순한 지침을 고수할 것입니다. 남들이 경솔하게 뛰어들수록 우리는 더 신중해야 한다는 지침입니다.

◇◇◇◇◇◇◇◇◇◇◇◇◇

작년 우리가 합리적인 조건으로 인수한 기업은 하나로, 파일럿 플라잉 J Pilot Flying J의 지분 38.6%입니다. 이 기업은 연 매출이 약 200억 달러에 이르며 미국 트럭 휴게소 체인 중 압도적 1위입니다.

파일럿 플라잉 J(공식 회사명은 파일럿 트래블 센터 Pilot Travel Centers)는 해슬럼 Haslam 가족이 설립해서 지금까지 운영하고 있습니다. 빅 짐 해슬럼 Big Jim Haslam은 60년 전 청운의 꿈을 안고 주유소를 시작했습니다. 그의 아들 지미 Jimmy는 북미 전역에 산재한 약 750개 휴게소의 직원 2만 7,000명을 이끌고 있습니다. 버크셔는 2023년까지 파일럿 플라잉 J의 지분을 80%로 높이기로 계약했습니다. 그러면 해슬럼 가족은 나머지 지분 20%를 보유하게 됩니다. 우리는 해슬럼 가족과 동업하게 되어 매우 기쁩니다.

주간 고속도로를 탈 때 파일럿 플라잉 J를 이용하시기 바랍니다. 휘발유와 경유도 제공하지만 음식도 훌륭합니다. 장시간 운전으로 피곤하면 5,200개에 이르는 샤워 시설도 이용하십시오.

◇◇◇◇◇◇◇◇◇◇◇◇◇

다음 주제는 협력회사 인수입니다. 소규모 협력회사 인수는 설명을 생략하고, 2016년 말~2018년 초에 인수한 대규모 협력회사 몇 개를 설명하겠습니다.

2017년 클레이턴 홈즈 Clayton Homes는 재래식 주택 건설회사를 둘 인수했습니다. 콜로라도주의 오크우드 홈즈 Oakwood Homes와 앨라배마주 버밍햄의 해리스 도일 Harris Doyle입니다. 덕분에 겨우 3년 전에 진출한 재래식 주택시장에서 우리 시장 점유율이 두 배 이상 증가했습니다. 이제 두 회사가 늘었으므로 2018년 우리 재래식 주택 매출이 10억 달러를 초과할 전망입니다.

그렇더라도 클레이턴의 주력 사업은 여전히 조립주택 건설과 주택 담보 대출입니다. 2017년 클레이턴이 자체 소매 영업을 통해서 판매한 조립주택은 1만 9,168채였고, 독립 소매상을 통해서 도매로 판매한 주택은 2만 6,706채였습니다. 작년 조립주택 시장에서 클레이턴이 차지한 비중은 49%로, 2위 경쟁자의 약 3배였습니다. 2003년 우리가 인수하던 해에는 클레이턴의 시장 점유율이 13%에 불과했습니다.

클레이턴과 파일럿 플라잉 J 둘 다 본사가 녹스빌Knoxville에 위치해 있는데, 이곳에 살았던 클레이턴 가족과 해슬럼 가족은 오래전부터 가까운 사이였습니다. 케빈 클레이턴Kevin Clayton은 해슬럼에게 버크셔의 자회사가 되는 편이 유리하다고 말했고, 내게는 해슬럼 가족에 대한 칭찬을 늘어놓았습니다. 덕분에 거래가 원활하게 진행되었습니다.

2016년 말경, 우리 카펫 제조 자회사 쇼 인더스트리Shaw Industries는 고속 성장 중인 고급 비닐 타일 유통회사 US플로어U.S. Floors를 인수했습니다. US플로어의 경영자 파이트 도셰Piet Dossche와 필립 이라무즈피Philippe Erramuzpe는 처음부터 거침없이 달렸습니다. 쇼 인더스트리와 합병 작업이 진행되던 2017년에 매출을 40%나 증가시킨 것입니다. 우리는 US플로어를 인수하면서 훌륭한 인적 자산과 훌륭한 사업 자산을 둘 다 획득했습니다.

쇼 인더스트리의 CEO 밴스 벨Vance Bell이 인수의 기획, 협상, 마무리까지 완수한 덕분에 2017년 쇼의 매출은 57억 달러로 증가하고 종업원은 2만 2,000명으로 늘어났습니다. 아울러 쇼는 버크셔의 주요 수익원으로서 입지를 대폭 강화했습니다.

그동안 여러 번 말했듯이 홈서비스Home Services는 성장을 지속하는 우리 부동산 중개회사입니다. 버크셔는 2000년 미드아메리칸 에너지(현재 회사명은 버크셔 해서웨이 에너지Berkshire Hathaway Energy)의 지배 지분을 인수하면서 부동산 중개업에 진출했습니다.

당시 미드아메리칸의 주력 사업은 전력 분야였으므로 처음에는 홈서비스에 거의 관심을 두지 않았습니다. 그러나 홈서비스는 해마다 중개업소를 늘려나갔고, 2016년 말에는 미국 2위 중개회사로 성장했습니다. 그래도 1위 중개회사인 리얼로지Realogy의 규모에는 한참 못 미쳤습니다. 하지만 2017년 홈서비스가 폭발적으로 성장했습니다. 3위 중개회사 롱앤포스터Long and Foster, 12위 중개회사 훌리안로렌스Houlihan Lawrence, 글로리아닐슨Gloria Nilson을 인수한 것입니다.

이들 인수를 통해서 중개업소 1만 2,300개가 증가해 모두 4만 950개가 되었습니다. 이제는 홈서비스가 2017년에 주선한 주택 거래액이 1,270억 달러에 이르러 미국 1위 중개회사를 바짝 추격하게 되었습니다. 부동산 업계에서는 거래에 참여하는 매수자와 매도자를 '측side'이라고 부릅니다. 즉 부동산 거래 1건에는 2개 측이 참여하며 우리가 양측을 모두 주선하면 우리 주택 거래액은 두 번 계산됩니다.

홈서비스는 최근 3개 회사를 인수했는데도 2018년 미국 주택 중개시장의 점유율이 3%에 불과합니다. 따라서 앞으로 97%나 늘릴 여지가 있습니다. 부동산 중개업은 매우 필수적인 사업이므로 가격만 합리적이라면 우리는 중개업소를 계속 늘려나갈 것입니다.

끝으로, 인수를 통해서 성장한 프리시전 캐스트파츠Precision Castparts는 빌헬름 슐츠 유한회사Wilhelm Schulz GmbH를 인수했습니다. 내부식성 부품, 배관 계통 등을 제조하는 독일 회사입니다. 더 자세한 설명은 생략하겠습니다. 내가 부동산 중개업, 주택 건설업, 트럭 휴게소 사업은 이해하지만 제조업은 그다지 이해하지 못합니다.

다행히 이 독일 회사에 대해서는 내가 이해하지 못해도 상관없습니다. 프리시전의 CEO 마크 도네건Mark Donegan이 제조업의 달인이어서 그가 맡은 영역은 잘 돌아갈 수밖에 없으니까요. 간혹 실물 자산보다도 사람을 믿는 편이 더 확실할 때가 있습니다.

계속해서 전진하는 미국 { 2020 }

미국은 어디에나 성공 사례가 많습니다. 미국이 탄생한 이후 개인들은 아이디어, 야망, 약간의 자본만으로 새로운 것을 만들어내거나 고객의 경험을 개선해 상상 이상으로 성공을 거두었습니다.

찰리와 나는 이런 개인들이나 가족들과 손잡으려고 미국 전역을 여행했습니다. 1972년 우리는 서해안 여행을 시작하면서 시즈캔디See's Candy를 인수했습니다. 1세기 전 메리 시Mary See는 해묵은 제품을 특별한 요리법으로 재창조해 제공하기 시작했습니다. 그리고 이 제품을 고풍스러운 매장에서 친근한 직원들이 판매하게 했습니다. 처음에는 로스앤젤레스에 위치한 작은 매장 하나뿐이었으나 지금은 서부 전역에 수백 개 매장이 들어섰습니다.

지금도 시 여사가 재창조한 제품이 고객들에게는 기쁨을 안겨주고 있으며, 종업원 수천 명에게는 평생 일자리를 제공하고 있습니다. 버크셔는 잘 굴러가는 회사에 간섭만 하지 않으면 됩니다. 회사가 제공하는 제품이 재량 소비재일 때에는 고객이 왕입니다. 100년이 지난 지금도 고객이 버크셔에 전하는 메시지는 명확합니다. "내 캔디에 간섭하지 마세요." (웹사이트 https://www.sees.com/을 참조하시고, 땅콩 캔디를 맛보세요.)

이번에는 워싱턴 D.C.로 가봅시다. 1936년, 리오 굿윈Leo Goodwin은 아내 릴리언Lillian과 함께 자동차보험 사업을 구상했습니다. 당시 자동차보험은 보험 대리점에서 판매하는 표준 상품이었습니다. 부부는 이 자동차보험을 보험사가 직접 판매하면 보험료를 훨씬 낮출 수 있다고 확신했습니다. 부부는 자본금 10만 달러로 그 1,000배의 자본금을 가진 거대 보험사와 맞붙었습니다. 이렇게 가이코가 설립되었습니다.

70년 전 나는 운 좋게 가이코의 잠재력을 알게 되었습니다. 가이코는 곧바로 나의 첫사랑이 되었습니다. 나머지 이야기는 여러분이 아시는 대로입니다. 버크셔는 마침내 가이코의 지분을 100% 보유하게 되었고, 84세가 된 가이코는 지금도 리오와 릴리언의 비전을 그대로 유지한 채 미세한 조정만 하고 있습니다. 그러나 가이코의 규모는 달라졌습니다. 1937년 연간 수입 보험료는 23만 8,288달러였지만 작년(2020년) 연간 수입 보험료는 350억 달러였습니다.

◇◇◇◇◇◇◇◇◇◇◇◇◇

수많은 금융, 언론, 정부, 기술회사가 해안 지역에 위치해 있습니다. 이 때문에 중서부에서 발생하는 기적들을 간과하기 쉽습니다. 이번에는 미국 전역에 존재하는 재능과 야망의 훌륭한 사례를 보여주는 두 지역에 주목해봅시다.

먼저 오마하부터 살펴보아도 여러분은 놀라지 않으시겠지요. 1940년

(찰리, 나의 아버지, 첫 아내, 세 자녀와 두 손주의 모교인) 오마하 센트럴고등학교 졸업생인 잭 링월트Jack Ringwalt는 자본금 12만 5,000달러로 손해보험사를 시작했습니다.

잭의 꿈은 터무니없었습니다. 이름만 거창하지(내셔널 인뎀너티National Indemnity Company) 규모는 볼품없는 이 회사로 풍부한 자본을 가진 거대 보험사들과 경쟁하려 했으니까요. 게다가 경쟁 보험사들은 유서 깊은 지역에서 넉넉한 자금으로 운영되는 대리점들로 구성된 전국 네트워크를 보유하고 있었습니다. 가이코와는 달리 내셔널 인뎀너티는 모든 대리점을 거래처로 받아들이려 했으므로 고객 확보 면에서 원가 우위도 없었습니다. 이렇게 불리한 조건을 극복하기 위해 내셔널 인뎀너티는 거대 보험사들이 하찮게 여기는 '특이 위험(odd-ball risk)'에 주목했습니다. 그리고 이 전략은 성공했습니다.

잭은 정직하고 기민하며 호감 가는 인물이었지만, 다소 변덕스러웠습니다. 그는 특히 규제 당국을 싫어했습니다. 규제 당국 때문에 화가 날 때마다 그는 보험사를 매각하려는 충동을 느꼈습니다. 다행히 내가 잭과 가까운 곳에 있었습니다. 잭은 버크셔에 합류하려는 마음이 있었습니다. 1967년 우리는 협의 15분 만에 합병에 합의했습니다. 나는 회계 감사를 전혀 요구하지 않았습니다.

현재 내셔널 인뎀너티는 특정 거대 위험을 인수하는 세계 유일의 보험사입니다. 물론 지금도 이 회사는 오마하에 위치해 있습니다. 버크셔 본사에서 몇 마일 떨어진 곳입니다. 이후 우리는 오마하 가족들로부터 4개 기업을 추가로 인수했습니다. 그중 가장 유명한 기업이 네브래스카 퍼니처 마트입니다. 설립자 로즈 블럼킨Rose Blumkin('B 여사Mrs. B')은 러시아 이

민자로, 1915년 시애틀에 왔을 때는 영어를 못했습니다. B 여사는 몇 년 후 오마하에 정착했고, 1936년까지 모은 돈 2,500달러로 가구 매장을 열었습니다.

경쟁자와 공급업체들은 그녀를 무시했습니다. 한동안은 이들의 판단이 옳은 듯했습니다. 제2차 세계대전 탓에 그녀의 사업은 침체했고, 1946년 말에는 회사의 순자산이 7만 2,264달러에 불과했습니다. 계산대 서랍의 현금과 예금을 모두 합해도 50달러뿐이었습니다(오타가 아닙니다).

그러나 이 1946년의 숫자에는 매우 귀중한 자산 하나가 빠져 있습니다. 4년 동안 미국 육군에 복무하고 돌아온 B 여사의 외아들 루이 블럼킨Louie Blumkin입니다. 루이는 노르망디 상륙작전 당시 오마하 비치에서 싸웠고, 벌지 전투Battle of the Bulge에서 부상을 입어 퍼플 하트 훈장을 받았으며, 1945년 11월 마침내 집으로 돌아왔습니다. B 여사와 루이가 재결합하자 이제는 아무도 네브래스카 퍼니처 마트를 막을 수 없었습니다. 꿈에 사로잡힌 모자는 밤낮으로 일했고 주말에도 일했습니다. 그 결과 소매업의 기적을 일으켰습니다.

1983년 모자는 회사를 6,000만 달러 규모로 키워냈습니다. 그해 내 생일에 버크셔는 네브래스카 퍼니처 마트의 지분 80%를 인수했습니다. 이번에도 나는 회계 감사를 요구하지 않았으며 블럼킨 가족을 믿고 회사 경영을 맡겼습니다. 지금은 3대와 4대가 경영을 맡고 있습니다. B 여사는 103세가 될 때까지 매일 근무했습니다. 찰리와 내가 판단하기에는 터무니없이 젊은 나이에 은퇴했습니다. 이제 네브래스카 퍼니처 마트는 미국 최대 가정용 가구 매장 3개를 보유하고 있습니다. 3개 모두 2020년에 매출 기록을 세웠는데, 코로나19로 6주 이상 영업을 중단한 상황에서 달성한 실적입니다.

B 여사의 모든 것을 말해주는 이야기가 있습니다. B 여사의 대가족이 모여 명절 음식을 먹을 때 여사는 항상 식전에 노래를 부르게 했습니다. B 여사가 선택한 곡은 변함이 없었는데, 어빙 벌린Irving Berlin의 '신이여 미국을 축복하소서God Bless America'였습니다.

◇◇◇◇◇◇◇◇◇◇◇◇◇◇

이제 동쪽으로 이동해 테네시주에서 세 번째로 큰 도시인 녹스빌로 가봅시다. 버크셔는 이곳에 놀라운 회사 둘을 보유하고 있습니다. 클레이턴 홈즈(지분 100% 보유)와 파일럿 플라잉 J입니다. 2017년 주주 서한에서 밝힌 것처럼 지금은 지분이 38%지만 2023년에는 80%를 보유할 예정입니다.

두 회사 모두 테네시대학 졸업생이 젊은 시절에 설립했습니다. 두 사람 모두 계속 녹스빌에 살고 있습니다. 이들은 처음부터 자본이 많았던 것도 아니고 부모가 부자였던 것도 아닙니다. 그래서 어떻게 되었느냐고요? 현재 클레이턴과 파일럿 둘 다 연간 세전 이익이 10억 달러를 넘습니다. 두 회사의 종업원을 합하면 약 4만 7,000명입니다.

짐 클레이턴Jim Clayton은 몇 차례의 모험사업 끝에 1956년 얼마 안 되는 자본으로 클레이턴 홈즈를 설립했습니다. 빅 짐 해슬럼은 1958년 6,000달러에 주유소를 하나 인수해서 이후 파일럿 플라잉 J로 키워냈습니다. 두 사람 모두 나중에 자신처럼 열정적이고 합리적이며 총명한 아들을 사업에 끌어들였습니다. 가끔은 유전자가 신비로운 힘을 발휘하기도 합니다.

이제 90세가 된 빅 짐 해슬럼은 최근 영감을 주는 책을 출간했습니다. 이 책에 의하면 짐 클레이턴의 아들 케빈은 빅 짐 해슬럼에게 파일럿의 대규모 지분을 버크셔에 팔라고 권유했습니다. 모든 소매업자가 알고 있듯이 가장 유능한 영업 직원은 만족한 고객입니다. 이는 기업 인수 시장에도 똑같이 적용됩니다.

◇◇◇◇◇◇◇◇◇◇◇◇◇

다음에 녹스빌이나 오마하 상공을 지나갈 때에는 클레이턴, 해슬럼, 블럼

WB 한국판 Q&A

Q: 버핏은 절대 미국이 망하는 쪽에 돈을 걸지 말라고 이야기했습니다. 이것을 절대 버크셔가 망하는 쪽에 돈을 걸지 말라는 것으로 받아들여도 될까요? 그리고 버핏이 미국의 경제 발전에 대해 낙관하는 발언을 반복하는 이유는 무엇일까요?

가치투자자는 기본적으로 경제 시스템과 기업가 정신을 신뢰하는 장기 낙관론자입니다. 버핏은 이러한 견해를 평생 견지하고(게다가 미국에서 활동했으니 믿음이 계속 강해졌을 것입니다) 실제로 2008년 금융위기 한가운데서 미국 경제를 믿는다는 메시지를 공식적으로 발표하기도 했습니다.

버크셔의 포트폴리오 자체가 미국 경제를 대표한다고 할 수 있습니다. 코카콜라와 크래프트 하인즈는 미국의 대표 소비재 회사이며, 벌링턴 노던 산타페(BNSF)와 버크셔 해서웨이 에너지는 미국의 인프라를 상징합니다. 따라서 버크셔의 장기적 번영을 의심하지 말라는 말로 해석할 수도 있겠습니다.

버핏의 여러 발언으로 미루어보건대 그는 자신의 사후 버크셔가 받아들이게 될 두 가지 도전을 불편해하는 것 같습니다. 하나는 행동주의 펀드의 공격이고 다른 하나는 공매도 시도입니다. 이에 대비해 주주들을 미리 단련하려는 발언 중 하나로 해석할 수 있습니다.

킨에게 경의를 표하시기 바랍니다. 이들은 1789년에 만들어진 미국의 독특한 번영의 틀 덕분에 잠재력을 발휘할 수 있었습니다. 미국 역시 클레이턴, 해슬럼, 블럼킨 같은 시민 덕분에 건국의 아버지들이 추구했던 기적을 이룰 수 있었습니다.

지금은 세계 전역에서 많은 사람이 비슷한 기적으로 번영을 확산하면서 인류에게 혜택을 제공하고 있습니다. 그러나 미국처럼 건국 232년 만에 사람들이 잠재력을 마음껏 발휘할 수 있게 만든 나라는 없습니다. 심각한 침체기도 있었지만 미국의 경제 발전은 숨이 막힐 정도였습니다. 그리고 미국은 '더 완벽한 연방'이 되려는 근본적인 열망을 유지하고 있습니다. 그 진행 과정은 느리고, 거칠며, 종종 실망스럽기도 했습니다. 그러나 우리는 계속 전진했으며 앞으로도 계속 전진할 것입니다.

우리의 확고한 결론은, 절대 미국이 망하는 쪽에 돈을 걸지 말라는 것입니다.

2장 해설

버크셔는 좋은 기업을 합리적인 가격으로 인수해 자본 효율성을 높이고자 한다. 그래서 최근 사모펀드가 기업 인수 가격을 마구 높이는 상황을 곤혹스러워한다. 버크셔는 이 상황에 대처하기 위해 자회사를 활용한다. 자회사의 CEO가 버핏에게 추천하는 기업을 사들이는 방식이다. 이 방식은 세 가지 면에서 유리하다. 첫째, 경매를 통하지 않고 버크셔의 명성을 활용하기에 인수 가격을 과하게 지불하지 않는다. 둘째, 인수 대상 기업이 경쟁사나 거래처이기에 기업에 대한 넓고 깊은 이해가 선행되어 있다. 셋째, 규모가 크지 않아 자회사와의 시너지를 기대할 수 있다.

사적 시장에서 경영권이 포함된 기업을 합리적인 가격으로 인수하기는 쉽지 않다. 지금처럼 유동성이 넘치는 시기에는 더욱 그렇다. 하지만 버핏은 매우 독특한 위치를 점하고 있어 공개 경쟁을 하지 않고도 좋은 기업을 합리적인 가격에 인수해왔다. 또한 그는 기업 인수 후에 경영자를 교체하지 않으며 재매각하지도 않는다. 더 나아가 버크셔의 자본력을 활용해 설비 확장, 기업 인수 등을 추진하기 때문에 오너가 스스로 버핏을 찾아와 회사를 매각하려 한다. 버핏이 기업 인수 시장에서 쌓아온 브랜드 가치야말로 버크셔의 가장 중요한 경제적 해자일 것이다.

3장

자본 배분

다섯 개의 과수원과 하나의 버크셔 { 2018 }

버크셔의 가치를 평가하는 사람들 중 일부는 우리 다양한 자회사들의 세부 사항에 집착합니다. 말하자면 '나무'만 들여다보는 셈입니다. 하지만 우리가 보유한 자회사는 잔가지에서 세쿼이아에 이르기까지 매우 다양하므로, 이런 방식으로 분석하면 너무나 지루합니다. 우리 나무 중 일부는 병에 걸려서 10년 이내에 회생할 가능성이 희박합니다. 그러나 대부분은 틀림없이 더 크고 아름다운 나무로 성장할 것입니다.

다행히 우리 나무의 가치를 개별적으로 평가하지 않고도 버크셔의 내재가치를 대강 추정할 수 있습니다. 우리 숲은 주요 '과수원' 5개로 구성되어 있으며 각 과수원의 가치는 상당히 정확하게 평가할 수 있기 때문입니다. 과수원 4개는 몇 가지 기업군과 금융자산이어서 이해하기 쉽습니다. 막대한 가치를 창출하는 다섯 번째 과수원은 다양한 거대 보험사로 구성되어 있는데 평가하기가 쉽지 않으니 나중에 설명하겠습니다.

첫 번째 과수원을 들여다보기 전에 우리가 자본을 배분하는 주된 목적이 무엇인지 다시 말씀드리겠습니다. 그것은 장기 경제성이 밝고 경영 상태가 훌륭한 기업의 전부나 일부를 합리적인 가격에 사들이는 것입니다.

우리는 이런 기준을 충족하는 기업들의 경영권을 가끔 인수할 수 있습니다. 이들 기업은 상장 회사 중에서 찾기가 훨씬 쉬우므로 우리는 대개 지분 5~10%를 시장에서 사들입니다. 이렇게 이중 전략으로 거대 자본을 배분하는 기업은 드물기 때문에 우리는 간혹 큰 이점을 누립니다.

최근 몇 년 동안 어떤 자본 배분 방식이 합리적인지 명확하게 드러났습니다. 우리는 똑같은 금액으로 기업을 인수할 때보다 주식을 사들일 때 훨씬 많은 가치를 얻을 수 있었습니다. 그래서 작년 우리가 매수한 시장성 지분 증권은 약 430억 달러였지만 매도한 금액은 190억 달러에 불과했습니다. 찰리와 나는 우리가 투자한 기업들의 가치가, 우리가 인수할 수 있었던 기업들의 가치보다 훨씬 높다고 생각합니다.

최근 우리가 시장성 지분 증권을 사들이긴 했지만, 버크셔 숲에서 여전히 가장 값진 과수원은 우리가 경영하는 수십 개 비보험 자회사들(지분이 대부분 100%이며 최소 80% 이상)입니다. 작년 비보험 자회사들이 벌어들인 돈은 168억 달러입니다. 이 금액은 모든 세금, 지급 이자, 경영자 보상(현금이든 스톡옵션이든), 구조 조정 비용, 감가상각비, 상각비, 본사 일반 관리비 차감 후 기준입니다.

우리가 이익을 산출하는 방식은 월스트리트 은행이나 기업들이 흔히 내세우는 산출 방식과 거리가 멉니다. 월스트리트에서는 줄곧 '조정 EBITDA'를 내세우는데, 이것은 너무도 명백한 비용들조차 차감하지 않

WB 한국판 Q&A

Q: 기업을 인수할 때보다 주식을 매수할 때 더 많은 가치를 얻을 수 있다는 것은 어떤 의미인가요?

기업 전체를 인수하면 현금흐름을 통제할 수 있지만(그래서 버핏이 선호하지만) 상대의 매각 의사가 있어야 하므로 대상이 한정적입니다. 특히 경영권 프리미엄이 높게 매겨진 경우 가격을 과다하게 지불해야 합니다. 버핏은 경영권이 없더라도 기업 전체를 인수한다는 관점에서 사고합니다. 유동성이 풍부한 사모펀드가 비상장 기업의 가격을 높여놓은 상황에서, 버핏은 그 기업을 인수하는 것보다 상장된 기업에 투자하는 것이 더 매력적이라고 본 것입니다.

고 산출한 이익이기에 온전할 수 없습니다.

예를 들어 경영자들은 회사에서 보상으로 지급하는 스톡옵션을 비용으로 처리하면 안 된다고 주장하기도 합니다(스톡옵션이 비용이 아니라면 주주들이 주는 선물인가요?). 구조 조정 비용은 어떤가요? 물론 작년과 똑같은 방식으로 구조 조정이 다시 이루어지지는 않겠지요. 그러나 기업에서는 흔히 다양한 방식으로 구조 조정이 진행됩니다. 버크셔에서도 구조 조정이 수십 번 진행되었고 그 비용은 항상 우리 주주들이 부담했습니다.

한번은 에이브러햄 링컨Abraham Lincoln이 수수께끼를 냈습니다. "개의 꼬리를 다리라고 부른다면 개의 다리는 몇 개일까요?" 이어서 그가 직접 답을 말했습니다. "네 개. 꼬리를 다리로 부른다고 다리가 되는 것은 아니므로." 그러나 링컨이 이 말을 월스트리트에서 했다면 사람들에게 따돌림 당했을 것입니다.

찰리와 나는 우리 인수 관련 상각비 14억 달러(10-K 양식에서 K-84 참조)가 진정한 비용이 아니라고 주장하는 바입니다. 우리는 비상장 회사와 시

WB 한국판 Q&A

Q: '조정 EBITDA'의 이익은 무엇이 문제인가요?

버핏은 인수에 따른 무형자산 상각은 비용으로 인식하지 않지만 감가상각, 스톡옵션, 이자는 모두 비용으로 인식합니다. 유형자산은 시간이 지나면 재투자해야 하고(감가상각), 스톡옵션 발행은 주주 이익을 훼손하며, 이자는 채권자에게 실제로 지급되는 현금 유출이기 때문입니다. 따라서 조정 EBITDA는 실제보다 비용을 과소 계상해 정확한 기업 가치 산정에 오류를 발생시킨다고 봅니다.

장성 지분 증권의 가치를 평가할 때 이런 '상각비'를 GAAP 이익에 더합니다.

반면 버크셔의 감가상각비 84억 달러는 적게 책정된 금액입니다. 사실은 우리 자회사들이 현재 경쟁력을 유지하는 데만도 매년 이보다 더 많은 금액을 지출해야 합니다. 이러한 '유지'는 물론 성장에 대해서도 막대한 자본을 지출합니다. 작년 버크셔는 공장, 설비, 기타 고정자산에 145억 달러를 투자해 기록을 세웠는데 이 중 89%가 미국에 투자되었습니다.

버크셔에서 두 번째로 가치가 높은 과수원은 주식 포트폴리오로 대개 거대 기업들의 지분 5~10%로 구성됩니다. 앞에서도 언급했지만 연말 우리 주식 포트폴리오 평가액은 1,730억 달러에 육박했고 취득 원가는 이보다 훨씬 낮습니다. 연말 평가액으로 주식 포트폴리오를 모두 처분했다면 연방소득세 약 147억 달러가 부과되었을 것입니다. 그러나 우리는 십중팔구 이 주식 대부분을 장기간 보유할 것입니다. 물론 언젠가 처분하게 된다면 처분 시점의 세율로 연방소득세가 부과될 것입니다.

작년 우리가 투자한 회사(피투자회사)로부터 받은 배당은 38억 달러이고 2019년에는 더 많아질 것입니다. 그러나 우리가 피투자회사로부터 받는 배당보다 매년 피투자회사에 유보되는 막대한 이익이 훨씬 더 중요합니다. 참고로 피투자회사 중 우리 투자액이 가장 많은 5개사만 살펴봅시다.

GAAP에 의하면 피투자회사의 유보이익은 우리 재무제표에 포함할 수 없습니다. 하지만 이 유보이익은 우리에게 엄청난 가치가 있습니다. 장기적으로 보면 피투자회사들의 유보이익은 결국 버크셔에 자본이득을 안겨주었습니다(피투자회사들이 1달러를 유보해서 재투자할 때마다 우리 자본이득은

2018년 말 현재 버크셔 투자액이 가장 많은 5개사

주요 피투자회사	연말 지분 (%)	배당 (100만 달러)*	유보이익 중 버크셔 몫 (100만 달러)**
아메리칸 익스프레스	17.9	237	997
애플	5.4	745	2,502
뱅크 오브 아메리카	9.5	551	2,096
코카콜라	9.4	624	-21
웰스 파고	9.8	809	1,263
합계		2,966	6,837

* 현재 연간 배당률 기준.

** 2018년 이익 – (보통주 배당 + 우선주 배당) 기준.

WB 한국판 Q&A

Q: 지분 증권의 가치를 평가할 때 인수 관련 상각비를 GAAP 이익에서 차감하는 이유는 무엇인가요? 또한 버핏은 기업의 자본적 지출을 어떻게 바라보나요?

인수 관련 상각비를 이익에서 차감하는 것은 GAAP의 규정에 따른 것입니다. 하지만 이 비용은 인수한 기업의 수익력에 이미 반영되어 있으며 현금 유출이 발생하지도 않습니다. 이 때문에 버핏은 인수 관련 상각비를 실질 비용으로 보지 않습니다.

그리고 버핏은 주주에게 귀속되는 이익을 계산할 때 감가상각비 대신 자본적 지출을 차감합니다. 미래에도 현재와 같은 경쟁력을 유지하려면, 지출을 충분히 하고도 남은 잉여현금을 주주의 진짜 이익으로 보아야 하기 때문입니다. 그는 미래 경쟁력을 훼손하면서까지 자사주 매입이나 배당 지급을 하려 하지 않습니다.

1달러 이상 증가했습니다).

우리 주요 피투자회사들은 모두 경제성이 탁월하며 대개 유보이익 중 일부를 자사주 매입에 사용합니다. 특히 피투자회사 주식이 저평가되었을 때 유보이익으로 자사주를 매입해서 버크셔의 지분이 증가하면 우리는 매우 흐뭇합니다.

이 표에서 예를 하나 들어보겠습니다. 지난 8년 동안 버크셔가 아메리칸 익스프레스American Express에 투자한 금액은 변동이 없었습니다. 그런데도 아메리칸 익스프레스의 자사주 매입 덕분에 우리 지분은 12.6%에서 17.9%로 증가했습니다. 작년 아메리칸 익스프레스가 벌어들인 이익 69억 달러 중 버크셔 몫은 12억 달러였는데, 우리 취득 원가 13억 달러의 약 96%에 이르는 금액이었습니다. 피투자회사의 이익이 증가하면서 유통 주식이 감소하면 투자자는 시간이 흐를수록 부자가 됩니다.

버크셔의 세 번째 과수원은 동업자와 함께 경영권을 확보한 기업 4개입니다. 우리 지분은 크래프트 하인즈 26.7%, 버카디아Berkadia 50%, 일렉트릭 트랜스미션 텍사스Electric Transmission Texas(풍력 에너지 회사) 50%, 파일럿 플라잉 J 38.6%입니다. 이들 기업의 2018년 세후 영업이익 중 우리 몫은 약 13억 달러입니다.

버크셔의 네 번째 과수원은 연말 보유액이 1,120억 달러인 미국 국채 및 기타 현금성 자산, 그리고 잡다한 채권 200억 달러입니다. 우리는 재난에 대비해서 현금성 자산을 200억 달러 이상 항상 보유하겠다고 약속했으므로 위 금액 중 일부는 함부로 손댈 수 없는 곳에 잘 숨겨둘 것입니다.

버크셔의 재무 상태는 항상 요새처럼 견고하게 유지될 것입니다. 나는 앞으로도 값비싼 누락의 실수와 눈앞에 보이는 기회를 놓치는 실수도 저지를 것입니다. 때로는 투매 탓에 버크셔 주가가 폭락하기도 할 것입니다. 그러나 우리가 현금 부족 상태에 빠지는 위험은 절대 없을 것입니다.

향후에는 초과 현금으로 우리가 영원히 보유할 기업들을 인수하길 기대합니다. 그러나 가까운 장래에 그렇게 될 가능성은 낮습니다. 장기 전망이 밝은 기업들은 가격이 터무니없이 비싸기 때문입니다. 현실이 이러하므로 2019년에도 우리는 시장성 지분 증권 보유량을 늘리기 쉬울 것입니다. 그렇더라도 거대 기업 인수를 계속 바라고 있습니다. 우리는 88세와 95세인데도 (내가 더 젊습니다) 기업 인수를 생각하면 심장 박동이 빨라집니다(거대 기업 인수 가능성에 대해 썼을 뿐인데도 내 맥박수가 치솟았습니다).

시장성 지분 증권 보유량을 늘리기 쉬울 것이라고 말했지만 이것은 시장 전망이 아닙니다. 찰리와 나는 다음 주나 내년 주가 흐름이 어떨지 전혀 알지 못합니다. 우리는 그런 예측을 해본 적이 한 번도 없습니다. 우리는 단지 '매력적인 기업의 일부(주식)' 가치가 주가보다 높은지 분석하는 일에 관심을 집중할 뿐입니다.

◇◇◇◇◇◇◇◇◇◇◇◇◇

버크셔의 내재가치는 소중한 자산이 가득한 우리 숲 네 개의 가치를 더한 다음 유가증권 매각 시 부과되는 적정 세금을 차감하면 거의 정확하게 추정할 수 있습니다.

우리가 완전 소유 자회사들을 매각할 때 부과되는 세금도 고려해야 하지 않느냐는 질문도 나옴 직합니다. 그런 질문은 필요 없습니다. 자회사를 매각할 때 세금을 면제해준다 하더라도 훌륭한 자회사를 하나라도 매각하는 것은 어리석은 짓이니까요. 정말로 훌륭한 기업은 찾아내기가 대단히 어렵습니다. 운 좋게 보유한 기업을 매각하는 것은 말이 안 됩니다.

버크셔 비보험 자회사들 이익은 부채에서 발생하는 이자 비용을 모두 차감한 것입니다. 게다가 우리는 주로 다섯 번째 과수원(탁월한 보험사 집단)에서 창출한 자금으로 과수원 네 개를 보유하고 있습니다. 이 자금은 이른바 '플로트float'로, 장기적으로는 무이자 또는 그 이상 가치가 있다고 생각합니다. 플로트의 특성에 대해서는 나중에 설명하겠습니다.

끝으로 가장 중요한 핵심 사항입니다. 버크셔의 가치는 우리 과수원 다섯 개를 하나로 결합할 때 극대화됩니다. 하나로 결합하면 우리 자본 대부분을 객관적으로 매끄럽게 배분할 수 있고, 조직 전체의 위험을 제거할 수 있고, 고립 상태에서 벗어날 수 있고, 매우 낮은 비용으로 자산을 확보할 수 있고, 절세 효과를 높일 수 있고, 간접비를 최소화할 수 있습니다.

버크셔는 전체가 부분의 합보다 훨씬 큽니다.

남아 있는 주주의 관점 { 2018 }

나는 버크셔가 가끔 자사주 매입을 할 것이라고 말했습니다. 우리가 내재가치보다 낮은 가격에 자사주 매입을 한다면 (틀림없이 그럴 생각이지만) 주식을 팔고 떠나는 주주와 남아 있는 주주 모두에게 이익이 됩니다.

물론 주식을 팔고 떠나는 사람들에게 자사주 매입이 주는 이익은 보잘것없습니다. 우리는 자사주를 조심스럽게 매입해 버크셔 주가에 미치는 영향을 최소화할 것이기 때문입니다. 그렇더라도 시장에 매수세가 추가되므로 팔고 떠나는 주주에게 조금은 이익이 됩니다.

반면 남아 있는 주주에게는 확실히 이익이 됩니다. 떠나는 주주가 매도하는 가격이 내재가치 1달러당 90센트에 불과하다면, 회사가 자사주를 매입할 때마다 증가하는 주당 내재가치는 모두 남아 있는 주주들이 차지하게 됩니다. 물론 자사주를 매입할 때에는 가격에 유의해야 합니다. 과도한 가격에 무턱대고 자사주를 매입하면 가치가 파괴됩니다. 지나치게 낙관적이거나 홍보에 몰두하는 CEO들은 이 사실을 간과하기 쉽습니다.

자사주 매입을 고려하는 기업들은 모든 주주 동업자들이 주식의 가치를 합리적으로 추정할 수 있도록 필요 정보를 제공해야 합니다. 찰리와 나도 이 보고서를 통해서 그런 정보를 제공하려고 노력하고 있습니다. 우리는 동업자가 정보 부족이나 오해 탓에 파는 주식은 사고 싶지 않습니다.

떠나는 주주들 중에는 버크셔의 가치를 우리와 다르게 평가하거나 버크셔보다 더 매력적으로 보이는 투자 대상을 발견한 사람들도 있을 것입

WB 한국판 Q&A

Q: 미국의 상장 회사는 주가와 관계없이 상황에 따라 부채를 써서라도 자사주를 매입했고 결과적으로 주가도 지속적으로 상승해왔습니다. 이를 무조건 비판할 수 있나요?

버핏은 자사주 매입을 권장하지만 그 판단에 까다로운 잣대를 들이댑니다. 첫째, 내재가치보다 싸게 사야 합니다. 반대로 수급을 통한 단기적인 주가 상승을 도모한 결정은 나쁜 의도로 해석합니다. 둘째, 회사의 능력을 넘어서는 자사주 매입을 경계합니다. 자사주 매입은 어디까지나 회사의 안정성과 성장 잠재력을 훼손하지 않는 범위 내에서 이루어져야 합니다. 따라서 주가 수준을 고려하지 않은 채 무리하게 부채까지 사용하는 자사주 매입은 버핏에게 비판의 대상입니다.

니다. 물론 버크셔보다 훨씬 많은 수익을 안겨줄 주식도 얼마든지 있습니다. 또 어떤 주주는 이제 자본을 축적할 시점이 아니라 소비할 시점이라고 판단할 수도 있습니다. 찰리와 나는 아직 자본 소비에 관심이 없습니다. 아마 우리는 노년기에나 자본을 소비할 듯합니다.

◇◇◇◇◇◇◇◇◇◇◇◇◇◇

지난 54년 동안 우리는 버크셔를 떠나는 주주가 아니라 남아 있는 주주의 관점에서 의사결정을 해왔습니다. 따라서 찰리와 나는 분기 실적에 관심을 둔 적이 한 번도 없습니다.

아마 버크셔는 포춘 500대 기업 중 월 단위로 이익 보고서나 재무상태표를 작성하지 않는 유일한 기업일 것입니다. 물론 나는 우리 자회사 대부분의 월간 재무 보고서를 정기적으로 들여다봅니다. 그러나 찰리와 나는 분기 단위로만 버크셔 전체의 이익과 재무 상태를 파악합니다.

게다가 버크셔는 전사全社 예산을 수립하지 않습니다(자회사 단위로 예산을 수립하는 사례는 많습니다). 버크셔가 전사 예산을 수립하지 않는다는 말은 모회사 차원에서 분기 목표를 설정한 적이 없다는 뜻입니다. 이렇게 우리가 모회사 차원에서 분기 목표를 설정하지 않으므로 자회사 경영자들 역시 함부로 분기 목표를 설정하지 않으며 우리가 아끼는 기업문화가 강화됩니다.

그동안 찰리와 나는 경영자들이 월스트리트 사람들의 기대를 충족시키려고 회계와 운영 분야에서 벌이는 온갖 불건전한 행태를 지켜보았습니다. 월스트리트 사람들을 실망시키지 않으려고 시작한 '순진한' 속임수(예컨대 손해액 증가를 외면하거나 손해액 준비금 감소까지 감수하면서 분기 말에 대리점 실적을 부풀리는 행위)가 본격적인 사기를 벌이는 첫걸음이 되기도 합니다. 처음 숫자 조작을 하는 CEO는 "이번 한 번만"으로 끝내려 하지만 한 번으로 끝나는 경우는 거의 없습니다. 상사가 약간의 속임수는 괜찮다고 생각하면 부하들도 속임수를 손쉽게 합리화합니다.

찰리와 나는 애널리스트나 해설자들이 아니라 우리 주주 동업자들을 위해서 일하고 있습니다. 그래서 우리가 받는 숫자들을 고스란히 여러분에게 전해드립니다.

자사주 매입 기준 { 2019 }

과거 여러 연차 보고서에서 우리는 합리적인 자사주 매입과 터무니없는 자사주 매입에 대해서 논의했습니다. 우리 생각을 요약하면 다음과 같습니다. 버크셔는 (1) 찰리와 내가 판단하기에 주가가 내재가치보다 낮고 (2) 자사주를 매입한 뒤에도 현금이 충분할 때에만 자사주를 매입할 것입니다.

내재가치는 절대 정확하게 산출되지 않습니다. 따라서 추정 내재가치가 1달러이고 주가가 95센트라면 찰리와 나는 서둘러 자사주를 매입할 필요가 없습니다. 2019년에는 가끔 버크셔의 내재가치 대비 주가가 적당히 낮았으므로 50억 달러를 들여 자사주 약 1%를 매입했습니다.

우리는 버크셔 주가가 하락하길 바랍니다. 내재가치 대비 주가가 더 내려가면 우리는 더 적극적으로 자사주를 매입할 것입니다. 그러나 주가를 떠받치지는 않을 것입니다.

A주나 B주를 시가 20만 달러 이상 버크셔에 매도하려는 주주는 버크셔의 마크 밀러드Mark Millard에게 전화(402-346-1400)하라고 주식 중개인에게 알려주시기 바랍니다. 전화는 매도 준비가 되었을 때, 중부 표준시로 오전 8시~8시 30분이나 오후 3시~3시 30분에 하시기 바랍니다.

◇◇◇◇◇◇◇◇◇◇◇◇◇

2019년 버크셔는 당기 연방소득세 36억 달러를 미국 재무부에 납부했습니다. 같은 기간 미국 정부가 수납한 법인 소득세 합계액은 2,430억 달러입니다. 버크셔가 미국 전체 기업의 연방소득세 중 1.5%를 납부했다는 사실은 자랑할 만합니다.

50년 전 버크셔 경영을 시작했을 때 우리는 연방소득세를 한 푼도 납부하지 않았습니다(충분한 이유가 있습니다. 직전 10년 동안 적자로 고전했기 때문입니다). 이후 버크셔는 이익을 거의 모두 유보했으며, 그 혜택은 버크셔 주주들뿐 아니라 연방정부에도 돌아갔습니다. 향후에는 연방소득세를 더 많이 납부하게 되길 희망하고 기대합니다.

WB 한국판 Q&A

Q: 2020년 3월 단기 급락기에 버크셔는 자사주를 매입했나요?

코로나19가 한창이던 2020년 2분기에 51억 달러 규모의 자사주를 매입했습니다. 단일 기간 중 가장 큰 규모였습니다. 버크셔의 주가가 A주 기준 30만 달러 이하로 내려가자 저평가되었다고 판단한 결과입니다.

버크셔와 다른 복합 기업의 차이 { 2020 }

흔히 버크셔는 복합 기업으로 분류됩니다. 복합 기업은 다양한 자회사를 마구잡이로 보유한 지주회사를 가리킵니다. 이 표현은 버크셔에 들어맞지만, 부분적으로만 맞습니다. 역사를 조금만 살펴보면 우리가 전형적인 복합 기업과 어떻게 다르고 왜 다른지 이해할 수 있습니다.

그동안 복합 기업들은 기업을 통째로 인수하는 방식에만 전념했습니다. 그러나 이 전략에는 두 가지 커다란 문제가 있습니다. 하나는 해결 불가능한 문제로, 진정으로 위대한 기업들은 다른 기업에 인수되기를 원치 않는다는 점입니다. 따라서 기업 인수를 갈망하는 복합 기업들은 영속적인 주요 경쟁력이 부족한 기업들을 집중적으로 인수할 수밖에 없었습니다. 이는 그다지 훌륭한 시장이 아니었습니다.

게다가 그저 그런 기업 인수에 집중한 복합 기업들은 피인수 기업을 유혹하기 위해 대개 막대한 경영권 프리미엄을 지불해야만 했습니다. 복합 기업들은 이 '과도한 가격' 문제의 해법을 알고 있었습니다. 그것은 자기

WB 한국판 Q&A

Q: 유보이익의 혜택이 연방정부에도 돌아갔다는 것은 어떤 의미인가요?

세금을 내는 대신 유보한 이익을 투자 재원으로 활용해 성공했고 결과적으로 더 많은 법인세를 납부하고 있다는 의미입니다. "연방소득세를 더 많이 납부하게 되길 희망한다"라는 말은 버크셔가 향후에도 배당보다는 유보와 재투자의 자본 정책을 유지할 것이라는 메시지입니다.

회사 주식을 엄청난 고평가 상태로 만들어 '인수 대금'으로 지불하는 방법이었습니다("당신 개를 1만 달러에 사는 대가로 내 5,000달러짜리 고양이 두 마리를 주겠소").

복합 기업들이 자기 회사 주식을 고평가 상태로 만드는 수단으로는 흔히 선전 기법과 '창의적' 회계 조작이 사용되었는데, 이는 좋게 보아도 속임수였고 때로는 선을 넘는 사기 행위였습니다. 이런 속임수가 '성공'하면 복합 기업은 자사 주가를 예컨대 기업 가치의 3배로 끌어올려 피인수 기업에 기업 가치의 2배 가격을 지불할 수 있었습니다.

투자자들의 착각은 놀라울 정도로 오랫동안 이어질 수 있습니다. 월스트리트는 거래에서 나오는 수수료를 좋아하고 언론은 다양한 주장이 빚어내는 스토리를 좋아합니다. 때로는 인기 주식의 치솟는 주가가 착각을 현실로 둔갑시키는 '증거'가 되기도 합니다.

물론 파티는 결국 끝나게 되며, 많은 기업이 '벌거벗은 임금님'으로 밝혀집니다. 금융계의 역사에는 이런 유명 복합 기업이 매우 많습니다. 처음에는 언론, 애널리스트, 투자은행들로부터 천재 기업으로 찬양받았으나 결국은 쓰레기 기업으로 전락하는 복합 기업이 많습니다.

그래서 복합 기업은 평판이 매우 나쁩니다.

◇◇◇◇◇◇◇◇◇◇◇◇◇

찰리와 나는 우리 복합 기업 버크셔가 경제성이 좋고 경영자가 훌륭한 다양한 기업의 전부나 일부를 보유하길 바랍니다. 버크셔가 경영권을 확보하느냐는 중요하지 않습니다.

내가 이 사실을 깨닫기까지는 오랜 세월이 걸렸습니다. 나는 버크셔의 직물 사업 때문에 20년 동안 고생했습니다. 그러나 한계 기업의 지분을 100% 보유하면서 고전하는 것보다 훌륭한 기업의 지분을 일부만 보유하는 편이 더 수익성 높고 재미있으며 훨씬 편하다는 사실을 찰리가 깨우쳐 주었습니다.

우리 복합 기업은 지배 기업은 물론 비지배 기업도 계속 보유할 것입니다. 찰리와 나는 오로지 기업의 영속적 경쟁력, 경영자의 능력과 인품, 기업의 가격을 기준으로 자본을 가장 타당하게 배분할 것입니다.

이 전략에는 노력이 적게 들어갈수록 더 좋습니다. 다이빙 경기에서는 '난도難度'가 높을수록 높은 점수를 받지만, 투자에서는 난도가 높다고 수익성이 높아지지는 않습니다. 로널드 레이건Ronald Reagan은 다음과 같이 경고했습니다. "근면해서 죽은 사람은 없다고 하지만, 굳이 위험을 감수할 필요가 있겠는가?"

WB 한국판 Q&A

Q: '쓰레기 기업'으로 전락한 복합 기업의 예를 들어주세요. 버핏이 말하는 복합 기업과 한국 지주회사의 차이점은 무엇인가요? 버크셔와 유사한 한국의 복합 기업이 있다면 알려주세요.

2000년대 초 파산한 엔론, 타이코 등이 버핏이 지적한 복합 기업이라 할 수 있고, 최근 사례로는 GE도 해당될 수 있을 것 같습니다. 한국의 지주회사는 보통 사후적으로 만들어져 자회사를 지배하는 데 반해 버핏이 불편해하는 미국의 복합 기업은 무분별한 인수를 통해 외형 확대에 따른 주가 상승을 추구한다는 차이가 있습니다. 한국에도 버크셔를 표방한 곳들이 있기는 하나 본질적인 요소를 이해하지 못했고, 이해했다 해도 실제로 구현해낸 곳은 아직 없습니다.

주주 지분 늘린 자사주 매입 { 2020 }

다양한 버크셔 자회사의 연말 종업원은 약 36만 명입니다. 이들 자회사에 대해 더 자세한 내용을 원한다면 이 연차 보고서 뒤에 실린 10-K를 참고하시기 바랍니다. 우리가 일부 지분만 보유할 뿐 경영하지 않는 주요 기업들의 목록은 이 서한에 따로 정리해두었습니다. 이렇게 구성된 포트폴리오 역시 규모가 크고 다양합니다.

그러나 버크셔의 가치 대부분은 4개 기업 안에 들어 있습니다. 3개는 우리가 경영하는 기업이고 1개는 지분 5.4%만 보유한 기업인데, 4개 모두 보석 같은 기업입니다. 가치가 가장 높은 가보家寶는 우리 손해보험 사업으로, 53년 동안 버크셔의 핵심이었습니다. 우리 보험사들은 보험업계에서 유례없는 존재입니다. 1986년 버크셔에 합류한 아지트 자인Ajit Jain 역시 유례없는 경영자입니다.

우리 보험사들이 운영하는 자본은 전 세계 경쟁 보험사들보다 훨씬 많습니다. 우리 보험사들은 재무 구조가 건전한 데다 버크셔의 비보험 자회사들로부터 매년 막대한 현금이 유입되고 있으므로 주식 중심의 투자 전략을 안전하게 실행할 수 있습니다. 반면 경쟁 보험사 대다수는 규제와 신용등급 문제 탓에 주로 채권에 투자해야 합니다.

지금은 채권에 투자할 시점이 아닙니다. 믿기 어렵겠지만, 연말 0.93%인 국채 10년물의 수익률은 1981년 9월 수익률 15.8%에서 94%나 하락한 수준입니다. 독일과 일본 등 주요 국가의 수조 달러에 이르는 국채는 수익률이 마이너스입니다. 연금 기금, 보험사, 퇴직자 등 전 세계 채권 투자자들은 암울한 미래에 직면해 있습니다.

다른 채권 투자자들처럼 일부 보험사는 매수 대상을 신용도 낮은 채권으로 교체해 수익률을 억지로 높이려 할 수도 있습니다. 그러나 신용도 낮은 채권은 수익률을 높이는 정답이 아닙니다. 30년 전 한때 막강했던 저축대부조합들이 이 원칙을 무시한 탓에 자멸했습니다.

현재 버크셔의 보험사들이 보유한 플로트는 1,380억 달러입니다. 플로트는 우리 돈이 아니지만 우리가 주식과 채권 또는 단기 국채 같은 현금성 자산에 투자할 수 있는 자금입니다. 플로트는 은행 예금과 비슷한 점이 있습니다. 매일 현금 유출입이 발생하지만 보험사가 보유한 플로트 총액은 거의 바뀌지 않는다는 것입니다. 버크셔가 보유한 막대한 플로트 총액은 향후 장기간 현재와 비슷한 수준으로 유지될 것이며, 지금까지 누적 기준으로 보면 공짜 자금이었습니다. 물론 이렇게 유리했던 조건은 바뀔 수 있습니다. 하지만 장기적으로는 여전히 유리하다고 생각합니다.

그동안 나는 주주 서한에서 보험 사업에 관해 거듭 (끊임없이) 설명했습니다. 올해는 2019년 보고서에 실었던 보험 사업과 플로트에 관한 글을 다시 실었습니다. 새로 주주가 된 분들은 참고하시기 바랍니다. 여러분은 우리 보험 사업이 주는 기회는 물론 위험도 반드시 이해해야 합니다.

우리 두 번째 가보는 버크셔가 지분 100%를 보유한 BNSF로, 물동량 기준 미국 최대 철도회사입니다. 세 번째 가보는 지분 5.4%를 보유한 애플입니다(현재 두 자산의 가치는 거의 같습니다). 네 번째 가보는 우리 지분이 91%인 버크셔 해서웨이 에너지BHE입니다. BHE는 매우 이례적인 공익기업으로, 우리가 보유한 21년 동안 연간 이익이 1억 2,200만 달러에서 34억 달러로 증가했습니다.

BNSF와 BHE에 관해서는 서한 뒤편에서 더 논의하겠습니다. 지금은 버크셔의 '4대 가보'에 대한 여러분의 지분을 높이려고 우리가 주기적으로 하는 활동을 중점적으로 설명하겠습니다.

◇◇◇◇◇◇◇◇◇◇◇◇◇

작년 우리는 247억 달러를 들여 'A주' 8만 998주 상당의 자사주를 매입하면서 주주 지분 확대 의지를 보여드렸습니다. 이 자사주 매입을 통해 여러분은 한 푼도 안 쓰고 버크셔 모든 기업의 지분을 5.2% 높였습니다.

우리는 오래전부터 추천해온 기준에 따라 자사주를 매입했습니다. 그러면 계속 남아 있는 주주들의 주당 내재가치가 높아지며 자사주 매입 후에도 기회나 난관에 대처할 자금이 충분하다고 믿었기 때문입니다. 그렇더라도 주가에 상관없이 버크셔 자사주를 매입해서는 절대 안 된다고 생각합니다. 이렇게 강조하는 것은, 부끄럽게도 그동안 미국 CEO들은 주가가 하락했을 때보다 상승했을 때 자사주 매입에 투입한 자금이 더 많기 때문입니다. 우리 방식은 정반대입니다.

버크셔의 애플 투자는 자사주 매입의 위력을 생생하게 보여줍니다. 우리는 2016년 말에 애플 주식 매수를 시작해 2018년 7월 초 10억 주(주식 분할 반영) 남짓 보유했습니다. 이는 버크셔가 회사 계정으로 보유한 수량이므로, 별도 관리 계정으로 보유하다가 매도한 소량의 주식은 제외한 숫자입니다. 2018년 중반 매수를 완료했을 때 버크셔가 회사 계정으로 보유한 애플 지분은 5.2%였습니다.

이 지분의 취득 원가는 360억 달러였습니다. 이후 우리는 연평균 7억 7,500만 달러에 이르는 배당을 정기적으로 받았고, 2020년에는 일부 지분을 매도해 110억 달러를 회수했습니다. 이렇게 매도했는데도, 보시다시피 현재 버크셔가 보유한 애플 지분은 5.4%입니다. 우리는 단 한 푼 쓰지 않았는데도 지분이 증가했습니다. 그동안 애플이 끊임없이 자사주를 매입해 유통 주식 수를 대폭 줄였기 때문입니다.

그런데 좋은 소식이 더 있습니다. 지난 2.5년 동안 우리도 버크셔 자사주를 매입했으므로, 이제 여러분이 간접적으로 보유한 애플 지분은 2018년 7월보다 무려 10%나 증가했습니다. 이렇게 기분 좋은 흐름은 계속 이어지고 있습니다. 버크셔는 연말 이후 자사주를 더 매입했으므로 장래에는 유통 주식 수가 더 감소할 것입니다. 애플 역시 자사주를 매입하겠다고 공표했습니다. 이렇게 해서 유통 주식 수가 감소하면 버크셔 보험그룹, BNSF, BHE에 대한 우리 주주들의 지분은 물론 애플에 대한 간접 지분도 증가할 것입니다.

자사주 매입의 효과는 천천히 나타나지만 시간이 흐를수록 강력해집니다. 자사주 매입은 탁월한 기업에 대한 투자자의 지분을 지속적으로 높여주는 단순한 방법입니다. 관능적인 여배우 메이 웨스트Mae West는 말했습니다. "좋은 것이라면 지나치게 많아도 환상적이죠."

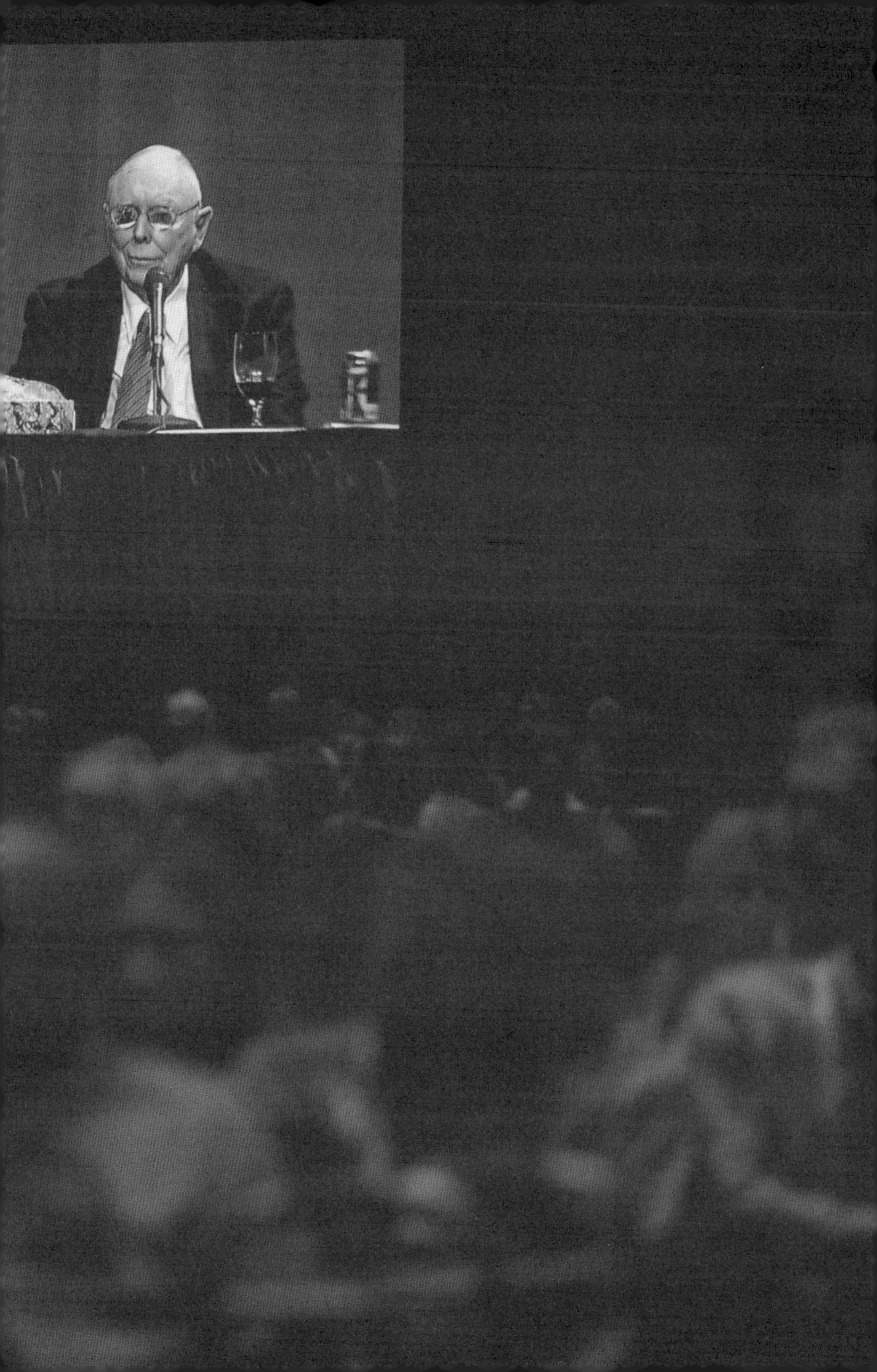

버크셔의 배당 지급 가능성 { Q 2018-8 }

보유 현금이 1,500억 달러 이상이고 인수할 기업이 없다면 배당을 지급할 생각인가요?

버핏 그 시점에 가장 효과적인 방법이 무엇인지 생각할 것입니다. 버크셔 주가가 내재가치보다 낮다면 자사주 매입이 배당보다 나을 것입니다. 반면 주가가 내재가치보다 높다면 자사주 매입은 기존 주주에게 불리합니다. 우리는 어떤 방법이든 가장 합리적인 것을 선택하겠습니다. 과거 우리 B주 주주들은 47 대 1로 배당 지급에 반대한 바 있습니다. 우리 이사들은 버크셔 주식을 대규모로 보유 중이고 경영자들 역시 그러하며 모두 주인처럼 생각합니다. 장래에도 지금처럼 저금리가 계속 유지되지는 않을 것이며 기업 인수 가격이 계속 높지도 않을 것이므로 기업 인수 기회가 나타날 것입니다. 우리가 대규모 특별 배당을 지급할 가능성은 매우 낮습니다.

멍거 기존 시스템이 지금처럼 잘 작동한다면 바꿀 필요가 있을까요? 물론 상황이 바뀌면 우리도 생각을 바꿀 수 있습니다. 이미 여러 번 그런 경험이 있습니다. 그러나 쉽지는 않더군요.

애플의 자사주 매입은 좋은 일 { Q 2018-12 }

애플의 대규모 자사주 매입에 대해 어떻게 생각하나요? 1,000억 달러는 막대한 금액인데요.

버핏 나도 1,000억 달러는 막대한 금액이라고 생각합니다. 애플은 놀라운 소비자 제품을 보유하고 있습니다. 이 제품에 대해서는 나보다 여러분이 훨씬 잘 압니다. 자사주 매입은 주가가 내재가치보다 낮고, 여유 자금이 있으며, 매력적인 기업 인수 기회가 없을 때에만 해야 합니다. 현재는 500~2,000억 달러 규모로 애플이 적절한 기업을 합리적인 가격에 인수하기가 매우 어렵습니다. 그래서 우리는 애플의 자사주 매입을 환영합니다. 현재 우리가 보유한 애플 지분이 약 5%인데, 시간이 흐르면 자사주 매입 덕분에 6~7%로 증가할 수 있으니까요. 한 푼 안 들이고도 우리 지분이 늘어난다고 생각하면 기쁠 수밖에요. 이는 애플의 제품이 탁월하고, 애플의 생태계가 대단히 광범위하며, 원칙을 철저하게 고수하기 때문에 가능한 것입니

WB 한국판 Q&A

Q: 버크셔의 자사주 매입과 애플의 자사주 매입에 대한 태도가 모순된 것처럼 보입니다.

애플은 재투자가 크게 필요하지 않은 사업을 운영하고 있습니다. 또한 버핏이 투자했을 때 이미 성숙기에 접어들어 그 필요성이 더욱 작아졌습니다. 따라서 성장에 필요한 재원을 제외한 돈으로 자사주를 매입해야 한다고 본 것입니다. 애플의 주가가 저평가된 상태라 판단한 것도 한몫했겠죠. 반대로 버크셔는 기업 인수 등 투자를 하는 회사입니다. 언제든 타깃이 나타나면 돈을 쓸 수 있어야 합니다. 그리고 보험사로서 보험금 청구에 대비해 풍부한 유동성을 보유해야 합니다(버크셔도 자사주 매입을 하지 않은 것은 아닙니다). 고유한 사업 모델과 기업의 생애 주기를 고려해 구별한 것으로 보입니다.

다. 나는 애플 주가가 내려가서 우리가 더 매수할 수 있으면 좋겠습니다. 팀 쿡Tim Cook은 자사주 매입, 배당 지급, 기업 인수가 얽힌 복잡한 문제를 매우 간단하게 풀어낼 수 있습니다.

멍거 일반적으로 말해서, 기업들이 필사적으로 인수한 기업은 시간이 지나면 가치가 떨어집니다. 자사주 매입이 항상 옳다고 보지는 않지만 현금이 남아돌 때에는 기업 인수보다 자사주 매입이 십중팔구 낫습니다. 물론 단지 주가를 높이려고 하는 자사주 매입은 미친 짓이며 부도덕한 행위지만, 그런 경우가 아니라면 자사주 매입은 좋은 일입니다.

PBR에서 주주 이익으로 바뀐 기준 { Q 2019-1 }

2018년 3분기 버크셔는 평균 207달러에 자사주를 약 10억 달러 매입했습니다. 그러나 2018년 12월부터 2019년 4월까지 주가가 대폭 하락했습니다. 현금을 약 1,100억 달러나 보유했는데도 자사주를 대량으로 매입하지 않은 이유는 무엇인가요?

버핏 보유 현금이 1,000억 달러든 2,000억 달러든 버크셔의 자사주 매입 방식은 크게 달라지지 않습니다. 전에는 자사주 매입 기준이 PBR이었습니다. 그러나 이제는 남아 있는 주주들에게 이익이 되는 주가라고 판단될 때에만 자사주를 매입합니다.

세 사람이 100만 달러씩 출자해서 300만 달러에 비상장 회사를 설립해 함께 경영한다고 가정합시다. 그런데 동업자 한 사람이 자기 지분을 110만 달러에 팔겠다고 제안한다면 두 사람은 즉시 거절할 것입니다. 그러나 90만 달러에 팔겠다고 제안하면 두 사람은 곧바로 수락할 것입니다.

대부분 기업은 자사주 매입에 투입할 금액만 밝힐 뿐 매입 가격은 언급하지 않습니다. 그러나 우리는 보수적으로 평가한 내재가치보다 주가가 낮다고 생각할 때 자사주를 매입합니다. 나는 내재가치를 특정 가격으로 평가하는 대신, 예컨대 상하 약 10%의 범위로 생각합니다. 찰리 역시 범위로 생각합니다. 두 범위가 일치하지는 않지만 매우 비슷할 것입니다. 우리가 자사주를 매입하면 계속 남아 있는 주주들의 재산이 반드시 더 증가하길 바랍니다.

올해 1분기에 매입한 자사주는 10억 달러 남짓입니다. 이는 주가가 자사주 매입에 적당했다는 의미일 뿐, 우리가 양껏 매입했다는 뜻은 아닙니다. 1분기에 자사주를 매입한 이후 남아 있는 주주들의 재산은 이전보다 증가했다고 생각합니다. 그러나 그 차이가 크지는 않을 것입니다. 버크셔 주가가 내재가치보다 25~30% 낮고 더 나은 투자 대안이 없다면 자사주 매입에 거액을 투입할 수도 있습니다. 그러나 자사주를 매입해도 주주들의 재산이 증가하지 않는다고 판단되면 우리는 단 한 푼도 쓰지 않을 것입니다.

멍거 앞으로는 자사주 매입에 더 너그러워질 듯합니다.

현금을 보유하는 이유 { Q 2019-13 }

버크셔는 초과 현금 중 200억 달러만 현금으로 보유하고 나머지는 인덱스펀드에 투자하는 편이 낫지 않나요?

버핏 지극히 훌륭한 질문입니다. 내 후계자가 채택하고 싶을 법한 대안이군요. 나도 단기 국채보다는 인덱스펀드를 선호합니다. 그러나 우리가 이 전략을 2007~2008년에 실행했다면 2008~2009년 말에 자금을 원하는 대로 사용하기 어려웠을 것입니다. 자금 규모가 10~20억 달러라면 모르겠지만 1,000~2,000억 달러일 때는 단기 국채로 보유하지 않으면 원하는 시점에 사용하기가 어렵습니다. 하지만 지극히 합리적인 의견입니다. 특히 지난 10년 동안 이어진 강세장을 돌아보면 확실히 눈에 띄는 전략입니다.

장래에 버크셔가 거액을 운용할 때에는 그 방법도 합리적이라 생각합니다. 그러나 매우 신속하게 1,000억 달러를 지출해야 하는 상황이 올 수도 있으며 그때는 단기 국채가 인덱스펀드보다 훨씬 낫습니다. 우리는 그런 기회가 올 것으로 생각합니다. 그때 다른 사람들은 자본을 배분할 형편이 되지 않을 것입니다.

멍거 내가 다른 사람들보다 더 보수적이라는 점은 인정합니다. 하지만 그래도 괜찮다고 생각합니다. 지나고 보면 S&P500보다 더 유리한 투자 기회도 많았습니다. 하지만 당시에는 절호의 기회에 대비해서 현금을 보유해야 했습니다. 우리처럼 거대한 기업이 현금을 다소 넉넉하게 보유하는 것은 잘못이 아니라고 생각합니다. 하버드대학은 학부모가 선납한 수업료 등 거액의 현금을 모두 털어 사모펀드에 투자했으나 시점을 잘못 선택한 탓에 2~3년 큰 고통에 시달렸습니다. 우리는 하버드대학처럼 시달리고 싶지 않습니다.

버핏 절호의 기회를 잡으려면 거액을 매우 신속하게 동원할 수 있어야 합니다. 물론 그런 기회가 자주 오는 것은 아닙니다. 그러나 향후 20~30년 동안 하늘에서 금이 비처럼 쏟아지는 기회가 두세 번 올 것입니다. 그때는 빨래통을 들고 밖으로 뛰어나가야 합니다. 하지만 그때가 언제인지 알 수 없으므로 우리는 막대한 자금을 보유하고 있어야 합니다. 만일 단기 국채와 S&P500 인덱스펀드 중 하나만 보유해야 한다면 인덱스펀드를 선택하겠습니다. 그러나 우리에게는 여전히 희망이 있습니다. 그리고 우리 주주 중에는 버크셔 주식이 거의 전 재산인 사람도 많다는 사실을 분명히 인식해야 합니다. 나 역시 그런 주주입니다.

우리는 모든 주주에게 돈을 벌어드리고 싶습니다. 그러나 내재가치 근처 가격에 매수한 주주들에게도 영구 손실이 발생하지 않도록 매우 확실한 방법으로 돈을 벌어드리고 싶습니다. 우리는 주주가 100~200만 명까지 증가하고 이들 중 다수가 손실을 보는 상황은 원치 않습니다. 세상이 큰 혼란에 휩싸이면 사람들은 지브롤터 바위산처럼 안심하고 의지할 대상을 원하게 됩니다. 우리는 그런 대상이 되고 싶습니다.

자금 제공에 나쁜 시점 { Q 2020-5 }

지난 세계 금융위기 기간에 버크셔는 일종의 최종 대부자 역할을 했습니다. 이번에는 왜 그런 역할을 하지 않았나요?

버핏 매력적인 투자 기회를 발견하지 못했기 때문입니다. 솔직히 말하면 연준이 매우 신속하게 적절한 대응 조처를 했기 때문입니다. 이에 대해 경의를 표합니다. 덕분에 자금이 필요했던 많은 기업이 최근 매우 용이하게 자금을 조달할 수 있었습니다. 그래서 우리는 좋은 기회를 찾을 수가 없었습니다.

상황은 곧바로 바뀔 수도 있고 한동안 바뀌지 않을 수도 있습니다. 2008~2009년 우리가 기업에 자금을 제공한 것은 세상에 우리를 알리려는 목적이 아니었습니다. 자금 제공이 현명한 일이라고 생각했고 시장에 경쟁자도 많지 않았기 때문입니다. 그러나 그때 자금 제공을 4~5개월 뒤에 했다면 우리에게 훨씬 유리했을 것입니다. 내가 자금을 제공한 시점은 형편없었지만 그래도 매우 매력적인 기회가 많아서 좋은 성과를 거둘 수 있었습니다. 시장이 공황 상태여서 자금을 제공하려는 경쟁자가 없었기 때문입니다.

최근 미국에 코로나19가 발생했을 때에도 주식시장은 한동안 공황 상태였습니다. 자금시장도 얼어붙고 있었습니다. 그러나 연준이 대응에 나서자 상황이 급변했습니다. 하지만 다음 주, 다음 달, 내년에 어떤 일이 발생할지 누가 알겠습니까? 나도 모르고 연준도 모르고 아무도 모릅니다. 향후 펼쳐질 시나리오는 매우 다양합니다. 시나리오에 따라 우리는 많은 자금을 제공할 수도 있고 아닐 수도 있습니다. 지금은 자금을 조달하기 좋은 시점이므로 자금을 제공하기에는 나쁜 시점입니다. 미국에는 좋은 일이지만 버크셔에는 좋은 일이 아닙니다. 우리도 자금을 다소 조달했지만 말이지요. 아무튼 우리는 언행이 일치합니다.

후계자들의 자본 배분 능력 { Q 2020-9 }

그레그에게 하는 질문입니다. 버크셔가 강세장에서는 S&P500을 능가하지 못하겠지만 현재와 같은 하락장에는 막대한 보유 자금을 이용해서 좋은 실적을 내리라 기대합니다. 버핏과 멍거가 떠난 뒤에도 버크셔는 이런 투자 기법을 유지할 수 있을까요?

그레그 워런과 찰리가 떠난 뒤에도 버크셔의 문화는 바뀌지 않을 것이라고 생각합니다. 물론 워런과 찰리보다 뛰어나지는 않지만 그래도 이들 못지않게 유능한 인재들이 있으며 이들은 매우 신속하게 기회를 포착할 수 있습니다. 하지만 워런과 찰리는 우리의 엄청난 강점이므로 지금처럼 계속 있어주길 바랄 뿐입니다. 워런?

버핏 현재의 투자 기법을 유지할 것입니다. 그레그, 토드, 테드는 기업을 인수하는 안목이 탁월하므로 자본 배분을 훌륭하게 해낼 것입니다. 찰리와 나는 20년 이상 알고 지낸 경영자가 있으므로 가끔 인수 문의를 받습니다. 그러나 세 사람이 아는 경영자가 훨씬 더 많습니다. 세 사람의 사고방식은 과거 찰리와 나의 사고방식과 똑같으며 에너지는 더 넘칩니다. 그러므로 세 사람이 자본 배분을 하면 찰리와 내가 하는 방식보다 훨씬 더 개선될 것입니다.

아지트 자인의 업무는 보험 사업 { Q 2020-12 }

앞에서 자본 배분 업무에 대해 말하면서 아지트 자인을 빼놓은 이유는 무엇인가요?

버핏 자인은 자본 배분 업무에 참여하지 않습니다. 아지트의 능력은 단연 세계 최고 수준입니다. 20년 전 나는 아지트의 아버지에게 아지트와 비슷한 아들이 또 있으면 내게 보내달라고 편지를 보낼 정도였습니다. 아지트는 정말이지 유례를 찾기 힘든 인물입니다. 그러나 그의 역할은 자본 배분이 아니라 보험 위험 평가입니다. 그는 희귀한 재능을 발휘하면서 막대한 자본을 활용하고 있으므로 지극히 소중한 자산입니다. 반면 그레그, 토드, 테드는 장기간 본격적으로 자본 배분 업무를 담당했습니다. 자본 배분은 이들의 업무입니다. 보험은 아지트의 업무이고요. 그래서 자본 배분 업무에 대해서는 세 사람만 언급한 것입니다. 찰리와 나도 버크셔를 떠나기 전까지는 자본 배분 업무를 담당할 것입니다. 우리가 자발적으로 버크셔를 떠나지는 않겠지만 십중팔구 머지않아 비자발적으로 떠나게 되겠지요. 다행히 찰리와 나 모두 건강 상태가 좋습니다.

자사주 매입은 이익 분배의 한 방법

{ Q 2020-16 }

최근 자사주 매입에 반대하는 주장이 나오고 있는데 어떻게 생각하나요?

버핏 지금은 자사주 매입에 대한 반대가 정치적으로 정당한 주장이라고 생각합니다. 자사주 매입에 대해서는 터무니없는 주장이 많습니다. 그러나 자사주 매입의 개념은 매우 단순해서, 주주들에게 현금을 분배하는 것과 같습니다. 예컨대 당신, 그레그, 나 셋이서 각각 100만 달러씩 투자해 맥도날드 대리점 하나를 인수했다고 가정합시다. 이후 대리점은 순조롭게 성장 중인데 동업자 셋 중 하나는 대리점의 이익 일부를 회수하고자 하고 둘은 이익을 계속 재투자하고자 합니다. 이때는 대리점 이익을 모두 배당으로 지급할 수도 없고, 배당을 동결해서도 안 됩니다.

이때 합리적인 방법은 이익을 회수하려는 동업자가 원하는 만큼 자사주를 매입하는 것입니다. 그러면 이 동업자는 원하는 만큼 이익을 회수할 수 있고 나머지 동업자 둘은 대리점에 대한 지분이 그만

WB 한국판 Q&A

Q: 버핏이 말하는 자본 배분과 보험 위험 평가는 무엇인가요?

자본 배분은 유입된 보험료(플로트)를 효율적으로 투자하는 일입니다. 보험 위험 평가는 사고 발생 확률 대비 유리한 가격 조건을 평가, 구상, 협상하는 일입니다. 통상 언더라이팅underwriting이라 부르는 작업이죠. 구두닦이에 비유하자면 자본 배분은 '딱새', 보험 위험 평가는 '찍새'의 업무라 할 수 있습니다.

큼 증가하게 됩니다.

나는 2006년부터 보유 주식을 여러 자선 재단에 기부하고 있습니다. 자선 재단은 내가 기부한 주식을 받으면 즉시 매도해서 신속하게 지출해야 합니다. 나는 각 자선 재단에 약 30억 달러씩 기부하고 있습니다. 그러나 내가 기부하는 금액보다 버크셔에 유보되는 자본이 더 많아서, 그동안 내 버크셔 지분은 감소했지만 그 지분의 시장 평가액은 오히려 더 증가했습니다.

나는 주주들이 원치 않는다면 누구에게도 억지로 현금을 분배하지 않습니다. 대신 이익을 모두 버크셔에 재투자합니다. 그러나 성장에 필요한 자금을 지출하고도 남은 자금 중 일부는 자사주 매입을 통해 주주들에게 분배했습니다. 기업이 자사주 매입을 결정하는 원칙은 두 가지여야 합니다. 첫째, 건전한 성장에 필요한 자금은 유보해야 합니다. 둘째, 주가가 내재가치보다 훨씬 낮을 때 자사주를 매입해야 합니다. JP모간의 제이미 다이먼Jamie Dimon도 이런 원칙을 발표했고 우리도 여러 번 언급했습니다.

우리는 앞으로도 남아 있는 주주들에게 유리할 때에만 자사주를 매입할 것입니다. 그러나 자사주 매입에 50억 달러를 지출하게 될지 100억 달러를 지출하게 될지는 미리 말할 수가 없습니다. 이는 우리가 올해 기업 인수에 얼마를 지출하게 될지 알 수 없는 것과 같습니다. 둘 다 가격이 중요하기 때문입니다. 하지만 적절한 상황에서는 자사주 매입을 꺼리지 않을 것입니다.

그런데 유행에 편승해서 자사주를 매입하는 기업도 있습니다. 이런 자사주 매입도 남아 있는 주주들에게 유리하다면 아무 문제가 없습니다. 그러나 남아 있는 주주들에게 불리하다면 매우 어리석은 짓입니다. 우리는 성장과 재무 건전성을 넉넉히 유지하고도 남는 자금으로 내재가치보다 낮은 가격에 자사주를 매입하는 기업들을 좋아합니다.

주가가 내재가치보다 낮은 상태라면 자사주 매입을 하지 않는 것이 오히려 커다란 실수라고 생각합니다. 버크셔는 주주들에게 유리한 방식을 선택할 것입니다. 우리는 우리처럼 생각하는 기업에 즐겨 투자합니다. 그러나 모든 기업이 우리처럼 생각하지는 않습니다.

버크셔 주가는 낮지 않습니다 { Q 2020-17 }

지난 3월에는 버크셔 주가가 1월과 2월 자사주 매입 시점보다 30%나 하락했는데도 왜 자사주를 매입하지 않았나요?

버핏 지난 3월 주가가 30% 하락한 기간은 매우 짧았습니다. 그리고 지금은 버크셔 주가가 내재가치보다 훨씬 낮다고 생각하지도 않습니다. 케인스John Maynard Keynes도 말했듯이 상황이 바뀌면 내 생각도 바뀝니다. 지금이 3개월, 6개월, 9개월 전보다 자사주 매입에 훨씬 매력적이라고 생각하지는 않습니다. 향후 상황을 지켜볼 것입니다. 버크셔의 내재가치가 1년 전보다 감소했습니다. 내가 항공사 주식을 매수한 것은 실수였습니다. 그 밖에도 비슷한 실수들이 있었습니다. 그래서 지금은 과거처럼 자사주 매입이 매력적이지 않습니다.

3장 해설

버핏이 일반적인 주식 투자자와 가장 다른 점은 자본 배분을 보는 시각이다. 일반적인 주식 투자자는 회계적인 이익 성장이 주가 상승의 핵심 요인이라고 본다. 반면 버핏은 사업 현장에서 혈액처럼 흐르는 자본이 미래 이익을 결정짓는다고 본다. 그에게 사업의 존속과 성장을 위해 필수적으로 발생하는 감가상각비는 간과하면 안 되는 실제 비용이지만, 기업을 인수하며 지불한 프리미엄은 회계 규정에서 정한 것과 다르게 미래 이익에 영향을 주는 요인이 아니므로 비용에 해당하지 않는다.

유보이익 활용은 버핏의 주된 관심사다. 특히 그는 기업 가치를 높이는 좋은 방법으로 자사주 매입을 권장한다. 안정기에 접어들어 현금흐름 창출력이 뛰어나고 ROE가 높은 기업에 투자하다 보니 재투자 필요성이 약해지는데, 이때 재투자 대신 자사주 매입과 소각으로 주식 수를 줄이는 데 유보이익을 활용하는 것이 주주에게 유리하다고 보는 것이다. 단, 이 자사주 매입은 저평가된 가격에서 이루어져야 한다. 미국의 상당수 경영자는 단지 주가 부양을 위해 가치와 상관없는 자사주 매입을 남발하고 있는데, 이는 스톡옵션 비용 처리 문제와 함께 버핏이 자주 비판하는 대목이다.

자본 배분에 대해서 더 알고 싶은 독자에게는 《현금의 재발견(The Outsiders)》이라는 책을 추천한다.

4장

회계, 평가

플로트와 이연법인세 { 2018 }

대부분 기업이 자금을 조달하는 원천은 부채와 자기자본 두 가지입니다. 버크셔가 자금을 조달하는 원천은 두 가지 더 있지만, 먼저 전통적인 원천부터 살펴봅시다.

우리는 부채를 좀처럼 사용하지 않습니다. 그러나 경영자들은 부채를 많이 사용해야 ROE가 상승한다고 주장하면서 우리 정책에 반대합니다. 대개는 이렇게 대담한 경영자들의 주장이 옳습니다. 그러나 매우 드물지만 예측 못 한 시점에 부채 조달 원천이 막혀버리면 이는 치명적인 위험이 됩니다. 대개는 승리하지만 가끔은 목숨을 잃는 러시안룰렛과 같습니다. 회사가 잘되면 큰 보상을 받지만 회사가 망해도 손해를 보지 않는 사람이라면 이런 러시안룰렛도 합리적인 선택이 될 수 있습니다. 그러나 이런 선택이 버크셔에는 미친 짓입니다. 합리적인 사람이라면 없어도 되는 돈을 벌려고 피 같은 돈을 걸지 않으니까요.

우리 연결 재무상태표에 나오는 부채(K-65 참조) 대부분은 우리 철도 자회사와 에너지 자회사의 것인데, 두 회사 모두 중자산(重資產, asset-heavy) 기업입니다. 경기 침체 기간에도 두 회사는 현금을 충분히 창출합니다. 따라서 두 회사는 부채를 사용하는 편이 타당하며 그 부채 상환을 버크셔가 보증하지도 않습니다.

그런데 버크셔의 자기자본 규모라면 이야기가 완전히 달라집니다. 우리의 자기자본 3,490억 달러는 미국 어느 기업과도 비교가 되지 않습니다. 매우 오랜 기간 이익을 모두 유보해 복리의 마법으로 증식시킨 덕분에 값진 '과수원'들을 인수해 열매를 수확할 수 있었습니다. 만일 이익을 모두 배당으로 지급했다면 우리 자기자본은 1965 회계연도 초와 마찬가지로 지금도 2,200만 달러에 불과할 것입니다.

부채와 자기자본 외에 버크셔는 다소 특이한 자금 조달 원천 두 가지로 큰 이득을 보고 있습니다. 앞에서 설명한 플로트가 둘 중 규모가 더 큽니다. 플로트는 지금까지 우리 재무상태표에 '부채'로 표시되고 있지만, 우리에게는 같은 금액의 자기자본보다도 더 유용했습니다. 플로트에서 대개 보험 영업이익까지 나왔기 때문입니다. 우리는 남의 돈을 공짜로 쓰면서 대부분 해에 이자까지 받은 셈입니다.

다시 강조하지만, 이렇게 좋은 성과가 항상 확실하게 나오는 것은 절대 아닙니다. 보험 위험을 잘못 평가하면 엄청난 손실이 발생하며 이 손실은 오랜 세월이 흐른 뒤에야 드러날 수도 있습니다(석면을 생각해보십시오). 허리케인 카트리나나 마이클이 작아 보일 정도로 거대한 재해가 어쩌면 내일, 어쩌면 수십 년 뒤에 발생할 것입니다. '거대 재해'는 허리케인이나 지진처럼 전통적인 모습으로 나타나거나 사이버 공격처럼 기습적으로 발생해 보험사들의 상상을 뛰어넘는 재해를 일으킬 수도 있습니다. 그런 대재해가 발생하면 우리도 그 손해 중 우리 몫을 분담하게 되며 그 규모는 매우 클 것입니다. 그러나 다른 보험사들과는 달리 우리는 이튿날부터 인수할 기업을 찾고 있을 것입니다.

마지막 자금 조달 원천은 이연법인세로, 우리 보유 규모는 역시 유별난 수준입니다. 이연법인세는 언젠가 납부해야 하므로 부채지만 납부할 때까지는 무이자 자금입니다. 앞에서 언급했듯이 우리 이연법인세 505억 달러 중 147억 달러는 보유 주식의 미실현 이익에서 나옵니다. 현재 자본이득에 부과되는 법인세율은 21%지만 실제로 이 부채에 적용되는 세율은 우리가 주식을 매도하는 시점의 법인세율이 됩니다. 그때까지 우리는 사실상 '무이자 대출'을 받아 주식을 보유하는 셈입니다.

이연법인세 283억 달러는 공장과 설비에 대한 감가상각비를 가속 상각하는 과정에서 나옵니다. 이렇게 먼저 내야 하는 세금을 뒤로 미루어 이연법인세를 늘리더라도 그대로 시간이 흐르면 이연법인세는 다시 감소합니다. 하지만 우리는 계속해서 자산을 더 매입합니다. 따라서 현행 세법이 유지되는 한 이 자금 조달 원천은 계속 증가할 것입니다.

장기적으로 보면 버크셔의 자금 조달 기반(우리 재무상태표의 오른편)은 주로 유보이익을 통해서 증가할 것입니다. 우리 역할은 이 유보이익을 잘 활용해서 우리 재무상태표 왼편에 매력적인 자산을 추가하는 것입니다.

WB 한국판 Q&A

Q: 중자산 기업의 부채, 플로트, 이연법인세가 일반적인 부채와 다르게 평가되는 이유는 무엇인가요?

중자산 기업은 정부가 부여한 독점적 사업권을 바탕으로 경기와 상관없이 예측 가능한 현금흐름을 창출하므로 부채 상환 압박에 노출될 가능성이 작습니다. 부채는 맞지만 위험도가 낮다는 뜻이죠. 플로트는 보험 계약자에게 받는 돈이므로 이자가 붙지 않습니다. 심지어 버크셔는 보험 부문 자체로 이익을 냅니다. 그래서 만기와 이자가 있는 일반 부채와 다릅니다. 이연법인세는 언젠가 정부에 납부해야 할 돈이지만 자산 매도를 통해 이익을 확정할 때까지 무이자로 재투자를 이어갈 수 있다는 점에서 부채와 성격이 다릅니다.

유보이익과 복리의 기적

{ 2019 }

1924년 당시 경제학자 겸 재무 상담사였던 에드거 로렌스 스미스는 《Common Stocks as Long-Term Investments(주식 장기 투자)》를 출간했습니다. 이 얄팍한 책이 투자 세계를 바꿔놓았습니다. 이 책은 스미스 자신도 바꿔놓았습니다. 책을 쓰면서 자신의 투자관을 재평가하게 되었기 때문입니다. 그는 인플레이션 기간에는 주식 수익률이 채권보다 더 높고 디플레이션 기간에는 채권 수익률이 주식보다 더 높을 것이라고 주장할 계획이었습니다. 이 주장은 매우 합리적인 듯했습니다. 그러나 스미스는 곧 충격을 받았습니다.

그의 책은 고백으로 시작되었습니다. "나의 연구는 실패를 기록한 것이다. 선입견이 사실 앞에서 무너진 기록들이다." 투자자들에게는 다행스러운 실패였습니다. 실패 덕분에 스미스가 주식 평가 방법을 더 깊이 생각하게 되었으니까요.

스미스의 핵심적 통찰을 잘 설명해주는 글이 바로 존 메이너드 케인스가 쓴 서평입니다. "스미스가 제시한 가장 중요하고 참신한 개념은 다음과 같다. 훌륭하게 경영되는 제조 회사는 이익을 모두 주주에게 분배하지 않는다. 적어도 실적이 좋은 해에는 이익의 일부를 유보해서 사업에 재투자한다. 따라서 건전한 제조 회사에는 '복리 이자 요소'가 있다. 건전한 제조 회사의 실제 자산 가치는 장기적으로 복리로 증가한다. 주주들에게 배당을 지급하고서도 말이다."

케인스의 이 호평 덕분에 스미스는 유명 인사가 되었습니다. 스미스의 책이 출간되기 전에는 투자자들이 왜 유보이익의 가치를 깨닫지 못했는지 이해하기 어렵습니다. 카네기, 록펠러, 포드 등 거부들이 막대한 유보이익을 재투자해 계속해서 이익을 더 키워왔다는 사실은 비밀이 아니기 때문입니다. 이런 방식으로 부자가 된 소자본가들은 오래전부터 미국 어디에나 있었습니다. 그런데도 기업의 소유권이 잘게 쪼개져서 '주식'으로 거래되자, 스미스의 책이 출간되기 전의 주식 투자는 시장의 단기 흐름에 돈을 거는 도박으로 간주되었습니다. 주식은 기껏해야 투기 대상으로 여겨졌으므로 신사들은 채권을 더 좋아했습니다.

전과는 달리 이제는 투자자들이 유보이익 재투자의 개념을 잘 이해하고 있습니다. 요즘은 초등학생들도 케인스가 '참신'하다고 말한 개념을 배웁니다. 저축이 복리로 불어나면 기적을 낳는다는 개념 말입니다.

◇◇◇◇◇◇◇◇◇◇◇◇◇

찰리와 나는 오래전부터 유보이익 활용에 관심을 집중했습니다. 유보이익 활용은 쉬울 때도 있었지만 매우 어려울 때도 있었습니다. 특히 유보이익이 막대한 상태에서도 계속 이익이 증가할 때 더 어려웠습니다.

보유 자금을 배분할 때 우리는 이미 보유 중인 다양한 사업에 먼저 투자합니다. 지난 10년 동안 버크셔의 감가상각비 합계는 650억 달러였고 회사 내 부동산, 공장, 장비에 대한 투자액 합계는 1,210억 달러였습니다. 생산 자산에 대한 재투자는 앞으로도 언제나 최우선 과제가 될 것입니다. 아울러 우리는 세 가지 기준을 충족하는 기업들을 인수하려고 끊임없이 노력합니다. 첫째, 순유형자산이익률이 높아야 합니다. 둘째, 경영자가 유능하고 정직해야 합니다. 셋째, 가격이 합리적이어야 합니다.

이런 기업을 발견하면 우리는 가급적 지분 100%를 인수하고자 합니다.

그러나 우리 기준을 충족하는 대기업을 인수할 기회는 흔치 않습니다. 대신 변덕스러운 주식시장에서 그런 상장 기업의 비지배 지분을 대규모로 매수할 기회가 훨씬 더 많습니다.

어느 방법을 선택하든(지배 지분을 인수하든 시장에서 주식을 매수하든) 버크셔의 투자 실적은 주로 그 기업의 미래 이익에 좌우됩니다. 그렇더라도 두 투자 기법 사이에는 회계 측면에서 중요한 차이가 있으며, 이를 반드시 이해해야 합니다.

우리 피지배회사(버크셔의 보유 지분이 50%를 초과하는 회사)들의 이익은 곧 우리가 보고하는 영업이익입니다. 즉 보시는 대로입니다.

시장에서 주식을 매수한 비지배회사들에 대해서는 우리가 받은 배당만 우리 영업이익으로 기록합니다. 유보이익은요? 이 유보이익도 많은 가치를 창출하지만 버크셔의 보고 이익에 직접적으로 반영되지는 않습니다. 버크셔를 제외한 거의 모든 기관투자가는 이러한 '이익의 미인식(Non recognition of earnings)'을 대수롭지 않게 생각할 것입니다. 그러나 이는 중대한 누락에 해당합니다.

다음은 우리 투자액이 가장 많은 10개 종목입니다. 여기서는 GAAP 회계에 따라 보고하는 이익(버크셔가 10대 피투자회사로부터 받는 배당)과, 피투자회사가 유보해서 활용하는 이익 중 버크셔의 몫을 구분했습니다. 보통 이들 회사는 유보이익을 이용해서 사업을 확장하고 효율성을 개선합니다. 아니면 유보이익으로 자사주를 상당량 매입하기도 하는데, 그러면 회사의 미래 이익 중 버크셔의 몫이 증가합니다.

2019년 말 현재 투자 규모가 가장 큰 10개사

피투자회사	연말 지분(%)	배당 (100만 달러)*	유보이익 중 버크셔 몫 (100만 달러)**
아메리칸 익스프레스	18.7	261	998
애플	5.7	773	2,519
뱅크 오브 아메리카	10.7	682	2,167
뱅크 오브 뉴욕 멜론	9.0	101	288
코카콜라	9.3	640	194
델타항공	11.0	114	416
JP모간체이스	1.9	216	476
무디스	13.1	55	137
US뱅코프	9.7	251	407
웰스 파고	8.4	705	730
합계		3,798	8,332

* 현재 연간 배당률 기준.
** 2019년 이익 – (보통주 배당 + 우선주 배당) 기준.

물론 이들 주식으로 우리가 마침내 실현하는 이익이 '유보이익 중 우리 몫'과 정확하게 일치하지는 않을 것입니다. 이들 주식에서 나오는 수익이 전혀 없을 때도 있습니다. 그러나 논리적으로든 과거 우리의 경험에 비추어 보든 이들 주식으로 우리가 실현하는 자본이득은 십중팔구 '유보이익 중 우리 몫 이상'이 될 것입니다(주식을 매도해서 이익을 실현하면 우리는 당시 세율로 소득세를 납부하게 됩니다. 지금은 연방소득세율이 21%입니다).

(다른 보유 종목들과 마찬가지로) 이들 10대 종목에서 우리가 얻는 수익도 변동이 매우 심할 것입니다. 때로는 기업 특유의 사정 탓에, 때로는 주식시장의 침체 탓에 주기적으로 손실이 발생할 것입니다. 그리고 때로는 작

년처럼 대규모 이익이 발생할 것입니다. 요컨대 우리 피투자회사들의 유보이익은 버크셔의 가치 성장에 매우 중요합니다.

스미스의 말이 옳습니다.

4장 해설

플로트는 보험 서비스의 대가로 미리 받은 보험료다. 보험사는 보험금을 지불할 때까지 이 돈을 무이자로 굴릴 수 있다. 하지만 위험 평가를 잘못해 보험금을 과하게 지불해야 하는 상황이라면 무이자라 할 수 없으며, 투자에 실패할 경우 레버리지 효과가 발생한다. 자기자본만 사용했을 때 이상으로 손실이 커지는 것이다.

버핏이 버크셔의 플로트를 부채가 아니라고 주장할 수 있는 것은 아지트 자인의 보험 물건 인수와 버핏의 플로트 운용이 좋은 성과를 냈기 때문이다. 보험사의 실력이 부족하면 플로트는 축복이 아닌 독이 될 수 있다. 실제로 한국 보험사인 그린손해보험은 플로트로 주식 투자를 하다 실패해 결국 매각되었다.

플로트는 양날의 검이다. 물론 만들어내기도 어렵다.

5장

지배구조

버핏과 멍거가 떠난 후의 버크셔 { 2019 }

30년 전 중서부에 살던 당시 80대의 내 친구 조 로젠필드(Joseph Rosenfield: 변호사 겸 사업가)는 지역 신문사로부터 짜증 나는 편지를 받았습니다. 그의 부고 기사에 사용할 약력을 보내달라고 직설적으로 요청한 편지였습니다. 조는 답신을 하지 않았습니다. 어떻게 되었을까요? 1개월 뒤 그는 두 번째 편지를 받았습니다. 이 편지 겉봉에는 '긴급'이라는 표시가 붙어 있었습니다.

찰리와 나는 이미 오래전 '긴급' 지대에 진입했습니다. 우리에게는 그다지 좋은 소식이 아니지요. 그러나 버크셔 주주들은 걱정할 필요 없습니다. 여러분의 회사는 우리 사망에 100% 준비되어 있습니다.

우리가 낙관하는 근거는 다섯 가지입니다. 첫째, 버크셔가 보유한 매우 다양한 피지배회사들은 전반적으로 매력적인 자본이익률을 유지하고 있습니다. 둘째, 버크셔는 피지배회사들을 단일 (복합) 기업 안에 보유하고 있으므로 커다란 경제적 혜택을 지속적으로 누리고 있습니다. 셋째, 버크셔는 더없이 건전한 재무 구조 덕분에 극단적인 외부 충격도 견뎌낼 수 있습니다. 넷째, 버크셔는 높은 급여나 명성보다도 경영 자체를 훨씬 더 즐기는, 유능하고 헌신적인 경영자들을 보유하고 있습니다. 다섯째, (주주들을 보호하는) 버크셔 이사들은 주주들의 이익과 기업문화 발전에 항상 관심을 집중하고 있습니다. 다른 대기업에서는 보기 드문 모습입니다. 이런 기업문화의 가치를 탐구한 새 책이 《Margin of Trust(신뢰 마진)》입니다. 로렌스 커닝햄과 스테파니 쿠바가 쓴 이 책은 우리 주주총회에서도 판매될 예정입니다.

찰리와 내가 떠난 뒤에도 버크셔가 계속 번영할 것이라고 확신하는 데에는 매우 현실적인 근거가 있습니다. 멍거 가족은 보유 재산 중 버크셔 주식이 압도적인 비중을 차지하고 있으며 나는 보유 재산의 99%가 버크셔 주식입니다. 나는 버크셔 주식을 매도한 적이 한 번도 없고 앞으로도 매도할 계획이 없습니다. 자선 재단에 기부한 경우와 개인 선물로 제공한 사례를 제외하면 내가 버크셔 주식을 처분한 유일한 시점은 1980년이었습니다. 나는 다른 버크셔 주주들과 함께 보유한 버크셔 주식 일부를 버크셔가 보유하고 있던 일리노이 내셔널 뱅크Illinois National Bank 주식으로 교환했습니다. 당시 은행지주회사법이 개정되어 버크셔는 1969년에 인수한 일리노이 내셔널 뱅크 주식을 계속 보유할 수 없었기 때문입니다.

현재 내 유언장에는 (유언 집행자는 물론 유언장 공개 후 내 유산을 관리해줄 수탁자에게도) 버크셔 주식을 한 주도 매도하지 말라는 구체적인 지시가 들어 있습니다. 그리고 자산의 극단적인 집중에 대해 유언 집행자와 수탁자의 법적 책임을 면제한다는 내용도 들어 있습니다. 유언장에는 유언 집행자와 수탁자에게 매년 내 A주 일부를 B주로 전환해서 다양한 재단에 기부하라는 지시도 들어 있습니다. 이들 재단은 기부받은 주식을 지체 없이 사용해야 합니다. 사망 후 내 버크셔 주식이 모두 시장에 풀리기까지는 12~15년 소요될 전망입니다.

내 유언장에 기부 시점까지 버크셔 주식을 매도하지 말라는 지시가 들어 있지 않다면, 유언 집행자와 수탁자에게 '안전한' 길은 버크셔 주식을 모두 매도해서 그 대금으로 만기가 기부 일정과 일치하는 미국 국채에 재투자하는 방식일 것입니다. 이 전략을 선택하면 이들은 대중의 비난을 면하고 선량한 관리자로서 주의 의무도 준수하는 셈이 됩니다.

처분 기간에도 버크셔 주식은 안전한 고수익 투자가 될 터이므로 나는 마음이 편안합니다. 그러나 뜻밖의 사건으로 내 생각이 빗나갈 가능성도 (낮지만 무시할 수는 없을 정도로) 상존합니다. 그렇더라도 전통적인 방식보다는 내 지시를 따를 때 사회에 훨씬 더 많은 자원을 전달할 가능성이 높다고 나는 믿습니다.

내가 버크셔 주식을 매도하지 말라고 지시한 것은 향후 버크셔 이사들의 판단력과 충실성을 신뢰하기 때문입니다. 막대한 보수를 받는 월스트리트 사람들은 버크셔 이사들을 자주 시험할 것입니다. 이 탁월한 세일즈맨들은 수많은 기업을 상대로 승리를 거둡니다. 그러나 버크셔에는 절대 통하지 않을 것입니다.

주주 이사와 비주주 이사 { 2019 }

최근 몇 년 동안 이사회의 구성과 목적이 뜨거운 논란거리가 되었습니다. 전에는 이사회의 책임을 논할 때 주로 변호사들만 참여했습니다. 그러나 지금은 기관투자가와 정치인들도 참여하고 있습니다.

나는 기업 지배구조를 논할 자격이 있다고 생각합니다. 지난 62년 동안 21개 상장 회사에 이사로 참여했기 때문입니다.* 이 중 19개 회사에 나는 대주주로서 참여했습니다. 그리고 주요 변화를 시도한 사례도 몇 번 있습니다.

내가 처음 이사로 활동하던 30여 년 동안은 지배 주주 가족을 제외하면 여성 이사가 거의 없었습니다. 올해는 미국 여성의 참정권을 보장하는 미국 수정 헌법 제19조 개정 100주년이 되는 해입니다. 여성이 이사회에서도 비슷한 지위를 확보하는 작업은 여전히 진행 중입니다.

그동안 이사회의 구성과 의무에 관한 새로운 규정 및 지침이 다수 제정되었습니다. 그렇더라도 이사회의 가장 중요한 과제는 변함이 없습니다. 평생 회사에 헌신할 유능하고 충실한 CEO를 발굴하고 유지하는 일입니다. 이 과제는 쉽지 않습니다. 하지만 이사회가 이 과제를 제대로 해낸다면, 다른 일은 할 필요가 없습니다. 그러나 이 과제를 망쳐버린다면….

이제 감사위원회는 전보다 훨씬 더 열심히 일하며 업무를 대하는 관점도 늘 진지합니다. 그렇더라도 숫자를 속이려는 경영진의 적수는 되지 못합니다. CEO는 자신이 발표한 이익 '예측치guidance'를 어떻게든 달성하고 싶어 하기 때문입니다. 내가 직접 경험한 바로 (많지 않아서 다행이지만) 숫자를 속인 CEO들 대부분은 대개 돈을 벌려는 욕구보다 자존심을 지키려는 욕구가 더 강했습니다.

이제 보상위원회는 전보다 훨씬 더 컨설턴트에게 의존하고 있습니다. 그 결과 보상 방식도 더 복잡해졌습니다(보상 방식이 단순한데도 컨설턴트에게 해마다 높은 보수를 지불한다면 설명하기 곤란하겠지요). 이제는 위임장 읽기도 고역이 되었습니다.

기업 지배구조에 한 가지 매우 중요한 개선이 이루어졌습니다. CEO를

---

* 버크셔, 블루칩 스탬프(Blue Chip Stamps), 캐피털시티/ABC(Cap Cities-ABC), 코카콜라, 데이터 다큐먼츠(Data Documents), 뎀스터(Dempster), 제너럴 그로스(General Growth), 질레트(Gillette), 크래프트 하인즈, 마라카이보 오일(Maracaibo Oil), 먼싱웨어(Munsingwear), 오마하 내셔널 뱅크(Omaha National Bank), 핑커턴스(Pinkerton's), 포틀랜드 가스 라이트(Portland Gas Light), 살로먼(Salomon), 샌본 맵(Sanborn Map), 트리뷴 오일(Tribune Oil), US에어, 보네이도(Vornado), 워싱턴 포스트(Washington Post), 웨스코 파이낸셜(Wesco Financial).

제외하고 진행되는 정기 '간부회의executive session'가 의무화된 것입니다. 이전에는 CEO의 능력, 기업 인수 판단, 보상 등을 솔직하게 논의하는 사례가 거의 없었습니다. 특히 인수 제안은 여전히 성가신 문제입니다. 인수 관련 법률 조정 과정은 더 정교해졌습니다(수반 비용도 포함되었다는 표현입니다). 그러나 인수에 반대하는 전문가까지 회의에 참석시키는 CEO를 나는 아직 본 적이 없습니다. 물론 나도 참석시킨 적이 없습니다.

판은 인수를 갈망하는 CEO에게 유리하게 짜여 있습니다. 회사에서 인수 전문가 두 사람을 불러서 조언을 들어보는 것도 흥미로울 것입니다. 인수 제안에 대해 한 사람은 찬성하는 견해를, 한 사람은 반대하는 견해를 발표하게 하고 설득에 성공하는 사람에게는 사례금을 10배 지급하는 방식으로 말이죠. 그러나 이런 혁신을 너무 기대하지는 마십시오. 현재 시스템이 주주들에게는 부족할지 몰라도 CEO와 인수 관련 조언자 및 전문가들에게는 훌륭하니까요. 월스트리트의 조언을 받을 때 항상 유념해야 하는 오랜 경고가 있습니다. 이발사에게 이발할 때가 되었는지 물어서는 안 된다는 경고입니다.

지난 몇 년 동안 이사회의 '독립성'이 새삼 강조되고 있습니다. 그러나 이와 관련된 핵심 요소 하나가 항상 간과되고 있습니다. 이제 이사에 대한 보수가 대폭 인상되어서 비부유층 이사(자신이 이사회의 일원인 회사의 주식을 보유하지 않은 이사를 지칭 - 옮긴이)들의 잠재의식에 영향을 미칠 정도가 되었다는 점입니다. 예컨대 연 6회에 걸쳐 이틀씩 이사회에 참석하는 대가로 25~30만 달러를 받는 이사에 대해 생각해봅시다. 그가 받는 보수는 미국 가구 중간 소득의 3~4배에 이르는 금액입니다(나는 이렇게 쉽게 돈 벌 기회를 많이 놓쳤습니다. 1960년대 초 포틀랜드 가스 라이트의 이사였을 때 내가 받은 보수는 연 100달러였습니다. 나는 이 돈을 벌려고 연 4회 메인주에 다녀왔습니다).

요즘 이사들의 고용 안정성은 어떨까요? 기막히게 좋습니다. 이사들이 은근히 무시당할지는 몰라도 좀처럼 해고되지는 않습니다. 대신 대개 연령 제한(보통 70세 이상)에 도달하면 이사직에서 밀려나게 됩니다.

비부유층 이사가 다른 이사회에도 초청받아 연 소득 50~60만 달러를 올리고 싶다면 어떻게 처신하게 될까요? 기존에 참여하고 있는 이사회에서 이사로서 독립성을 포기하게 될 것입니다. 새 이사를 구하는 CEO는 후보자가 '훌륭한' 이사인지, 그 후보자가 참여했던 이사회의 CEO에게 확인할 것이기 때문입니다. 물론 '훌륭한'은 완곡한 표현입니다. 후보자가 기존 이사회에서 회사 CEO의 보수나 기업 인수 포부에 대해 심각하게 이의를 제기한 적이 있다면, 그는 후보에서 조용히 탈락하게 됩니다. 새 이사를 찾는 CEO는 핏불(pit bull: 투견)이 아니라 코커스패니얼(cocker spaniel: 애완견)을 원하니까요.

이런 온갖 모순에도 불구하고 보수를 갈망하는 이사는 거의 모두 '독립성'을 갖춘 이사로 분류되고 그 회사 주식을 대량 보유한 부유층 이사는 '독립성'이 부족한 이사로 간주됩니다. 얼마 전 한 미국 대기업의 위임장을 보니 이사 8명은 자기 돈으로 자사 주식을 한 주도 매수한 적이 없었습니다(물론 이들은 넉넉한 현금 보수에 더해서 보조금으로 주식도 받았습니다). 이 회사는 장기간 실적이 부진했지만 이사들은 잘 지내고 있습니다.

자기 돈으로 주식을 샀다고 해서 모두가 현명해지거나 사업에 능숙해지는 것은 아닙니다. 그렇더라도 우리 자회사 이사들은 자기 돈으로 자사 주식을 산 경험이 있어서 나는 기분이 좋습니다.

◇◇◇◇◇◇◇◇◇◇◇◇◇◇

잠시 생각해봅시다. 그동안 내가 만난 이사들은 거의 모두 품위 있고 호감이 가며 지적인 사람들이었습니다. 옷차림도 좋았고 훌륭한 이웃이자 건전한 시민이었습니다. 나는 이들과 함께 지내면서 즐거웠습니다. 이사회에 함께 참여한 덕분에 만날 수 있었고 그래서 가까운 친구가 된 사람들도 있습니다. 그렇더라도 자금 관리나 사업 문제에 관해서라면 나는 이 선량한 사람들을 절대 선택하지 않았을 것입니다.

이들 역시 이를 뽑거나 집 안을 장식하거나 골프 스윙을 개선하는 일이었다면 절대 나에게 도움을 청하지 않았을 것입니다. 나도 만일 〈댄싱 위드 더 스타(Dancing With the Stars: 미국 댄싱 경연 대회)〉에 참가해야 하는 상황이라면 증인 보호 프로그램이라도 이용해서 즉시 도피할 것입니다. 우리는 누구나 못하는 일이 있습니다. 대부분 사람들은 못하는 일이 많습니다. 보비 피셔(Bobby Fischer: 미국 체스의 대가)는 체스 이외의 방법으로 돈을 벌려고 해서는 안 됩니다.

버크셔가 계속해서 찾고 있는 이사는 사업에 정통하고 주주 지향적이며 우리 회사에 관심이 매우 많은 사람입니다. 로봇 같은 기계적 절차가 아니라 생각과 원칙에 따라 행동하는 사람입니다. 물론 이들은 여러분을 대표해서 고객 만족을 추구하고, 동료들을 아끼며, 지역사회 및 국가의 훌륭한 시민으로 활동하는 경영자를 찾을 것입니다.

이들 목표는 새로운 것이 아닙니다. 60년 전에도 유능한 CEO들의 목표였고 지금도 그렇습니다. 다른 목표를 제시할 사람이 누가 있겠습니까?

동업자로 대하겠다는 약속 { 2020 }

버크셔는 델라웨어 회사이므로 우리 이사들은 델라웨어주 법을 따라야 합니다. 그 법 중에는 이사회 구성원들이 회사와 주주들의 이익을 위해서 일해야 한다는 조항도 있습니다. 우리 이사들은 이 원칙을 수용합니다. 물론 버크셔 이사들은 회사가 고객들에게 기쁨을 주고, 36만 종업원의 재능을 계발하고 보상하고, 대출 기관들과 바른 관계를 유지하고, 영업 중인 여러 주와 도시의 시민에게 선량하게 행동하기를 바랍니다. 우리는 이들 고객, 종업원, 대출 기관, 시민을 소중하게 생각합니다.

그러나 이들에게는 배당, 전략 방향, CEO 선정, 기업 인수나 매각을 결정하는 의결권이 없습니다. 이런 의사 결정의 책임은 오로지 버크셔 이사들의 몫이며 이들은 회사와 주주들의 장기 이익을 충실하게 대변해야 합니다. 찰리와 나는 버크셔의 개인 주주들에게 법 조항을 넘어서는 특별한 책임감을 느낍니다. 우리 이력을 살펴보면 우리가 왜 그런 책임감을 느끼며 왜 그렇게 행동하는지 이해할 수 있을 것입니다.

◇◇◇◇◇◇◇◇◇◇◇◇◇◇

버크셔를 맡기 전 나는 일련의 투자조합을 통해서 여러 개인의 자금을 운용했습니다. 초기 투자조합 3개는 1956년에 설립했습니다. 그러나 시간이 흐를수록 여러 투자조합을 관리하기가 번거로워졌고, 1962년 12개 투자조합을 '버핏투자조합Buffett Partnership Ltd.'으로 합병했습니다.

그해에 나와 아내의 자금 거의 전액이 다른 유한책임 파트너들의 자금과 함께 투자되었습니다. 나는 급여나 보수를 받지 않았습니다. 대신 무한책임 파트너로서 연 수익률 6% 초과분에 대해서만 성과보수를 받았습니다. 연 수익률이 6%에 미달하면 미달분을 이월해 내 미래 성과보수에서 차감하기로 했습니다(다행히 그런 사례는 전혀 발생하지 않았습니다. 투자조합의 실적은 기준 수익률 6%를 항상 초과했습니다). 시간이 흐르면서 나의 부모, 형제자매, 아주머니, 삼촌, 사촌과 사촌 매부의 자금 대부분도 투자조합에 들어갔습니다.

찰리는 1962년 투자조합을 설립해 나와 비슷한 방식으로 운영했습니다. 찰리와 나의 고객 중에는 기관투자가가 없었고 금융 지식이 풍부한 사람도 거의 없었습니다. 투자조합에 합류한 사람들은 단지 우리가 우리 자금을 운용하듯이 자기 자금을 운용해줄 것으로 믿었을 뿐입니다. 이들 개인이 친구의 조언에 의지하거나 직관적으로 내린 판단은 옳았습니다. 찰리와 내가 원금의 영구 손실을 지극히 싫어하며, 우리가 상당히 좋은 실적을 예상하지 않았다면 자기 돈을 받지 않았으리라는 판단 말입니다.

1965년 투자조합이 버크셔의 경영권을 인수하고 나서, 나는 우연히 경영을 맡게 되었습니다. 훨씬 뒤인 1969년 우리는 투자조합을 해산하기로 했습니다. 연말이 지나 투자조합은 보유 현금과 주식 3종목을 지분에 비례해서 분배했는데, 평가액이 가장 큰 종목은 버크셔의 지분 70.5%였습니다.

한편 찰리는 1977년 투자조합을 해산했습니다. 그가 분배한 자산 중에는 블루칩 스탬프의 대규모 지분도 있었는데, 블루칩은 찰리의 투자조합과 버크셔가 함께 지배하던 회사였습니다. 블루칩은 내가 투자조합을 해산할 때 분배한 3종목 중 하나이기도 했습니다.

1983년 버크셔와 블루칩이 합병하면서 버크셔의 등록 주주가 1,900명에서 2,900명으로 증가했습니다. 찰리와 나는 모든 주주(기존 주주, 새 주주, 잠재 주주)가 같은 생각이길 바랐습니다. 그래서 1983년 연차 보고서 앞단에 버크셔의 '주요 사업 원칙'을 제시했습니다. 첫 번째 원칙은 다음과 같이 시작됩니다. "버크셔의 형식은 주식회사지만 우리의 마음 자세는 동업자입니다." 1983년에 이 원칙이 우리의 관계를 정의했고 현재도 이 원칙이 우리의 관계를 정의합니다. 찰리와 나 그리고 우리 이사들은 이 선언이 수십 년 후에도 버크셔에 기여하리라 믿습니다.

◇◇◇◇◇◇◇◇◇◇◇◇◇

현재 버크셔의 소유권(주식)은 다섯 개의 커다란 '양동이'에 들어 있습니다. 한 양동이에는 설립자인 내 주식이 들어 있습니다. 내 주식은 매년 다양한 자선 단체에 분배되고 있으므로 이 양동이는 틀림없이 비워질 것입니다. 나머지 네 양동이 중 두 개에는 다른 사람들의 돈을 운용하는 기관투자가들의 주식이 들어 있습니다. 그러나 두 기관투자가는 다른 사람들의 돈을 운용한다는 점만 같을 뿐, 투자 방식이 전혀 다릅니다.

한 기관투자가는 인덱스펀드로, 투자 분야에서 비중이 급격하게 증가 중인 대형 펀드입니다. 인덱스펀드는 단지 추종하는 지수를 모방할 뿐입니다. 투자자들 사이에서 인기 높은 지수는 S&P500이며 버크셔도 이 지수에 포함됩니다. 강조하건대 인덱스펀드가 버크셔 주식을 보유하는 것은 단지 보유하도록 정해져 있기 때문입니다. 인덱스펀드는 오로지 '비중'을 조절하려고 자동으로 주식을 사고파는 펀드입니다.

다른 기관투자가는 부유한 개인, 대학, 연금 수령자 등 다양한 고객의 돈을 운용합니다. 이 전문 펀드매니저는 자신의 가치 평가와 전망을 바탕으로 종목 선정과 교체에 재량권을 행사할 수 있습니다. 힘들지만 명예로운 직업이라 하겠습니다.

이런 '액티브active' 집단이 버크셔를 선정해주면 기쁘겠지만, 이들은 항상 더 유망한 투자 대상을 탐색합니다. 일부 펀드매니저는 장기 투자에 주력하므로 매매를 거의 하지 않습니다. 또 일부 펀드매니저는 컴퓨터 알고리즘을 이용해서 나노초(10억분의 1초) 단위로 주식을 매매합니다. 그리고 일부 펀드매니저는 거시경제 전망을 바탕으로 주식을 매매합니다.

네 번째 양동이에는 앞에서 설명한 '액티브' 기관투자가처럼 매매하는 개인들의 주식이 들어 있습니다. 이들 개인은 더 매력적인 종목을 발견하면 언제든 버크셔 주식을 매도할 것입니다. 우리는 이런 태도에 대해 불만이 없습니다. 버크셔 역시 보유 주식을 대하는 태도가 비슷하기 때문입니다.

다섯 번째 양동이와 특별한 유대감을 느끼지 못한다면 찰리와 나는 인간 이하일 것입니다. 이들은 미래가 어떻게 되든 우리가 자신의 이익을 대변해줄 것으로 굳게 믿는 100만여 개인 투자자들입니다. 이들은 처음 우리와 합류할 때부터 떠날 생각이 없었던 사람들입니다. 우리 초기 투자조합의 파트너들처럼 말이지요. 실제로 지금도 버크셔 주주 중 상당수는 투자조합 시절 합류했던 투자자와 그 자녀들입니다.

그 전형적인 역전歷戰의 투자자가 쾌활하고 인심 좋은 오마하 안과 의사 스탠 트럴슨Stan Truhlsen입니다. 나의 친구이기도 한 그는 2020년 11월 13일 100세가 되었습니다. 1959년 스탠은 다른 젊은 의사 10명과 함께 나와 투자조합을 설립했습니다. 의사들은 투자조합의 이름을 엠디Emdee라고 지었습니다. 이후 이들은 해마다 우리 부부가 집에서 여는 기념 만

찬에 참석했습니다.

1969년 우리 투자조합이 버크셔 주식을 분배했을 때 이 의사들은 모두 받은 주식을 계속 보유했습니다. 이들은 투자와 회계를 속속들이 알지 못했지만 버크셔에서 자신이 동업자로 대우받으리라는 점은 확실히 알았습니다.

스탠과 함께 엠디에 참여했던 동료 두 사람은 이제 90대 후반이지만 여전히 버크셔 주식을 보유하고 있습니다. 엠디 참여자들이 이렇게 장수하는 모습을 보니 (아울러 찰리는 97세이고 나는 90세이니) 흥미로운 질문이 떠오릅니다. 버크셔 주식이 장수를 촉진하는 것일까요?

◇◇◇◇◇◇◇◇◇◇◇◇◇

특이하고도 소중한 버크셔의 개인 주주들을 보면 우리가 왜 월스트리트 애널리스트와 기관투자가들을 꺼리는지 이해하실 것입니다. 우리는 원하는 투자자들을 이미 보유하고 있고 이 '동업자'들이 교체되지 않기를 바랍니다. 버크셔의 주주 자리(유통 주식 수)는 한정되어 있습니다. 우리는 이미 자리를 차지한 주주들을 무척 좋아합니다. 물론 일부 동업자는 교체될 것입니다. 그러나 찰리와 나는 교체되는 동업자가 극히 적기를 바랍니다. 친구, 이웃, 배우자가 빠르게 교체되기를 바라는 사람도 있을까요?

1958년 필립 피셔Philip Fisher는 대단히 훌륭한 투자서를 저술했습니다. 그 책에서는 상장 회사 경영을 음식점 경영에 비유했습니다. 음식점은 햄버거와 코카콜라로 식사 손님을 유치할 수도 있고, 프랑스 요리와 외국산 와인으로 식사 손님을 유치할 수도 있습니다. 하지만 제공하는 음식을 변덕스럽게 바꾸어서는 안 된다고 그는 경고합니다. 잠재 고객들에게 던지는 메시지는 이들이 실제로 받는 서비스와 일치해야 합니다. 버크셔는 56년 동안 햄버거와 코카콜라를 제공했습니다. 우리는 이 음식으로 유치한 고객들을 소중히 여깁니다.

미국 안팎의 수많은 투자자와 투기자들은 자신의 취향에 따라 다양한 주식을 선택할 수 있습니다. 이들은 매력적인 아이디어가 있는 CEO와 투자 컨설턴트들을 발견할 것입니다. 목표 가격과 이익 조정은 물론 '스토리'도 원하기만 하면 얼마든지 얻을 것입니다. '기술적 분석가'들은 차트에서 어떤 파동이 다음 주가 흐름을 알리는 신호인지 자신 있게 가르쳐 줄 것입니다. 투자 조언은 항상 차고 넘칠 것입니다.

많은 투자자가 매우 좋은 실적을 낼 것입니다. 주식 투자는 포지티브섬 게임positive-sum game이기 때문입니다. S&P500 종목이 열거된 판자에 원숭이가 화살(다트)을 50번 던져 구성한 포트폴리오라 해도, 함부로 종목을 교체하지만 않으면 장기적으로 양호한 배당과 자본이득을 얻을 수 있습니다.

농장, 부동산, 주식 같은 생산 자산에서는 재화가 대량으로 산출됩니다. 그러므로 생산 자산 소유자 대부분은 보상을 받게 됩니다. 단지 시간, 평정심, 충분한 분산 투자, 거래 비용 최소화가 필요할 뿐입니다. 그렇더라도 투자자의 비용이 월스트리트의 수익이라는 점은 절대 잊지 말아야 합니다. 원숭이는 땅콩만 줘도 화살을 던지지만 월스트리트 사람들은 그렇지 않습니다.

버크셔에 주주 자리가 나오면(거의 안 나오면 좋겠지만), 우리는 버크셔를 잘 이해하고 원하는 새 주주들이 차지하길 바랍니다. 찰리와 나는 수십 년 동안 경영을 맡았지만 여전히 실적을 약속할 수 없습니다. 그러나 우리가 여러분을 동업자로 대우하겠다는 약속은 할 수 있으며 실제로 그렇게 할 것입니다.

우리 후계자들 역시 그렇게 할 것입니다.

W3 한국판 Q&A

Q: 버핏의 후계에 대해서 정해진 것이 있나요? 알려진 후보들이 버핏과 멍거에 비해 존재감이 약한데, 버핏이 이들을 신뢰하는 만큼 시장도 이들을 신뢰할까요? 버핏과 멍거 사후에도 버크셔의 해자는 견고할까요?

보험 부문은 아지트 자인이, 비보험 부문은 그레그 에이블이, 투자 부문은 토드 콤즈와 테드 웨슐러가 공동으로 맡을 것입니다. 버핏은 워낙 뛰어난 인물이라 혼자서 모든 부문을 관장했지만 그의 사후에는 여러 명이 부문별로 운영하는 집단 체제가 현실적인 대안이 될 것입니다. 애플도 스티브 잡스가 떠나면 쇠락할 것으로 예측한 이가 많았으나 예상과 달리 팀 쿡이 번영을 이어갔듯이, 버크셔도 후계자들이 그와는 다른 방식과 능력으로 계승해나가리라 생각합니다.

5장 해설

한국의 기업 관행을 보면 '유능하고 충실한 CEO를 발굴하고 유지하는 것이 이사회의 역할'이라는 버핏의 정의가 이해되지 않을 수 있다. 대주주가 자신을 따르는 내·외부 인사로 이사회를 채우는 경우가 많기 때문이다. 대주주가 없는 기업이 많은 미국에서는 이사회가 회사를 이끌 CEO를 선임하고 보상 체계를 만드는 실질적인 역할을 수행한다. 하지만 CEO를 제대로 견제하지 못하고 주주의 이익을 온전히 대변하지 못하는 것은 한국의 이사회와 다르지 않다. 버핏이 이사회의 구조적 결함을 지적하는 이유다.

여러 발언을 종합해보면 그는 대리인(경영자)과 주주의 이해관계가 일치하는 구조, 원칙에 입각한 합리적 의사 결정 시스템을 중요하게 생각하고 있는 것 같다.

한국 이사회는 오너의 전횡이 문제고 미국 이사회는 전문 경영인의 단기 업적주의meritocracy가 문제다. 그리고 한국과 미국의 이사회 모두 최고 경영자의 의견에 반대 목소리를 내지 못한다. 이사의 주식 보유량이 적어 주주의 의견을 대변하지 못한다는 점도 지적된다. 이사회 운영의 폐단은 버핏도 어쩌지 못하니 참으로 풀기 어려운 문제다.

6장
버크셔의 기업문화

갈수록 강해지는 문화

{ Q 2018-14 }

버크셔의 문화는 계속 유지되고 강화될 수 있나요?

버핏 우리 문화는 매우 강하고 주주들 덕분에 더 강해지고 있습니다. 우리 주주들은 다른 기업의 주주들과 다르고 우리가 주주를 대하는 시각도 다릅니다. 일부 기업들은 주주들이 없어지길 바랍니다. 하지만 우리는 주주들이 있어서 기쁩니다. 우리는 개인 주주들을 좋아하고, 기관투자가들을 별도로 우대하지 않습니다. 우리는 동업자가 될 주주들을 원합니다.

이사들도 마찬가지입니다. 나는 19개 이사회에 참여해보았지만 버크셔 이사회와 비슷한 곳은 하나도 없었습니다. 우리 이사들은 버크셔 주식을 대량으로 보유하고 있고 특별한 대우를 받지 않습니다. 모두 주주 지향적이고 항상 버크셔를 생각하며 버크셔를 잘 압니다. 이들은 자신과 동업자들을 위해서 버크셔를 운영합니다. 우리 경영자들도 마찬가지입니다. 우리 경영자들 중에는 2세, 3세, 4세까지 있습니다. 물론 완벽한 사람들은 아닙니다. 그러나 개성이 매우 다양하고, 강력하면서도 긍정적인 문화를 갖추고 있습니다. 사람들은 우리 문화를 자발적으로 수용하고 확산합니다. 우리 문화는 지속될 것입니다.

우리는 언행도 일치합니다. 말로는 모든 임직원이 훌륭한 동업자라고 주장하면서 막대한 스톡옵션을 나눠 갖는 이사회도 많지만 우리는 그렇게 하지 않습니다. 우리 문화는 계속 강해지고 있으며, 우리는 이를 더 강화하려고 노력합니다.

멍거 주주총회나 경영자 점심 모임에 참석할 때마다 나는 현재 우리 경영자들이 모두 떠난 뒤에도 우리 문화와 가치가 오래도록 유지될 것이라고 확신하게 됩니다. 우리 문화는 잘 작동하면서 오래도록 유지될 것이며 다른 기업에서 우리 문화를 복제하기는 절대 쉽지 않을 것입니다. 버크셔 모델을 모방한 사례가 거의 없다는 사실을 생각하시기 바랍니다. 버크셔는 오래도록 유지될 자격이 있습니다.

6장 해설

현재 버크셔의 이사회는 회장인 버핏과 부회장인 멍거를 비롯해 버크셔의 자회사 CEO, 존경받는 투자자와 사업가, 버핏의 아들(하워드 버핏), 멍거의 동료 변호사 등으로 구성되어 있다. 오랫동안 이사를 맡아왔던 빌 게이츠는 2020년 3월 자선 사업에 집중하기 위해 사임했다.

버핏과 멍거의 지인으로 구성된 이사회가 이 둘을 얼마나 견제할 수 있는지 모르겠다. 하지만 버핏의 아들을 제외하면 나머지 이사회 구성원은 탁월한 경력과 통찰력을 가진 것으로 보인다. 버핏의 안목과 의중이 반영된 이사회라 할 수 있다.

7장
시장에 대한 관심

순풍을 타고 가는 미국 { 2018 }

3월 11일이면 내가 미국 기업에 처음 투자한 지 만 77년이 됩니다. 11세가 되던 1942년 나는 6세부터 모은 전 재산 114.75달러를 투자했습니다. 내가 산 종목은 시티 서비스(City Service: 1910년 설립된 석유 및 천연가스 유통회사) 우선주 3주였습니다. 나는 자본가가 되어 기분이 좋았습니다.

이제 내가 주식을 산 시점에서 77×2년 과거로 거슬러 올라가 봅시다. 그러면 조지 워싱턴George Washington이 미국 초대 대통령이 되기 1년 전인 1788년이 나옵니다. 이 신생국이 불과 77×3년 후 현재와 같은 국가가 될 것이라고 상상한 사람이 당시에 누가 있었을까요? 1788년부터 1942년까지 77×2년 동안 미국은 인구 400만 명(당시 세계 인구의 약 0.5%)의 신생국에서 세계 최강국으로 성장했습니다. 그러나 1942년 봄 미국은 위기에 직면했습니다. 미국은 불과 3개월 전에 참전한 제2차 세계대전에서 연합군과 함께 고전하고 있었습니다. 매일 나쁜 소식이 들려왔습니다.

매일 걱정스러운 소식이 들렸지만 그해 3월 11일 미국인들은 거의 모두 전쟁에 승리할 것으로 믿었습니다. 미국인들의 낙관은 승리에 그치지 않았습니다. 타고난 비관론자들을 제외한 미국인들은 자녀와 그 이후 세대들 모두 자신보다 훨씬 더 잘살게 되리라 믿었습니다. 물론 앞길이 순탄치 않다는 사실은 알고 있었습니다. 순탄한 적이 없었으니까요. 건국 초기에 남북전쟁으로 미국 남성의 4%가 죽자 링컨 대통령은 연설에서 “지금 우리는 자유로 잉태되어 모든 사람이 평등하다는 믿음으로 세워진 이 나라가 오래도록 유지될 수 있는지 내전을 통해서 시험받고 있습니다”라고 말했습니다. 1930년대에는 대공황이 발생해 대량 실업으로 극심한 고통을 받았습니다.

그런데도 내가 주식에 처음 투자한 1942년, 미국인들은 전쟁이 끝나면 번영이 찾아올 것으로 믿었습니다. 이 믿음은 옳았습니다. 실제로 미국이 이룬 성과에는 '숨이 막힐 정도'라는 표현이 안성맞춤입니다.

이 주장이 맞는지 숫자로 확인해봅시다. 내가 114.75달러를 무보수 S&P500 인덱스펀드에 투자하고 배당도 모두 재투자했다면 내 돈은 (이 주주 서한 인쇄 직전인) 2019년 1월 31일 세금 공제 전 60만 6,811달러가 되었을 것입니다. 투자 원금이 5,288배 늘어난 것입니다. 같은 기간 연금 기금이나 대학 기금 등 비과세 기관이 100만 달러를 투자했다면 약 53억 달러로 늘어났을 것입니다.

충격적인 숫자를 하나 더 알려드리겠습니다. 만일 위 비과세 기관이 펀드매니저와 컨설턴트 등 다양한 '조력자들'에게 투자해 매년 자산의 1%만 보수로 지급했어도 원리금은 그 절반인 26억 5,000만 달러로 줄어들었을 것입니다. 지난 77년 동안 S&P500의 실제 수익률은 연 11.8%였지만 기관의 수익률은 보수 탓에 연 10.8%로 낮아졌기 때문입니다.

재정 적자 탓에 나라가 망한다고 줄곧 비관론을 펴는 사람들이 있습니다(나도 오랜 기간 그랬습니다). 실제로 미국의 국가 부채는 지난 77년 동안 약 400배 증가했습니다. 무려 40,000% 증가했다는 뜻입니다! 우리가 이런 추세를 예견했고, 걷잡을 수 없이 커지는 적자와 통화가치 하락에 겁먹었다고 가정합시다. 그래서 우리 재산을 지키려고 주식 대신 114.75달러로 금 3.25온스(약 92g = 약 25돈)를 샀다고 합시다.

그러면 우리 재산이 지켜졌을까요? 지금 우리가 보유한 금의 가치는 약 4,200달러로, S&P500 인덱스펀드에 투자했을 때의 1%에도 못 미칩니다. 이 황홀한 금속은 '열정 넘치는 미국'의 근처에도 따라오지 못했습니다. 미국은 어느 정당이 집권해도 놀라운 번영을 이어갔습니다. 1942년 이후 집권한 대통령 중 7명은 공화당에서 나왔고 7명은 민주당에서 나왔습니다. 이들 대통령 집권 기간에 미국은 우대금리가 21%까지 도달하는 장기 인플레이션도 겪었고 논란 많고 값비싼 전쟁도 여러 번 치렀습니다. 대통령이 사임하기도 했고, 주택 가격이 전국적으로 폭락하기도 했으며, 금융위기 등 수많은 문제에 시달렸습니다. 그때마다 겁나는 뉴스가 쏟아졌지만 이제는 모두 지나간 일입니다.

세인트 폴 대성당을 지은 건축가 크리스토퍼 렌Christopher Wren은 그 성당에 안장되어 있습니다. 그의 묘비에는 다음과 같은 글이 적혀 있습니다. "내 기념비를 찾는다면 주위를 둘러보시오.(1666년 대화재 후 렌은 런던에 52개 성당을 재건했음 - 옮긴이)" 미국 경제에 회의적인 사람들은 이 메시지를 마음에 새겨야 합니다.

다시 1788년으로 돌아가 봅시다. 당시 미국에는 열정 넘치는 사람들과 이들의 꿈을 실현하고자 하는 미숙한 통치 체제를 제외하면 정말 별것이 없었습니다. 연준에 의하면 현재 미국 가계가 보유한 재산은 108조 달러로 가늠하기도 불가능한 수준입니다.

앞에서도 설명했지만 버크셔의 번영을 이끌어온 요소는 유보이익이었습니다. 미국도 마찬가지입니다. 국가 회계에서 유보이익에 해당하는 항목은 '저축'입니다. 미국인들은 저축을 했습니다. 만일 우리 조상이 저축하지 않고 생산물을 모두 소비했다면 투자도 못 했을 것이고, 생산성 향상도 없었을 것이며, 생활 수준도 개선되지 않았을 것입니다.

◇◇◇◇◇◇◇◇◇◇◇◇◇◇

찰리와 나는 버크셔 성공의 상당 부분이 이른바 '순풍을 타고 가는 미국' 덕분이라고 기꺼이 인정합니다. 만일 미국 기업이나 개인이 이를 '혼자서 이룬 성과'라고 자랑한다면 도를 넘는 오만입니다. 그런 자랑은 노르망디 미군 묘지에 묻힌 전몰장병들을 모독하는 행위입니다.

세상에는 미국 말고도 전망 밝은 나라가 많이 있습니다. 우리는 이에 대해 기뻐해야 합니다. 모든 나라가 함께 번영하면 미국도 더 번영하고 더 안전해지기 때문입니다. 버크셔는 외국에도 대규모로 투자하고자 합니다. 그러나 향후 77년 동안에도 우리 이익 대부분은 거의 틀림없이 '순풍을 타고 가는 미국'에서 나올 것입니다. 우리는 순풍을 타고 가게 되어 정말 운이 좋습니다.

WB 한국판 Q&A

Q: 한국도 번영하며 순풍을 탈 수 있을까요?

미래는 알 수 없고 한국은 미국 같은 강대국이 아니지만, 한국에 대한 장기적인 믿음이 없다면 한국 시장에 투자할 수 없겠지요. 가치투자자는 기본적으로 장기 낙관론자입니다. 한국이 지난 세월 전쟁, 금융위기 등을 잘 극복해왔으니 앞으로도 그럴 수 있을 것으로 믿습니다. 이러한 믿음이 없다면 국가의 운명과 상관없이 순풍을 탈 수 있는 기업을 선별해 투자하면 되겠죠.

금이 아닌 주식에 투자해야 하는 이유 {Q 2018-1}

버핏 나의 과거 이야기를 하겠습니다. 화면은 1942년 3월 〈뉴욕타임스〉 1면 기사입니다. 미국이 제2차 세계대전에 참전하고 3개월이 지난 시점이지요. 우리가 태평양전쟁에서 밀리고 있었으므로 나쁜 소식을 전하는 기사가 넘쳤습니다. 당시에는 신문 1부가 3센트였습니다. 물론 주식시장은 이런 상황을 반영하고 있었습니다. 나는 시티 서비스 우선주를 관심 있게 지켜보고 있었습니다. 전년도에는 주가가 84달러였고, 1942년 초에는 55달러였으며, 3월에는 40달러까지 내려갔습니다. 3월 11일 나는 아버지에게 3주를 사달라고 했습니다. 당시 11세였던 내가 가진 돈으로는 3주까지 살 수 있었습니다. 이튿날 확인해보니 다우지수가 2.28% 하락하면서 100을 뚫고 내려갔습니다. 요즘 기준으로는 다우지수가 500포인트 하락한 셈입니다. 나는 학교에서도 주가가 궁금했습니다. 아버지는 그날 고가인

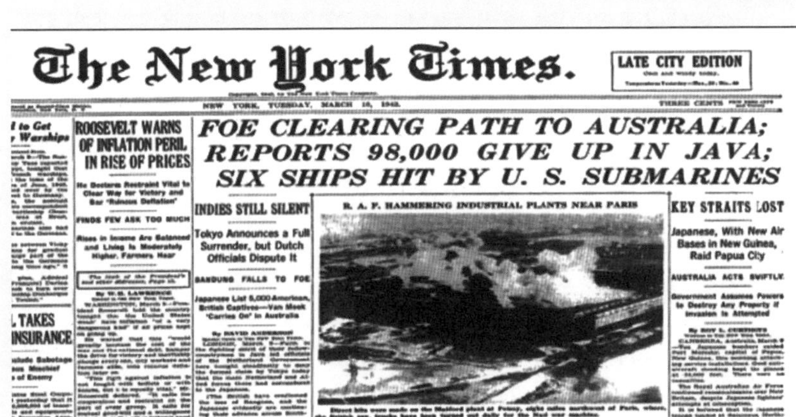

The New York Times.

LATE CITY EDITION

NEW YORK, TUESDAY, MARCH 10, 1942.

THREE CENTS

FOE CLEARING PATH TO AUSTRALIA; REPORTS 98,000 GIVE UP IN JAVA; SIX SHIPS HIT BY U. S. SUBMARINES

ROOSEVELT WARNS OF INFLATION PERIL IN RISE OF PRICES

He Declares Restraint Vital to Clear Way for Victory and Bar 'Ruinous Deflation'

FINDS FEW ASK TOO MUCH

Rises in Income Are Balanced and Living Is Moderately Higher, Farmers Hear

INDIES STILL SILENT

Tokyo Announces a Full Surrender, but Dutch Officials Dispute It

BANDUNG FALLS TO FOE

Japanese List 5,000 American, British Captives—Van Mook 'Carries On' in Australia

R. A. F. HAMMERING INDUSTRIAL PLANTS NEAR PARIS

KEY STRAITS LOST

Japanese, With New Air Bases in New Guinea, Raid Papua City

AUSTRALIA ACTS SWIFTLY

Government Assumes Powers to Destroy Any Property if Invasion Is Attempted

TAKES INSURANCE

38.25달러에 매수해주었는데 종가는 37달러로 내려갔습니다. 그런데 이후 미드웨이 해전이 벌어질 때까지 미국이 고전하는 양상이었는데도 시티 서비스 주가는 계속 상승해서 200달러를 넘어갔습니다. 그러나 주가가 27달러까지 내려가는 모습을 보았던 나는 겨우 주당 1.75달러를 남기고 40달러에 팔아버렸습니다. 이 사례에서 얻을 만한 교훈은 무엇일까요?

우리가 1942년 3월 11일로 돌아갔다고 상상해봅시다. 당시 미국인들은 누구나 우리가 전쟁에 승리할 것이라고 믿었습니다. 미국 시스템은 잘 돌아가고 있었습니다. 이 시점에 1만 달러를 인덱스펀드를 사서 묻어두었다면 지금은 얼마가 되었을까요? 무려 5,100만 달러가 되었습니다. 다양한 미국 기업들의 일부를 사서 계속 보유하기만 하는 것으로 충분했습니다. 회계를 공부할 필요도 없었고 주가 흐름을 지켜볼 필요도 없었습니다. 상승 종목을 가려낼 필요도 없었고 매수·매도 시점을 선택하려고 애쓸 필요도 없었습니다. 장기적으로 미국 기업들이 난관을 극복하면서 성장하고 미국이 계속 발전한다고 믿기만 하면 됐습니다. 가장 중요한 질문은 '내가 투자하는 평생에 걸쳐 미국 기업들이 좋은 실적을 낼 것인가?'였습니다.

만일 그 무렵 비관론을 퍼뜨리는 사람들의 말을 듣고 1만 달러를 금에 투자했다면 어떻게 되었을까요? 당시 1만 달러면 금 300온스(8.5킬로그램)를 살 수 있었습니다. 그 금은 지금도 300온스로 남아 있을 것입니다. 금을 안전금고에 넣어두고서 들여다보거나 쓰다듬어도 산출물은 전혀 나오지 않습니다. 이 금의 가치가 지금은 40만 달러입니다. 이렇게 생산적 자산(주식) 대신 비생산적 자산(금)에 투자했다면 차이는 100배 넘게 벌어졌을 것입니다. 미국 기업에 투자한 사람들이 1달러를 버는 동안 금 같은 '가치 저장 수단'에 투자한 사람들은 1센트도 벌지 못했습니다.

그동안 미국은 우리가 상상하지도 못할 만큼 엄청난 순풍을 받으면서 성장해 놀라운 수익을 안겨주었습니다. 주식 매수·매도 시점을 선택하려고 애쓰거나 전문가에게 유료 자문까지 받아 비생산적 자산에 투자해서 얻은 수익으로는 비교가 불가능할 정도입니다. 만일 모든 사람이 주식을 사서 계속 보유했다면 주식 중개인들은 굶어 죽었겠지요. 우리는 회계나 전문 용어를 알 필요도 없고 연준이 무슨 일을 하는지도 알 필요가 없습니다. 올바른 투자 철학만 있으면 쓸데없는 일에 애태울 필요가 없습니다.

WB 한국판 Q&A

Q: 버핏도 금에 투자한 적이 있나요?

은에 대규모로 투자한 적이 있는데 크게 성공하지 못했습니다. 금속은 기본적으로 내재가치가 없기 때문에 가치 평가와 시세 예측이 어렵다는 교훈을 그때 얻었을지도 모릅니다. 그런데 버핏은 금에 투자하는 대신 금광회사 주식을 사고 석유에 투자하는 대신 석유회사 주식을 삽니다. 농작물이 아닌 농장에 투자하는 것이 버핏의 방식입니다. 그는 스스로 일하는 자산을 좋아합니다.

미국과 중국, 무역에서는 상생 관계

{ Q 2018-2 }

미국과 중국 사이에 무역 전쟁이 벌어지지 않고 상생 관계가 유지될 수 있을까요?

버핏 8월이면 나는 88세가 됩니다. 올해는 8자로 끝나는 해이므로 8월에는 중국인들에게 행운의 숫자인 8이 넘치게 됩니다. 내가 인수할 만한 중국 기업이 있는지 찾아봐 주시기 바랍니다.

미국과 중국은 경제 부문에서 초강대국 지위를 오랜 기간 누릴 것입니다. 미국과 중국은 여러 면에서 상생 관계입니다. 물론 긴장 관계가 될 때도 있습니다. 그러나 무역에서는 상생 관계를 유지하며 세계의 흐름을 좌우할 것입니다.

다행히 민주당과 공화당 모두 자유무역이 주는 혜택을 잘 알고 있습니다. 둘 사이에 의견 차이가 있긴 하지만 자유무역의 혜택은 너무도 크고 명백합니다. 세계가 발전하려면 무역에 의존할 수밖에 없습니다. 미국과 중국은 현명한 나라이므로 아주 어리석은 일은 하지 않을 것입니다. 다소 어리석은 일을 벌이면서 타협할 수는 있겠지만요.

1970년 미국의 수출과 수입은 국내총생산GDP의 5%였습니다. 지금은 수출이 GDP의 11.5%이고 수입이 14.5%입니다. 나는 미국의 무역 적자가 너무 커지지 않기를 바랍니다. 미국이 원하는 상품을 수입하는 대가로 종이 쪼가리(채무증서)만 지급하는 상황은 바람직하지 않습니다. 미국에 대한 외국의 청구권이 증가하고 있습니다. 이런 청구권은 미국에 대한 외국의 투자로 바뀌고 있습니다. 지금까지 미국과 중국의 무역은 매우 훌륭하게 진행되었지만 한쪽이 지나친 욕심을 부릴 때에는 문제가 발생합니다. 그러나 무역에 대한 견해 차이 때문에 세계 발전을 그르치는 일은 없을 것입니다.

멍거 두 나라 모두 발전하고 있으며 중국이 더 빠르게 발전하고 있습니다. 중국은 오랜 기간 빈곤 상태에 머물렀으며 높은 저축률 등 장점을 갖춘 덕분에 더 빨리 성장할 것입니다. 두 나라는 함께 잘 지낼 것입니다. 서로 반감을 품는 일만은 절대 피해야 합니다.

부정적인 면만 부각되는 무역 { Q 2018-7 }

도널드 트럼프Donald Trump의 정책 탓에 무역 전쟁이 벌어지지는 않을까요?

버핏 미국과 중국 사이에 밀고 당기기는 있겠지만 무역 전쟁까지 가는 일은 없을 것입니다.

멍거 미국 철강산업은 믿기 어려울 정도로 불리한 처지에 놓였습니다. 심지어 도널드 트럼프도 옳은 판단을 내릴 때가 있지요.

버핏 프랭클린 루스벨트Franklin Roosebelt 대통령이 화롯가 담화로 국민과 소통했듯이 대통령은 최고 교육 책임자Educator in Chief가 되어야 합니다. 무역이 주는 혜택은 눈에 잘 보이지 않으므로 설득하기가 어렵습니다. 무역 덕분에 제품과 서비스 가격이 얼마나 저렴해지는지를 우리는 알기 어렵습니다. 그러나 무역의 부정적인 면은 눈에 잘 보이며 사람들은 그 고통을 뼈저리게 느낍니다. 미국이 신발 제조 경쟁에서 밀리면 메인주 신발 공장에서 긍지를 느끼며 근무하던 노동자들은 해고당합니다. 이들이 55세에 다른 일자리를 구해야 하는 처지가 되면 애덤 스미스Adam Smith와 데이비드 리카도David Licardo가 말하는 무역의 혜택 따위는 남의 이야기에 불과합니다.

혜택은 보이지 않고 비용만 보이는 문제는 정치적으로 해결하기가 어렵습니다. 그래서 대통령은 공동의 이익을 위해서 각 개인이 불편을 감수하지 않으면 우리 모두가 큰 대가를 치르게 된다는 사실을 설명해야 합니다. 그리고 우리는 공동의 이익을 추구하는 과정에서 희생당하는 사람들을 돌봐야 합니다. 우리는 정책을 통해서 경제적 성과를 거두되 이 과정에서 희생당하는 사람들을 구제해야 합니다. 우리에게는 이 땅에 태어나는 모든 아이들을 교육할 책무가 있습니다. 경제 활동에 종사하는 사람들은 청소년과 노인들을 돌봐야 합니다. 메인주 덱스터 신발 공장 노동자, 매사추세츠주 뉴베드퍼드 직물 공장 노동자, 오하이오주 영스타운 제철소 노동자들을 설득하기는 쉽지 않습니다.

금리 흐름과 국채 매수 { Q 2018-10 }

향후 장기 국채 발행량이 증가하면 금리가 어떻게 될 것으로 예상하시나요?

버핏 나는 모릅니다. 다행히 연준을 포함해서 아무도 모릅니다. 우리는 현금성 자산을 모두 단기 국채로 보유 중인데 평균 만기가 약 4개월입니다. 최근 금리가 상승한 덕분에 2018년에는 세전 이익이 작년보다 적어도 5억 달러는 증가할 것입니다. 현재 금리 수준에서 장기 국채를 매수한다면 끔찍한 투자가 될 것입니다. 현재 장기 국채 수익률은 연 3% 남짓이고 세후 수익률은 2.5%이며, 연준은 인플레이션 2% 수준을 원하므로 이를 고려하면 투자자가 기대할 수 있는 수익률은 연 0.5% 정도에 불과합니다. 그래서 나는 주식 등 생산성 자산을 훨씬 선호합니다. 수조 달러에 이르는 채권시장에서 투자자들은 어떤 만기 채권이 가장 유리한지 파악하려고 호들갑을 떨지만, 우리는 전혀 관심이 없습니다.

멍거 부당하게도 당국이 금리를 대폭 낮춘 탓에 예금 이자가 터무니없이 내려갔습니다. 그러나 대공황을 방지하려면 당국은 금리를 인하할 수밖에 없었습니다. 내가 이렇게 기묘한 저금리를 경험한 것은 평생 한 번뿐입니다. 하지만 여기 주주총회장에 모인 분들은 모두 혜택을 보았습니다. 저금리 덕분에 버크셔 주식을 포함해서 자산 가격이 상승했기 때문이지요. 우리 모두 부당하게 이득을 본 셈인데, 앞으로도 계속 보게 되길 기대합니다.

버핏 1942년 18.75달러에 전시공채를 매수했다면 10년 뒤 원리금으로 25달러를 받았으므로 수익률은 연 2.9%였습니다. 따라서 전시공채가 훌륭한 투자 대상이 아니었다는 사실은 초등학생도 알 수 있습니다. 정부는 전쟁 탓에 심각한 인플레이션이 발생하리라는 사실을 알고 있었습니다. 전쟁으로 인해 정부는 GDP의 120%에 이르는 막대한 재정 적자를 감수할 수밖에 없었으므로 미국은 역사상 최대 규모로 케인스 경제 이론을 시험하게 되었습니다. 그래서 수익률이 연 2.9%에 불과한데도 국민 모두 전시공채 매수에 적극적으로 참여했습니다. 하지만 이후 장기 국채는, 수익률이 일시적으로 연 14%에 이르렀던 1980년대 초를 제외하면 매력적이었던 적이 없습니다.

가끔은 정말로 이상한 사건이 발생하는데 이때 잘 대응해야 합니다.

멍거 당시 나는 돈이 없어서 전시공채를 매수한 적이 없습니다.

혁신과 해자

{ Q 2018-11 }

전통적인 해자보다 혁신이 더 중요하다는 일론 머스크Elon Musk의 주장이 옳은가요?

WB

한국판 Q&A

Q: 정부가 막대한 재정 적자를 감수해야 하는데 미국 시민이 수익률 연 2.9%에 불과한 전시공채를 매수한 이유는 무엇인가요? 코로나19 상황에서 저금리 국채를 매수하는 것도 같은 이유인가요?

전시공채 매수는 당시 미국 시민의 애국심 때문이었던 것 같습니다. 또한 위험 회피 심리가 고조될 때 국채는 최후의 안전 투자처로 인식되기도 하죠. 버핏은 단기 안정성에 천착해 인플레이션에 따르는 장기 위험성을 간과하지 말라고 경고합니다.

전시에 국채를 발행하는 것은 정부가 편성한 예산 범위를 넘어서는 군비를 조달하기 위해서입니다. 국채 매수자들은 정부가 증세를 하지 않고도 전쟁을 치를 수 있도록 돕는 셈이죠. 마찬가지로 코로나19 발생 때 국채를 발행한 것은 정부가 바이러스와 전쟁을 치르기 위한 재원을 조달하기 위해서지요. 전시 국채와 차이가 있다면 무기나 보급품을 사기 위해서가 아니라 감염병 여파로 쪼그라든 국민의 소득을 지원하는 데 사용된다는 점입니다.

멍거 일론은 전통적인 해자가 물웅덩이에 불과하다고 말하면서 혁신에 의한 경쟁력 유지가 중요하다고 주장했습니다. 맞는 말입니다. 그러나 터무니없는 소리입니다. 버핏은 전통적인 해자를 만들려는 것이 아니니까요.

버핏 최근 혁신 속도가 빨라지면서 해자가 전보다 약해지는 측면도 많습니다. 하지만 사람들은 항상 해자를 구축하려고 노력합니다. 우리는 항상 해자를 개선하고 강화하도록 노력해야 합니다. 일부 분야에서는 일론이 해자를 무너뜨릴 수도 있을 겁니다. 그러나 일론이 캔디회사를 설립해서 우리와 대결을 벌이지는 않을 것입니다. 우리 해자가 매우 튼튼하니까요. 우리 자회사들은 훌륭한 해자를 보유하

WB 한국판 Q&A

Q: 최근 버핏이 혁신 기업을 바라보는 시각이 달라진 것 같습니다. 일론 머스크와 테슬라에 대한 태도는 어떤가요?

아메리칸 익스프레스는 버핏이 투자한 1960년대 당시 유망한 핀테크회사였습니다. 버핏은 샐러드유 스캔들로 이 기업의 주식이 저평가되었을 때 기회를 놓치지 않고 투자했습니다. 그는 시대마다 나타나는 혁신 기업에 관심을 가지지만 자신의 능력범위에 따라 투자 여부를 결정했습니다. 심지어 절친한 빌 게이츠가 창업주인 마이크로소프트마저 '미래를 알기 힘든 기업'이라며 투자하지 않았죠. 중국 전기차회사인 BYD에 투자했으니 전기차 분야를 자신의 능력범위 내에 두었을 텐데, 그는 테슬라가 아무리 혁신 기업이라 해도 고평가되었다고 판단한다면 이 기업 주식에 투자하지 않을 것입니다(실제로 일론 머스크가 버핏의 경제적 해자 개념을 공격해 작은 설전이 벌어지기도 했습니다).

고 있습니다. 낮은 생산 원가도 매우 중요한 해자입니다. 가이코는 다른 대형 자동차보험사에 비해 낮은 생산 원가로 핵심 보험 상품을 유리하게 판매합니다. 한편 가이코를 보면 알 수 있듯이 기술만이 생산 원가를 낮춰주는 것은 아닙니다.

가상 화폐는 똥 { Q 2018-13 }

가상 화폐 가격이 거품이라고 보는 이유는 무엇인가요?

버핏 비생산적 자산은 가치가 거의 상승하지 않습니다. 예수 시대에 금을 사서 지금까지 보유했다면 수익률이 연 0.05%에 불과할 것입니다. 금 같은 비생산적 자산은 희소성은 있을지 몰라도 산출물이 없기 때문이지요. 이런 자산을 보유한 사람은 나중에 다른 사람이 더 높은 가격에 사주어야만 돈을 벌 수 있습니다.

이번엔 토지를 생각해봅시다. 미국은 800제곱마일(2,100제곱킬로미터)에 이르는 루이지애나 토지를 1,500만 달러에 사들였습니다. 에이커(4,000제곱미터)당 3센트에 산 셈입니다. 당시에는 산출물이 없는 토지였지만 매우 훌륭한 투자였습니다. 빌 그로스처럼 우표를 산다면 나중에 누군가에게 더 비싸게 팔아야 돈을 벌 수 있지만, 농장 같은 생산적 자산이라면 그 농장에서 나오는 산출물로 가치를 평가할 수 있습니다. 이것이 바로 투자입니다. 가상 화폐는 비생산적 자산이라서 가격이 일시적으로는 유지될 수 있겠지만 끝이 안 좋을 것입니다. 세상에는 이상한 것들을 만들어내는 사기꾼이 많습니다. 순진한 사람들은 이웃이 돈 버는 모습을 보면 영문도 모르는 채 자기도 부자가 되려고 덤벼드니까요.

멍거 나는 가상 화폐를 버핏보다 더 싫어합니다. 그저 광기일 뿐입니다. 남들이 똥을 사고파는 모습을 보고서, 자기도 빠질 수 없다고 똥 거래에 뛰어드는 꼴입니다.

버핏 이 대목은 통역되지 않길 바랍니다.

경자산 기업의 수익성 { Q 2018-15 }

당신은 1999년 〈포춘〉 기고문에서 미국 기업들의 세후 이익이 GDP의 6%를 계속 초과하지는 못할 것이라고 했습니다. 그런데 2008년 이후 미국 기업들의 세후 이익이 GDP의 8~10% 수준으로 상승했습니다. 그 이유가 무엇이라고 생각하나요?

버핏 미국의 시가총액 4대 기업들은 사업에 순유형자산이 필요하지 않습니다. 과거에 AT&T, GM, 엑슨모빌Exxon Mobile 등은 막대한 자본을 투입해야 이익을 낼 수 있었지만 이들은 그렇지 않습니다. 지난 20~30년 동안 미국 산업의 수익성이 전반적으로 훨씬 높아졌습니다. 미국 산업이 경자산(輕資産, asset-light) 경제로 바뀐 덕분에 순자산이익률이 상승한 것입니다. 게다가 그동안 세율도 인하되었습니다. 과거 카네기Andrew Carnegie는 제철소를 짓고 나면 여기서 돈을 벌어 다른 제철소를 짓는 방식으로 사업을 확장했습니다. 막대한 자본이 들어가는 방식이었지요. 그러나 요즘은 경자산 기업이나 마이너스 자산 기업들이 돈을 법니다. IBM은 순자산가치가 마이너스입니다. 지금 우리가 사는 세상은 30년 전과 다릅니다. 30년 전 나는 이런 세상이 올 줄 몰랐기 때문에 〈포춘〉에 그렇게 쓴 것입니다. 그러나 구식 중자산 산업들도 여전히 수익성을 유지하고 있습니다.

멍거 버핏이 투자는 잘했지만 예측은 잘 못했습니다. 특히 〈포춘〉 기고문은 그다지 정확하지 않았습니다.

버핏 내 예측이 틀렸지만, 그럴 만한 이유가 있었지요.

제품 반응을 실감하는 기법 { Q 2018-16 }

당신은 다이너스 클럽Diners Club 대신 아메리칸 익스프레스를 선택했고 RC콜라 대신 코카콜라를 선택했는데, 이런 제품이 성공할 줄 어떻게 예측했나요?

버핏 신용카드시장에 먼저 진출한 회사는 다이너스 클럽이었습니다. 아메리칸 익스프레스는 여행자 수표 사업이 향후 어떻게 될지 모른다는 두려움 때문에 뒤늦게 신용카드 사업에 진출했습니다. 아메리칸 익스프레스는 다이너스 클럽과 경쟁을 벌이면서 수수료를 더 높게 책정했습니다. 신용카드의 가치를 더 높이고 더 근사한 이미지를 연출했습니다. 그래서 아메리칸 익스프레스 카드를 사용하는 사람은 근근이 살아가는 서민이 아니라 부유층처럼 보였습니다. 반면 랠프 슈나이더Ralph Schneider가 이끄는 다이너스 클럽은 신용카드 사업에 먼저 진출했지만 큰 성과를 내지 못했습니다.

그동안 온갖 콜라가 쏟아져 나왔지만 진짜는 코카콜라입니다. 나는 RC콜라가 코카콜라의 절반 값이더라도 마실 생각이 없습니다.

1900년에는 6.5온스(180cc)짜리 코카콜라가 5센트였는데 인플레이션을 고려하면 그동안 가격이 엄청나게 내려간 셈입니다. 코카콜라는 정말로 싼 제품입니다. 시즈캔디처럼 말이지요. 10대 소년이 여자 친구 부모에게 시즈캔디를 선물하고서 친구에게 키스를 받으면, 이후에는 캔디 가격을 전혀 생각하지 않게 되니까요.

우리는 사람들이 따귀를 때리고 싶은 제품이 아니라 키스해주고 싶은 제품을 원합니다. 우리는 애플의 생태계도 높이 평가했지만 제품 특성도 비범하다고 생각합니다. 1963년 샐러드유 스캔들이 터지고 나서 사람들은 아메리칸 익스프레스의 생존을 걱정했지만 카드 사용을 중단한 사람은 아무도 없었습니다.

멍거 한마디만 보태겠습니다. 코카콜라가 처음 개발된 직후 누군가 우리에게 투자를 권유했다면 우리는 거절했을 것입니다.

버핏 우리는 다양한 환경에서 소비자들이 제품에 반응하는 모습을 보려고 합니다. 필립 피셔의 《위대한 기업에 투자하라(Common Stocks and Uncommon Profits)》에 소문 기법이 나오는데, 돌아다니면서 소문을 수집하기만 해도 많이 배울 수 있습니다. 이런 기법을 요즘은 채널 점검(channel checks)이라고 하지요. 제품에 대해 실제로 감을 잡을 수 있는 좋은 기법입니다. 토드와 테드도 이 기법을 많이 사용해서 사람들에게 큰 도움을 줍니다. 찰리는 이 기법을 코스트코CostCo에 적용합니다. 코스트코 제품은 고객들에게 엄청나게 매력적입니다. 코스트코는 고객들에게 놀라움과 기쁨을 선사하는데, 사업에 이렇게 좋은 방법은 없습니다.

열정적인 자본주의자 { Q 2019-3 }

정치 성향을 말해주시겠어요?

버핏 나는 열정적인 자본주의자입니다. 미국에 시장 시스템과 법치주의 등이 구현되지 않았다면 나는 지금 이 자리에 없을 것입니다. 따라서 자본주의에 대한 나의 열정에는 변함이 없을 것입니다. 그러나 자본주의에는 규제도 필요하다고 생각합니다. 특히 나라가 크게 번영할 때 뒤처진 사람들을 돌보는 규제도 필요합니다.

멍거 미국처럼 번영하는 나라에서는 정부가 사회 안전망을 관리해야 한다고 생각합니다. 그러나 사회 안전망 일부는 정부의 관리가 매우 비효율적이어서 마음에 들지 않습니다. 더 효율적으로 관리하면 좋겠습니다. 하지만 더 너그럽게 관리하는 것도 좋을 듯합니다.

버핏 우리는 JP모간, 아마존과 함께 의료 사업을 시작했습니다. 매년 의료비로 지출하는 금액이 엄청난데도 의료 서비스는 만족스럽지 않다고 보기 때문입니다. 우리는 민간 부문에서 대폭적인 개선이 이루어지길 기대합니다. 대부분 업무에서 민간 부문이 공공 부문보다 효율적이라고 생각하기 때문입니다. 물론 민간 부문이 제대로 해내지 못한다면 다른 방법을 찾아야 하겠지만, 나는 민간 부문이 공공 부문보다 더 나은 답을 찾아낼 것으로 생각합니다. 나는 미국이 2020년이나 2040년, 2060년에 사회주의 국가가 될 것으로 생각하지 않습니다.

자본주의의 창조적 파괴 {Q 2019-14}

자동화가 확산됨에 따라 정규직은 감소하고 임시직만 증가하는 듯한데, 향후 고용 문제를 어떻게 전망하나요?

버핏 200년 전에는 이런 질문이 나왔겠지요? "트랙터와 콤바인 등 농기계의 발전 추세 탓에 농민의 90%가 실직 위험에 처했는데 심각한 문제 아닌가요?" 그러나 1776년 이후 수많은 일자리가 사라졌는데도 지금 미국에는 탁월한 경제 시스템이 만들어낸 일자리 1억 6,000만 개가 있습니다. 이것이 바로 자본주의입니다. 이제 1인당 생산량은 갈수록 더 증가하고 있습니다.

우리는 미래가 어떤 모습이 될지 전혀 알 수 없습니다. 어떤 사업이든 어떤 직업이든, 미래에는 그 모습이 달라질 것입니다. 그러나 자본주의는 갈수록 많은 사람을 고용하게 될 것입니다. 지금 미국은 역사상 가장 많은 사람을 고용하고 있습니다. 중공업회사들은 생산성을 높이기 위해서 생산량은 유지하면서 종업원 수를 줄이거나, 종업원 수는 유지하면서 생산량을 늘리려고 노력하고 있지만요.

이것이 자본주의입니다. 미국인의 창의력이 바닥날까 걱정할 필요 없습니다. 사람들은 온갖 사업에서 돈을 벌고 싶어 하며 기꺼이 창의력을 발휘합니다. 지금 자본주의 경제는 잘 돌아가고 있고 앞으로도 계속 잘 돌아갈 것입니다. 물론 일부 산업은 고전하고 있고 혼란에 휩싸이기도 할 것입니다. 자동차가 등장한 이후 편자의 생산량은 감소할 수밖에 없으니까요.

1776년 미국 인구는 400만 명에 불과했고 80%가 농업에 종사했지만 지금은 1억 6,000만 일자리가 3억 3,000만 인구를 부양하고 있습니다. 자본주의 경제는 앞으로도 계속 잘 굴러갈 것입니다. 차세대 혁신이 어떤 모습일지는 알 수 없지만 자본주의 경제가 반드시 이루어낼 것입니다.

멍거 우리는 쓸모없는 일은 모조리 로봇에 넘겨주고 싶어 합니다. 워런도 말했듯이, 이것이 지난 200년 동안 우리가 해온 일입니다. 이제는 다시 대장장이가 되려는 사람도 없고 길에서 말똥을 수거해서 비료로 쓰려는 사람도 없습니다. 그런 일자리가 사라진 것은 기쁜 일입니다.

그런데 경제 피라미드의 바닥에 있는 사람들은 피라미드의 꼭대기에 있는 사람들의 재산이 빠르게 증가하는 모습을 보면서 미래를 깊이 걱정합니다. 이는 심각한 세계 금융위기 탓에 세상에 막대한 돈이 풀리면서 우연히 나타난 현상입니다. 금리가 제로 수준으로 떨어지자 자산 가격이 상승해서 부자들의 재산이 더 늘어난 것입니다. 누군가 돈을 벌려고 의도적으로 벌인 일이 아니라 우연의 산물이며 곧 지나갈 일입니다. 생산성 향상이 주는 과실은 모든 사람에게 돌아갈 것입니다. 어떤 계층에 조금 더 돌아간다고 걱정할 필요 없습니다.

버핏 옛날 찰리와 나는 잡화점에서 일했습니다. 손님이 완두콩 통조림을 달라고 하면 우리는 사다리를 타고 올라가 통조림을 꺼내서 상자에 담아 손님의 트럭에 실었습니다. 요즘 생산자로부터 소비자에게 유통되는 식품의 양은 엄청나게 증가했지만 그 유통 과정에 종사하는 사람의 수는 상대적으로 감소했습니다. 이제 식품 유통의 효율성은 비교가 안 될 정도로 높아졌습니다. 증조부는 이런 잡화점이 사라지게 될지 모른다고 고민했습니다. 그리고 실제로 사라졌습니다. 하지만 유통망은 더 효율적인 모습으로 돌아왔습니다. 우리는 자그마한 창조적 파괴를 눈으로 본 셈입니다. 그리고 솔직하게 말하면 창조적 파괴 덕분에 우리는 잡화점 일에서 벗어나 투자를 하게 되었습니다. 잘된 일이지요.

코로나19와 주식시장 { Q 2020-1 }

버핏 이번 버크셔 주주총회는 기분이 나지 않는군요. 나의 60년 동업자 찰리 멍거가 여기 있지 않기 때문입니다. 나는 여기 오는 사람들 대부분이 찰리의 말을 들으러 온다고 생각합니다. 그러나 걱정하지 마세요. 찰리는 96세이지만 장담컨대 건강합니다. 그는 예전처럼 사고력도 양호하고 목소리도 또렷하답니다. 다만 이번에 오마하까지 먼 길을 오는 것이 바람직하지 않다고 보았을 뿐입니다. 찰리는 활동을 다양하게 늘리면서 새로운 생활을 즐기고 있습니다. 그래서 매일 다양한 사람들을 만나고 있고 기술 분야에서는 나보다 앞서가고 있습니다. 아무튼 찰리는 건강하므로 내년에는 이 자리에 다시 올 것입니다. 내년에는 모든 면에서 정상적인 모습으로 주주총회를 진행하게 될 것입니다.

보험 사업을 담당하는 부회장 아지트 자인도 뉴욕에서 안전하게 지내고 있습니다. 자인 역시 무리해서 오마하까지 올 필요가 없다고 보았습니다. 대신 보험 사업을 제외한 모든 사업을 담당하는 그레그 에이블이 내 왼쪽에 있습니다. 그레그가 경영하는 수십 개 기업은 매출액 합계가 1,500억 달러 이상이며 종업원도 30만 명이 넘습니다. 아지트와 그레그가 없어도 내가 현재 업무를 감당할 수 있을지 의문입니다.

지난 몇 달 동안 모두가 궁금해하는 사항은 '미국의 보건과 경제 상황이 향후 몇 달, 어쩌면 몇 년 동안 어떻게 전개될 것인가'입니다. 보건에 대해서는 나 역시 아는 바가 정말 없습니다. 학창 시절에 회계학 공부는 그럭저럭 했지만 생물학은 엉망이었거든요. 이런 다양한 문제에 대해서 나도 여러분과 똑같은 방식으로 배우는 중입니다. 지금 이 상황에서 보자면 보건 분야와 경제 분야에서 매우 다양한 사건이 발생할 수 있을 듯합니다. 보건과 경제가 서로 영향을 주고받을 수 있기 때문입니다. 보건 분야에 대해서는 아는 바가 없지만 나는 우리 상황이 최선도 아니고 최악도 아니라고 생각합니다. 초기에 코로나19의 잠재력을 평가하기는 정말 어려웠습니다. 지금도 코로나19에 대해 많이 배워가고 있지만, 아직도 우리는 제대로 파악하지 못하고 있습니다. 그래도 매우 현명한 사람들이 코로나19 연구에 노력을 기울이고 있습니다.

코로나19로 인한 보건 분야의 변수는 범위가 다소 축소되었을지 몰라도 경제 분야의 변수는 범위가 여전히 매우 넓습니다. 사회의 상당 부분이 자발적 폐쇄 상태에 들어갈 때 어떤 일이 발생할지 우리는 알지 못합니다. 2008~2009년에는 은행 등 금융 기관들이 모두 위기에 처해 미국 경제가 탈선했습니다. 이번에도 미국 경제는 탈선 상태가 되었으며, 높은 생산성과 거대 인구를 보유한 초일류 국가의 노동자들이 엄청난 불안과 혼란에 시달리고 있습니다.

그래도 나는 미국 경제의 미래에 대해 말하고자 합니다. 나는 여전히 확신하고 있기 때문입니다. 제2차 세계대전 당시에도 미국 경제의 미래를 확신했고, 쿠바 미사일 위기에도 확신했으며, 9·11 테러와 금융위기 역시 미국을 막을 수 없다고 확신했습니다. 우리는 과거에도 커다란 문제에 직면했습니다. 물론 코로나19와 똑같은 문제는 아니었고 이와 비슷한 문제에 직면한 적도 없었습니다. 그러나 우리는 더 어려운 문제에도 대처했고 미국에서는 항상 기적이 일어났습니다. 이번에도 그럴 것입니다.

여러분이 태어날 시점과 장소를 선택할 수 있다고 가정해봅시다. 여러분은 남자가 될지 여자가 될지 모르고, 지능이 높을지 낮을지도 모르며, 특별한 재능을 타고날지 결함을 안고 태어날지도 모릅니다. 그렇다면 여러분이 선택하는 시점은 1720년도, 1820년도, 1920년도 아닐 것입니다. 여러분은 바로 오늘, 바로 미국을 선택할 것입니다. 1789년 미국 독립 이후 사람들은 미국으로 오고 싶어 했습니다. 지난 231년 동안 미국으로 오고 싶어 하는 사람들이 항상 있었다는 말입니다. 미국은 대단히 젊은 나라입니다. 찰리와 나와 그레그 에이블의 나이를 더하면 미국의 나이보다 많습니다. 그 정도로 미국은 매우 젊은 나라입니다. 그런데도 미국은 기적을 이루었습니다. 이 짧은 기간에 미국이 이룬 기적을 생각해보십시오.

1789년 미국 인구는 390만이었고 그중 70만이 노예였습니다. 세계 인구의 0.5%에도 못 미치는 인구였습니다. 그들 중 어느 누구도, 가장 낙관적인 사람조차 231년 후 미국의 모습을 제대로 상상하지 못했을 것입니다. 이제 미국 도로에는 자동차만 2억 8,000만 대가 돌아다니고 있습니다. 5시간이면 항공기로 대륙을 횡단할 수 있고, 어느 주州에나 훌륭한 대학과 훌륭한 병원 시스템이 있으며, 사람들은 아무도 상상하지 못했던 방식으로 오락을 즐기고 있습니다. 미국은 231년 후 누구도 상상하지 못한 기적을 이루어냈습니다.

그러나 주식시장이 내일, 다음 주, 다음 달, 내년에 어떻게 될지는 나도 그리고 아무도 모릅니다. 장기적으로 미국은 계속 발전할 것이지만 9·11 테러 전날에도 우리는 바로 이튿날 시장조차 내다보지 못했습니다. 코로나19가 발생한 것은 불과 몇 개월 전입니다. 미국은 틀림없이 발전하겠지만 시장에서는 어떤 일이든 일어날 수 있습니다. 그러므로 투자에는 조심해야 합니다.

1987년 10월 19일 월요일, 시장은 단 하루 만에 22%나 폭락했습니다. 1914년에는 주식시장이 약 4개월 동안 문을 닫았고, 9·11 테러 당시에는 4일 동안 문을 닫았습니다. 내일 무슨 일이 발생할지는 아무도 모릅니다. 내가 열한 살에 처음으로 주식을 산 이후 미국은 거대한 순풍을 탔습니다. 그러나 순풍이 하루도 빠짐없이 부는 것은 아니며, 내일 시장이 어떻게 될지는 아무도 모릅니다.

코로나19 같은 세계적 감염병이 돌면 시장이 어떤 영향을 받을지 예측하기 어렵습니다. 따라서 빌린 돈으로 투자해서는 절대 안 됩니다. 버크셔 역시 차입금으로 투자하는 일은 없습니다. 우리는 투자할 때 말 그대로 최악의 상황을 생각하며, 그것도 한 분야가 아니라 여러 분야에서 동시에 문제가 발생할 경우를 생각합니다. 아무리 큰 수를 여러 번 곱해도 거기에 제로를 한 번만 곱하면 모두 제로가 됩니다. 그러므로 순풍을 타고 가는 미국에 투자하더라도 빌린 돈으로 투자해서는 안 됩니다.

내가 보기에 미국에 부는 순풍은 끝나지 않았습니다. 미국 주식을 장기간 보유하면 좋은 성과를 얻을 것입니다. 30년 만기 미국 국채는 현재 수익률이 1.25%에 불과하며 여기서 소득세까지 납부해야 합니다. 게다가 연준의 인플레이션 목표는 연 2%입니다. 주식의 수익률은 장기 국채보다 높을 것이고, 단기 국채보다도 높을 것이며, 매트리스 밑에 숨겨둔 현금보다도 높을 것입니다. 안전 마진margin of safety을 충분히 확보한다면 미국 주식은 대단히 훌륭한 투자 대상입니다.

우리는 주식이 기업의 일부라고 항상 생각합니다. 그러나 사람들이 주식을 대하는 태도는 다릅니다. 주식은 분 단위로 가격이 형성되며 언제든 매매할 수 있어서 사람들은 매 순간 평가가 필요하다고 생각합니다. 하지만 그것은 정말 어리석은 생각입니다. 1949년 벤저민 그레이엄이 내게 가르쳐주었습니다. 주식은 차트에 따라 가격이 오르내리는 종이 쪼가리가 아니라 기업의 일부라고 말이지요.

여러분이 코로나19 발생 이전부터 좋아하던 기업의 주식을 보유하고 있다면 단지 주가가 바뀌었다는 이유로 주식을 매도할 필요는 없습니다. 여러분이 그 기업과 경영진을 정말 좋아하며 기업의 본질이 바뀌지 않았다면 그 주식은 여전히 매우 유리한 투자가 됩니다. 아니면 미국에 투자해도 됩니다. 개별 종목을 독자적으로 평가할 생각이 아니라면 미국의 대표 주식들을 매수해서 묻어두는 편이 좋습니다. 내가 대학 졸업 시점에 그렇게 투자했다면 투자 원금은 100배가 되었을 것이며 덤으로 내가 받은 배당도 계속 증가했을 것입니다.

미국에는 놀라운 순풍이 불고 있습니다. 그러나 순풍은 중단될 때도 있고, 그 시점은 아무도 예측할 수 없습니다. 이때 차입금 때문에 또는 심리적 불안감 때문에 타격을 받아서는 안 됩니다. 그러나 미국 주식을 수십 년 동안 계속 보유할 수 있다면 여러분은 국채를 보유하거나 남들의 조언을 따를 때보다 훨씬 좋은 성과를 거두게 될 것입니다. 사람들은 아무 소용 없는 조언에 막대한 비용을 치르고 있습니다. 남의 조언 덕분에 초과수익을 얻을 수 있다고 생각한다면 정말로 잘못 판단하는 것입니다.

미국을 대표하는 우량주에 투자하십시오. 대부분 사람들에게 최선의 선택은 S&P500 인덱스펀드를 보유하는 것입니다. 그러나 S&P500 인덱스펀드는 팔아도 남는 것이 많지 않으므로 금융사 직원들은 다른 상품을 권유할 것입니다.

나는 평생 미국에 돈을 걸겠습니다. 버크셔의 내 후계자도 그럴 것으로 기대합니다. 버크셔가 미국에 돈을 거는 방법은 두 가지입니다. 우리는 기업을 통째로 인수하거나, 기업의 일부를 매수합니다. 지금이 주식 매수에 적기라는 말은 아닙니다. 나는 주가가 언제 상승할지 모릅니다. 그러나 미국 대표 주식들을 매수해서 20~30년 동안 보유할 수는 있습니다. 누구나 동업자가 된다는 생각으로 주식을 매수할 수 있습니다. 그러면 주식을 가격 등락에 따라 사고파는 종이 쪼가리로 보지 않을 수 있습니다.

아시다시피 지난 4월 우리는 주식 약 60억 달러를 순매도했습니다. 이는 주식시장 침체를 예상해서도 아니고, 누군가 목표 주가를 낮춰서도 아니며, 기업들이 올해 이익 추정치를 낮추어서도 아닙니다. 단지 내가 평가에서 실수했다고 판단했기 때문에 매도했습니다. 이해할 수 있는 실수였습니다. 주식을 매수할 때 우리는 확률 가중 판단을 했습니다.

우리는 항공사 주식들이 매력적이라고 판단해서 투자했습니다. 우리는 4대 항공사 주식 약 10%씩을 70~80억 달러에 매수했고, 여기서 나오는 이익(배당 + 유보이익 중 버크셔의 몫)이 약 10억 달러라고 평가했으며, 향후 계속 증가할 것으로 보았습니다. 항공사 주식은 뉴욕증권거래소를 통해서 매수했지만, 우리는 기업을 통째로 인수한다는 생각으로 매수했습니다. 그러나 항공사에 대한 나의 생각은 틀린 것으로 밝혀졌습니다. 탁월한 4대 항공사 CEO들의 잘못 때문

WB 한국판 Q&A

Q: 버핏이 미국 항공사 주식을 매수했을 때 다른 투자은행이나 헤지펀드는 이 선택을 어떻게 판단했나요?

코로나19 팬데믹 이전이었고, 미국의 항공사는 오랜 경쟁을 거쳐 시장을 과점화하면서 과거에 비해 좋은 수익성을 보이고 있었으므로 다른 시장 참여자의 의견과 크게 다르지 않았습니다. 다만 과거 US에어 투자 이후 항공사 투자를 꺼려온 버핏을 아는 가치투자자 상당수가 그의 항공사 주식 투자를 의아하게 바라보았던 것은 사실입니다.

은 아니었습니다.

내 생각이 틀리길 바라지만, 4대 항공사들은 상황이 크게 변화한 탓에 각각 평균 100~120억 달러 이상을 차입하게 될 것입니다. 그리고 일부 항공사는 주식을 발행하거나 신주인수권을 판매해야 할 것입니다. 항공사 승객 수가 작년 수준으로 회복되려면 2~3년이 걸릴지도 모릅니다.

마이너스 금리는 유지될까? { Q 2020-14 }

마이너스 금리가 되면 보험사의 플로트는 자산이 아니라 부채가 될 텐데, 버크셔 보험사들은 어떻게 대응하나요?

버핏 마이너스 금리가 장기간 유지된다면 주식 등을 보유하는 편이 좋습니다. 지난 10년 동안 금리는 이상한 흐름을 보였습니다. 이렇게 저금리가 장기간 유지되는데도 인플레이션이 없을 줄은 생각하지 못했습니다. 우리는 현금성 자산 1,200억 달러 중 대부분을 단기 국채로 보유했는데 이자가 거의 없었습니다. 단기 국채는 장기 투자 대상으로는 형편없지만 갑자기 기회가 왔을 때 사용할 수 있는 유일한 지급 수단입니다. 전 세계가 마비되더라도 우리는 자신을 보호하고 보험 계약자들에게 보험금을 지급할 수 있어야 하므로 단기 국채가 필요합니다. 우리는 이런 위험을 매우 진지하게 고려합니다.

전 세계가 돈을 계속 찍어내도 장기간 마이너스 금리가 유지될 수 있을지는 의문입니다. 지금까지는 내 생각이 틀렸지만 그래도 믿기 어렵습니다. 지난 2,000년 동안 생산 능력을 초과해서 돈을 계속 찍어내도 마이너스 금리가 유지되는 경우는 없었습니다. 두고 보면 알겠지요. 아마 가장 흥미로운 경제 문제가 될 것입니다. 지금까지 10여 년 동안은 돈을 계속 찍어내도 저금리가 유지되었습니다. 이제 '더 많은 돈을 계속 찍어내도 저금리가 유지된다는 가설'을 검증해야 하는 시대가 오고 있습니다.

자금을 계속 조달해도 마이너스 금리가 유지된다면 나는 재무장관 자리라도 기꺼이 맡을 생각입니다. 골치 아플 일이 없을 테니까요. 우리는 최종 결과를 제대로 알지 못하는 상태에서 일을 진행하고 있으며 그 결과는 극단적일 수 있습니다. 하지만 그렇게 하지 않아도 극단적인 결과가 발생할 수 있습니다. 누군가 이 문제를 해결해야 하겠지요.

WB 한국판 Q&A

Q: 마이너스 금리가 장기간 유지될 때 주식 등을 보유하는 것이 더 좋은 이유는 무엇인가요?

부채를 사용하는 기업에 높은 금리는 곧 높은 비용입니다. 마이너스 금리가 되면 이자 비용이 사라지므로 기업에 유리합니다. 하지만 마이너스 금리는 보통 디플레이션 상황에서 파생된 결과이므로 좋은 상황에 처해 있는 기업은 많지 않을 것입니다. 물가가 떨어지면 소비자가 지출을 미루어 수요가 부진해지기 때문입니다. '이자도 받을 수 없는 국채보다 이익을 내는 기업의 주식이 낫다' 정도로 해석하면 되겠습니다.

7장 해설

버핏은 주주 서한이나 주주총회를 통해 논쟁적 이슈를 언급한다. 금과 가상 화폐에 대한 발언에서 볼 수 있는 것처럼 그는 (농장에 비유하는) 생산적 자산에만 가치를 부여한다. 또한 개발 직후의 코카콜라에는 투자하지 않았을 것이라는 언급(이 장에서는 멍거가 언급했지만)에서 짐작할 수 있듯이 지속적인 생산 능력을 충분히 확인한 후에만 투자한다. 물론 비생산적 자산의 가치를 주장하기 위해 버핏과 논쟁을 벌이고 싶어 하는 사람도 있다(2019년 중국의 한 가상 화폐 투자자가 버핏의 고정관념에 도전하기 위해 점심 경매에 도전해 낙찰받았다).

버핏의 발언을 관통하는 두 가지 키워드는 낙관주의와 가격 선택이다. 감염병, 무역 분쟁, 정부 부채 등 어떠한 우려가 제기되더라도 그는 미국이 계속 발전할 것이고 자본주의는 스스로 치료하며 나아갈 것이라는 낙관을 견지한다. 투자자는 버핏에게 '지금 주식을 사라', '내일 시장이 붕괴한다' 같은 예언을 구하지만 버핏은 시점을 선택하지 않는다. '위기는 싸게 살 기회'라는 가격 선택을 제시할 뿐이다. 요즘 표현으로 기승전'낙관', 기승전'위기는 싸게 살 기회'인데, 그의 이 신념은 금융위기 때 과감한 투자로 이어져 큰 성과를 얻기도 했다.

8장

보험·금융업

자회사의 지능, 버크셔의 자본 { 2017 }

플로트의 단점은 위험이 따른다는 것인데, 때로는 대규모 위험이 따르기도 합니다. 보험업에서는 예측 불가능한 사건이 발생할 수 있습니다. 대표적인 사례가 3세기 동안 근사한 실적을 기록했던 로이즈Lloyd's 보험회사입니다. 1980년대 들어 몇몇 롱테일 보험에 잠재했던 거대한 문제가 나타나 로이즈는 한때 파산 위험에 직면했습니다(다행히 지금은 완전히 회복했습니다).

버크셔 보험 자회사 경영자들은 보수적이고 조심스러우며, 기업문화 역시 오래전부터 이런 자질을 중시하고 있습니다. 이런 절제력 덕분에 우리는 대부분 해에 보험 영업이익을 내고 있으며 덕분에 플로트의 원가는 마이너스입니다. 결국 우리는 막대한 자금을 사용하면서 이자까지 받는 셈입니다. 하지만 그동안 경고했듯이, 최근 몇 년 동안 대재해가 많지 않았던 것은 단지 운이 좋았기 때문입니다. 지난 9월 거대한 허리케인 세 개가 텍사스, 플로리다, 푸에르토리코를 강타한 사실을 보면 알 수 있습니다.

나는 이번 허리케인들로 인한 보험업계의 손해를 약 1,000억 달러로 추정합니다. 그러나 이 추정치는 크게 빗나갈 수도 있습니다. 과거 사례를 보면 처음에는 대재해 손해 추정치가 대개 과소평가되었습니다. 유명한 보험 애널리스트 다울링V. J. Dowling이 지적했듯이 보험사의 손해액 준비금은 스스로 평가하는 시험과 비슷합니다. 무지, 희망 사항, 때로는 명백한 사기 탓에 보험사의 재무 상태가 매우 오랜 기간 왜곡될 수 있으니까요.

현재 우리가 추정하는 버크셔의 허리케인 손해는 30억 달러(세후 기준으로는 약 20억 달러)입니다. 실제로 보험업계의 손해가 약 1,000억 달러이고 버크셔의 손해가 30억 달러라면 업계 손해에서 우리 손해가 차지하는 비중은 약 3%입니다. 장래에 대재해가 발생할 때에도 이 비중은 약 3%로 예상할 수 있다고 봅니다.

세 허리케인 탓에 순비용 20억 달러가 발생했지만 버크셔의 GAAP 순자산 감소율은 1% 미만이라는 사실에 주목하기 바랍니다. 다른 재보험사들 중에는 순자산 감소율이 7% 이상, 더 나아가 15%를 훌쩍 넘는 회사가 많습니다. 하마터면 손해가 훨씬 더 커질 수도 있었습니다. 허리케인 어마Irma가 플로리다를 통과할 때 경로를 조금만 동쪽으로 바꿨다면 손해가 1,000억 달러는 추가되었을 것입니다.

1년 동안 미국에서 대재해로 인해 4,000억 달러 이상 손해가 발생할 확률은 약 2%라고 생각합니다. 물론 정확한 확률을 아는 사람은 아무도 없습니다. 그러나 세월이 흐를수록 위험이 커진다는 점만은 분명히 알고 있습니다. 대재해 취약 지역에 들어서는 구조물의 숫자와 가치가 모두 증가하기 때문입니다.

4,000억 달러짜리 대재해가 닥치더라도 끄떡없을 만큼 재무 상태가 건전한 보험사는 버크셔 하나뿐입니다. 이때 우리가 입는 손해는 약 120억 달러인데, 우리 비보험 자회사들이 1년 동안 벌어들이는 이익에도 훨씬 못 미치는 금액입니다. 그러나 전 세계의 다른 손해보험사들은 다수가 (사실은 아마 대부분이) 문을 닫게 될 것입니다. 이렇게 우리 재무 상태가 비길 데 없이 건전하기 때문에 다른 보험사들은 거액의 재보험에 가입해야 할 때 오로지 버크셔만 찾습니다.

버크셔는 2016년까지 14년 연속 보험 영업이익을 기록하면서 세전 이익으로 모두 283억 달러를 벌어들였습니다. 나는 버크셔가 대부분 해에 보험 영업이익을 달성하겠지만 가끔 손실도 기록할 것이라고 말했습니다. 내 경고는 2017년 현실로 나타났습니다. 우리는 보험 영업에서 세전 손실 32억 달러를 기록했습니다.

우리 보험 자회사들에 관한 많은 추가 정보가 이 보고서 뒤 10-K에 나옵니다. 여기서는 요점 하나만 보태고자 합니다. 우리 탁월한 경영자들이 여러 보험 자회사에서 여러분을 위해 일하고 있습니다. 손해보험업은 기업 비밀도, 특허도, 지역적 이점도 없는 사업입니다. 중요한 것은 지능과 자본입니다. 우리 보험 자회사 경영자들은 지능을 공급하고 버크셔는 자본을 공급합니다.

가이코와 토니 나이슬리 { 2018 }

가이코와 토니 나이슬리Tony Nicely는 분리할 수 없는 관계입니다.

토니는 1961년 18세에 가이코에 입사했습니다. 나는 1970년대 중반에 그를 만났는데, 40년 동안 탁월한 보험 영업 실적을 기록하면서 고속 성장을 거듭하던 가이코가 갑자기 파산에 직면한 시점이었습니다. 당시 선임된 지 얼마 안 되는 경영진이 가이코의 손해율을 지나치게 과소평가한 결과 보험료를 과도하게 낮춘 탓이었습니다. 이런 적자 보험 계약 230여만 건이 장부에 드러났지만 여러 달 후 만기가 도래해야 보험료를 인상할 수 있었습니다. 그사이 가이코의 순자산가치는 빠른 속도로 0에 접근하고 있었습니다.

1976년 가이코를 구원할 CEO로 잭 번Jack Byrne이 영입되었습니다. 나는 그를 만난 즉시 완벽한 적임자라고 판단했고 가이코 주식을 공격적으로 사들이기 시작했습니다. 수개월 후 버크셔는 가이코 주식 약 3분의 1을 사 모았습니다. 이후 우리는 단 한 푼 지출하지 않았는데도 지분이 약 2분의 1로 증가했습니다. 가이코가 회복하고 나서 계속해서 자사주를 매입한 결과였습니다. 이렇게 우리가 가이코 지분 절반을 취득한 원가는 모두 4,700만 달러로 요즘 뉴욕 최고급 아파트 한 채 가격에 불과합니다.

17년이 지난 1993년 토니는 CEO로 승진했습니다. 당시 가이코의 평판과 수익성은 회복되었지만 성장성은 회복되지 않았습니다. 1992년 말 가이코의 자동차보험 계약은 190만 건으로 위기 전에 세웠던 기록에 훨씬 못 미쳤습니다. 매출 기준으로는 미국 자동차보험사들 중 겨우 7위였습니다.

토니가 가이코를 회복시킨 뒤, 1995년 말 버크셔는 가이코의 나머지 지분 50%를 23억 달러에 인수하겠다고 제안했습니다. 처음 우리가 지분 50%를 취득한 원가의 약 50배 가격입니다(그런데도 사람들은 내가 인수 가격을 절대 올리지 않는다고 불평합니다!). 우리는, 훌륭하지만 성장 여지가 많은 가이코를 인수했습니다. 아울러 훌륭한 CEO도 함께 영입했는데, 그는 내가 꿈에도 생각하지 못한 수준으로 가이코를 성장시켰습니다.

이제 가이코는 매출이 1995년보다 1,200배 증가해 미국 2위 자동차보험사가 되었습니다. 우리가 인수한 이후 벌어들인 보험 영업이익 합계는 세후 155억 달러이며 플로트는 25억 달러에서 221억 달러로 증가했습니다.

내 추정에 의하면 토니가 가이코를 경영하는 동안 증가한 버크셔의 내재가치는 500억 달러가 넘습니다. 게다가 그는 모든 면에서 모범적인 경영자여서, 직원 4만 명이 미처 몰랐던 자신의 능력을 발견하고 연마하도록 지원해주었습니다.

작년 6월 30일 토니는 오랜 동반자 빌 로버츠Bill Roberts에게 CEO 자리를 넘겨주고 물러났습니다. 나는 빌이 일하는 모습을 수십 년 동안 지켜보았는데, 이번에도 토니의 결정이 옳았습니다. 토니는 의장직을 유지하고 있으며 남은 평생 가이코를 기꺼이 도울 것입니다. 그럴 수밖에 없습니다.

버크셔 주주 모두 토니에게 감사해야 하며, 가장 먼저 내가 감사해야 합니다.

버크셔 보험사가 유리한 점 { 2019 }

손해보험은 1967년 860만 달러에 '내셔널 인뎀너티'와 자매 회사인 '내셔널 화재 해상'을 인수한 이후 우리 사업의 확장을 견인한 엔진입니다. 현재 내셔널 인뎀너티는 순자산 기준으로 세계 최대 손해보험사입니다. 보험은 유망한 사업이며 버크셔의 지불 능력은 타의 추종을 불허합니다.

우리가 손해보험 사업에 매력을 느낀 이유 중 하나는 보험업의 비즈니스 모델이 훌륭하다는 데 있습니다. 손해보험사는 먼저 보험료를 받고 나중에 보험금을 지급합니다. 극단적으로는 석면 노출 재해 보상 보험이나 산업 재해 보상 보험처럼 수십 년에 걸쳐 보험금을 지급하는 사례도 있습니다.

이렇게 돈을 먼저 받고 나중에 지급하는 구조이므로 손해보험사들은 '마지막에는 남들에게 가는 자금(플로트)'을 대량으로 보유하게 됩니다.

그동안 보험사들은 이 플로트를 투자해서 이익을 냅니다. 개별 보험료와 보험금은 들어오고 나가는 금액이 들쭉날쭉하지만 플로트는 규모가 훨씬 안정적으로 유지됩니다. 그 결과 사업이 성장함에 따라 플로트도 증가합니다. 다음 표는 우리 사업의 성장 과정을 보여줍니다.

버크셔 보험 자회사들의 플로트 추이

연도	플로트(100만 달러)
1970	39
1980	237
1990	1,632
2000	27,871
2010	65,832
2018	122,732
2019	129,423

* 생명보험, 연금보험, 건강보험에서 창출되는 플로트 포함.

장기적으로 우리 플로트는 감소할지도 모릅니다. 그렇더라도 그 속도는 매우 완만해서 기껏해야 연 3%에도 미치지 못할 것입니다. 우리 보험 계약의 특성상 우리가 보유한 현금보다 더 많은 자금을 즉시 지급해야 하는 상황은 절대 발생할 수 없습니다. 이는 우리가 의도적으로 만들어낸 구조로, 우리 보험사들의 독보적인 재무 건전성을 유지해주는 핵심 요소입니다. 이 강점은 어떤 경우에도 그대로 유지할 것입니다.

수입 보험료가 비용과 최종 손실액 합계액을 초과하면 우리는 플로트 투자 이익에 더해 보험 영업이익도 얻게 됩니다. 이렇게 보험 영업이익이 발생하면 무이자 자금뿐 아니라 추가 이자까지 얻는 셈입니다.

보험업계 전체로 볼 때 현재 플로트의 가치는 과거보다 훨씬 낮아졌습니다. 거의 모든 손해보험사들이 사용하는 표준 전략이 우량 등급 채권 투자이기 때문입니다. 따라서 금리 변동은 손해보험사들에 엄청나게 중요한데, 지난 10년 동안은 채권 수익률이 애처로울 정도로 낮았습니다.

만기 도래나 발행사의 수의 상환권 행사에 따라 보험사들은 보유 중이던 고금리 채권을 저금리 채권으로 교체하고 있습니다. 한때 5~6%였던 채권 수익률이 이제는 2~3%에 불과합니다(금리가 마이너스인 나라에 사업이 집중된 보험사들은 수익률이 더 낮습니다).

일부 보험사는 수익 감소를 막으려고 등급이 더 낮은 채권을 매수하거나, 더 높은 수익을 약속하지만 유동성이 없는 '대체' 투자를 선택하기도 합니다. 그러나 이는 대부분 기관이 감당하기 어렵고 위험한 게임입니다.

버크셔의 상황은 다른 보험사들보다 유리합니다. 무엇보다도 우리는 자본 규모가 독보적으로 거대하고 현금이 풍부하며 다양한 비보험 사업에서 큰 이익을 내고 있으므로 다른 보험사들보다 훨씬 더 유연하게 투자할 수 있습니다. 우리는 대안이 많아서 항상 유리하며 간혹 커다란 기회도 잡게 됩니다. 게다가 우리 손해보험사들은 보험 영업 실적이 탁월합니다. 최근 17년 중 2017년에만 세전 손실 32억 달러를 기록했을 뿐, 나머지 16년 동안 보험 영업이익을 기록했습니다. 지난 17년 동안 벌어들인 세전 이익 합계는 275억 달러였습니다.

이는 우연이 아닙니다. 우리 실적이 이렇게 좋은 것은 우리 보험사의 모든 경영자들이 무리한 위험을 엄격하게 평가하기 때문입니다. 다른 보험사들도 이런 메시지를 말로 앞세우지만, 버크셔는 구약 성서 수준의 신앙으로 받아들입니다. 다시 강조하지만, 이렇게 좋은 성과가 항상 확실하게 나오는 것은 절대 아닙니다. 향후에는 17년 중 16년 동안 보험 영업이익을 기록하기가 어려울 수도 있습니다. 항상 위험이 도사리고 있으니까요.

이제 잠시 눈을 감고 활력 넘치는 새 보험사가 어느 지역에서 등장할지 상상해보십시오. 뉴욕일까요? 아니면 런던이나 실리콘밸리? 윌크스배리(Wilkes-Barre, 펜실베이니아의 소도시)는 어떨까요?

2012년 말 우리 보험 사업부를 이끄는 매우 소중한 경영자 아지트 자인이 내게 전화해서 말했습니다. 가드 보험그룹GUARD Insurance Group이라는 윌크스배리 소재 보험사를 (당시 순자산가치 수준인) 2억 2,100만 달러에 인수하려 한다고요. 그는 CEO 시 포구엘Sy Foguel이 버크셔에서 스타가 될 것이라는 말도 덧붙였습니다. 둘 다 처음 들어보는 이름이었습니다.

그야말로 대박이었습니다. 2019년 가드의 수입 보험료는 19억 달러로 2012년 이후 379%나 증가했고 보험 영업이익도 만족스러운 수준이었습니다. 버크셔에 합류한 시 포구엘은 신제품을 개발하고 미국 내 신규 시장을 개척해 가드의 플로트를 265% 증가시켰습니다.

1967년에는 아무도 예상 못 한 오마하에서 거대 보험사가 등장했습니다. 이번에는 윌크스배리에서 등장할 듯합니다.

계산할 수 없는 사이버 위험 {Q 2018-3}

사이버 위험에 대해 보장하는 상품을 고려해보았나요?

버핏 나는 대재해로 인해 연간 손해액 4,000억 달러가 발생할 확률을 2%로 추정합니다. 그러나 사이버 위험에 대해서는 확률을 논할 수 있는 사람이 아무도 없다고 생각합니다. 우리는 사이버 위험을 설명할 수 없고 이와 연관해서 어떤 사건이 벌어질지도 알지 못합니다. 사이버 사건에 대해 다양한 상상을 할 수 있겠지만, 마음이 비뚤어진 사람들에게 아이디어를 제공하고 싶지는 않습니다. 우리는 지진과 허리케인 발생 확률은 계산할 수 있지만 사이버 위험은 계산할 수 없습니다. 사이버 위험은 보험업계에서 미지의 영역이며 그 위험이 더 커질 터이므로 경쟁 상황을 고려하면 우리 진행 사항을 많이 노출할 수 없습니다. 여러분의 짐작이 더 정확할 수도 있습니다.

멍거 증권 트레이딩을 하던 컴퓨터가 고장 나면 누군가 하루아침에 망할 수도 있겠지요. 우리는 컴퓨터를 이용한 증권 트레이딩을 하지 않습니다.

버핏 우리는 그런 멍청한 방식으로 실수할 가능성이 낮지만, 그런 실수로 많은 회사가 망할 수 있습니다. 우리는 초대형 재해가 발생해서 한 해에 120억 달러에 이르는 손해가 발생해도 어느 정도 이익을 낼 수 있습니다. 하지만 그런 초대형 재해가 발생하면 다른 보험사들은 대부분 파산할 것입니다. 대재해에 관한 한 우리는 다른 보험사들과 완전히 차별화되어 있습니다.

멍거 은퇴를 앞둔 사람이 한 발만 회사에 걸친 채 의사 결정을 해서는 안 됩니다. 버핏은 전 재산을 버크셔 주식으로 보유하고 있습니다.

관건은 실수에 즉시 대응하는 것 { Q 2018-4 }

상습적으로 물이 새는 배에 타고 있다면 새는 곳을 막으려고 애쓰는 것보다 배를 갈아타는 편이 낫다고 말했는데, 웰스 파고는 물이 새는 배 아닌가요?

버핏 웰스 파고는 성과 보상 제도가 잘못되어 있었습니다. 그러나 훨씬 더 심각한 문제는 이 사실을 알고서도 모르는 체했다는 점입니다. 버크셔에서 가장 심각한 죄는 잘못을 발견하고서도 방관하는 행위입니다. 이제 우리 종업원은 38만 7,000명에 이르므로 모두가 성인군자처럼 행실이 바를 수는 없습니다. 그러나 우리는 부당 행위에 대해서는 보상하지 않을 것이며 그러한 행위를 발견하면 즉시 대응할 것입니다. 이것이 핵심입니다.

하지만 살로먼Salomon과 웰스 파고는 즉시 대응하지 않았습니다. 1964년 아메리칸 익스프레스도 즉시 대응하지 않은 탓에 위기에 처했고, 덕분에 우리는 헐값에 대규모로 투자할 수 있었습니다. 1970년대 초 가이코는 월스트리트의 비위를 맞추려고 손해액 준비금을 과소 계상하면서 실적을 부풀리다가 파산 직전까지 몰렸습니다. 덕분에 우리는 헐값에 가이코 지분을 절반이나 확보하게 되었습니다. 이후 아메리칸 익스프레스와 가이코 둘 다 위기에서 벗어나 놀라울 정도로 건실한 회사가 되었습니다. 다른 대형 은행들도 모두 많은 문제를 겪었습니다.

나는 어느 모로 보나 웰스 파고가 다른 은행들만 못하다고 볼 이유가 없다고 생각합니다. 웰스 파고는 큰 실수를 저질렀고, 큰 대가를 치렀습니다. 그래도 나는 웰스 파고에 투자하길 잘했다고 생각하며 CEO 팀 슬론Tim Sloan을 좋아합니다. 찰리는 항상 이렇게 말합니다. "예방 한 숟가락이 치료 한 바가지 정도가 아니라 치료 한 양동이보다도 낫다." 우리는 모든 일이 잘 풀릴 때에도 문제가 보이면 즉시 대응합니다.

멍거 웰스 파고는 장래에 더 좋아질 것입니다. 하비 와인스타인(Harvey Weinstein: 성추행 의혹으로 자신이 설립한 회사에서 해고된 영화 제작자 - 편집자)도 사람들의 품행 개선에 크게 기여했습니다. 웰스 파고는 분명히 잘못을 저질렀고, 그 잘못을 통감하고 부끄러워했으며, 재발 방

W3 한국판 Q&A

Q: 웰스 파고에 대한 버핏의 신뢰는 2021년에도 유효한가요? 그는 왜 이 은행을 신뢰하는 것일까요?

버핏은 2018년 주총에서, 소비자를 상대로 부정행위를 한 웰스 파고를 옹호하며 위와 같이 말해서 많은 비난을 받았습니다.
웰스 파고는 미국 최대 경제권인 캘리포니아에서 높은 지배력을 유지하는 데다 인수·합병을 통해 전국적 은행으로 성장했습니다. 이에 더해 버핏은 여러 지표를 통해 이 은행이 미국에서 제일 효율적으로 운영되고 있다고 판단했습니다.
그러나 2020년 2분기에 웰스 파고 주식을 매도하고 같은 은행주인 뱅크 오브 아메리카의 비중을 확대한 것으로 미루어볼 때 그의 판단이 바뀌지 않았나 싶습니다.

지 대책을 세웠습니다. 장래에는 웰스 파고가 가장 모범적인 은행이 될 것입니다.

버핏 1942년 〈뉴욕타임스〉 구인 광고를 보면 남성 섹션과 여성 섹션으로 나뉘어 있습니다. 세상 사람들은 멍청한 짓을 많이 저지릅니다. 가이코는 웰스 파고보다 훨씬 어리석은 잘못을 저질러 파산 직전까지 몰렸지만 지금은 시장 점유율이 13%에 이릅니다. 아메리칸 익스프레스가 샐러드유 스캔들로 위기에 처했을 때 주주총회에서 한 주주가 감사에게 질문했습니다. "당신은 보수를 얼마나 더 받아야 베이온Bayonne 탱크 샐러드유 재고를 확인할 생각이었소?" 주주들은 제보를 받고서도 수수방관하다가 위기에 처한 아메리칸 익스프레스를 강하게 질타했습니다. 그래도 아메리칸 익스프레스는 회복해 거대 기업으로 성장했습니다.

장담컨대 우리는 앞으로도 실수를 저지를 것입니다. 그러나 관건은 실수에 즉시 대응하는 것입니다. 여러분은 모르시겠지만 찰리가 이런 문제 해결에 크게 기여했습니다.

자연재해에도 건재한 버크셔 보험사 { Q 2019-5 }

버크셔 보험 사업의 내재가치를 어떻게 평가하나요?

버핏 우리 보험 사업은 플로트를 창출합니다. 플로트는 결국 돌려줘야 하는 남의 돈이지만 만기가 매우 깁니다. 게다가 우리 플로트는 앞으로도 계속 증가할 가능성이 높습니다. 사람들은 1,240억 달러에 이르는 플로트를 무이자로 우리에게 맡겼고, 사실상 영원히 찾아가지 않겠다고 약속까지 한 셈입니다.

우리 보험 사업을 이렇게 키우기까지는 매우 오랜 세월이 걸렸습니다. 나는 어떤 변수를 고려하더라도 우리 손해보험 사업이 세계 최고라고 생각합니다. 우리 보험 사업의 가치는 막대하며 특히 버크셔 그룹 안에 있기 때문에 더 높다고 생각합니다. 나는 보험 사업의 가치를 대단히 높게 평가하지만 정확한 가치는 알지 못합니다. 내가 과거에 보험 사업의 가치를 평가한 적이 있다면 그 가치는 과소평가되었다고 보아야 합니다. 우리는 고객들이 무이자로 맡긴 돈을 투자해서 막대한 이익을 냈고 보험 영업으로도 이익을 냈습니다. 보험 사업은 버크셔의 핵심입니다.

보험 사업에는 사람들이 생각하지 못하는 역설적인 측면이 있습니다. 예를 들어 여러 손해보험사를 거느리고 다양한 보험 사업을 하면서 어떤 상황에서도 보험금을 지급할 수 있으려면 막대한 자본을 보유하고 있어야 합니다. 그러나 막대한 자본을 항상 보유하는 것은 수익성에 악영향을 미칩니다. 특히 최악의 상황에서 발생하는 최대 손실까지 대비하려고 재보험에 가입하면 수익성을 확보하기가 어렵습니다. 따라서 최악의 상황에 대비하려면 수익성 악화에도 불구하고 막대한 자본을 보유해야 합니다.

버크셔는 보험 사업에 이상적인 구조를 갖추고 있습니다. 우리가 보유한 막대한 자산은 자연재해와 상관관계가 낮으므로 다른 보험사의 재보험에 가입할 필요가 없습니다. 그리고 우리는 대부분 보험사들보다 자금을 더 효율적으로 사용할 수 있습니다.

흥미롭게도 (회사의 형태는 아니지만) 로이즈까지 포함한 세계 3대 보험사는 지난 30년 동안 한때 파산 직전까지 몰리기도 했습니다. 그러나 우리는 이례적인 자연재해가 발생했을 때도 위험에 처하지 않았습니다. 가장 큰 자연재해는 2005년 발생한 허리케인 카트리나였는데 우리에게는 최악의 상황도 아니었습니다. 3대 보험사 중 둘은 우리와 맺은 계약 덕분에 위기에서 벗어날 수 있었고 지금은 모두 건전하게 운영되고 있습니다.

보험사가 어떤 상황에서도 지불 능력을 유지하려고 막대한 자본을 계속 보유한다면 수익성을 유지하기가 정말 어렵습니다. 그러나 버크셔는 수익성을 유지할 수 있습니다. 자금을 원하는 방식으로 사용할 수 있기 때문입니다. 따라서 보험 사업은 버크셔에 매우 소중한 자산입니다. 우리는 보험 사업을 절대 매각하지 않을 것입니다. 누군가 플로트에 해당하는 금액을 지불하겠다고 제안해도 절대 매각하지 않을 것입니다.

그런데 이렇게 소중한 플로트가 재무상태표상에는 부채로 표시되니 참으로 터무니없는 일입니다. 이 플로트를 창출하기까지 매우 오랜 세월이 걸렸습니다. 어느 보험사든 플로트를 창출하기는 지극히 어렵습니다. 다른 보험사들은 우리처럼 플로트를 창출할 수 없다고 생각합니다. 너무도 오랜 세월이 걸리니까요.

우리는 지금도 새로운 보험 사업을 개발하고 있습니다. 지금부터 10~20년이 흐르면 이 새로운 보험 사업도 버크셔에 중요한 자산이 될 것입니다. 20억 달러대였던 수입 보험료를 300억 달러대로 키운 가이코처럼 말이지요. 가이코의 토니 나이슬리는 버크셔에 500억 달러가 넘는 가치를 창출해주었습니다.

멍거 보험은 지금 현금을 받아 활용하고 나중에 그 일부만 돌려주면 되니까 아주 쉬운 사업입니다. 하지만 멍청하게 운영되는 보험사도 많습니다. 운영 실력이 평균을 훨씬 뛰어넘지 못한다면 결국 적자를 피할 수 없습니다. 대부분 보험사의 운영 실력은 그저 그런 수준입니다. 버크셔는 운영 실력이 훨씬 좋아서 높은 수익을 내고 있습니다. 우리가 실력을 유지하지 못한다면 우리도 무사하지 못할 것입니다.

WB 한국판 Q&A

Q: 한국의 보험사는 경영상 큰 어려움을 겪고 있습니다. 보험 플로트를 제대로 이용하지 못하게 하는 법률적 제약이나 경영 관행이 있나요?

한국의 보험사는 금산 분리법 때문에 버크셔처럼 비금융회사를 자회사로 둘 수 없습니다. 따라서 주식, 채권, 대출, 대체 투자 정도의 영역에서 플로트 운용 방법을 찾아야 하는데, 과거의 주식 투자 결과가 좋지 않아서인지 지금은 플로트 대부분을 채권, 대출, 약간의 대체 투자로 운용하는 것이 관습처럼 자리 잡았습니다. 한국 보험사들의 투자 수익률은 2~4% 수준에 불과합니다.

없는 상품에 대한 준비

{ Q 2019-9 }

색다른 보험의 가격을 정할 때에는 아지트 자인과 협의한다고 했는데 자세히 설명해주겠습니까?

버핏 아지트의 말을 직접 들어보겠습니다.

아지트 자인 믿을 만한 데이터가 부족한 상황에서는 보험료 책정이 과학보다 예술에 가깝습니다. 우리는 해당 위험과 관련된 과거 데이터를 수집하는 등 먼저 과학적으로 접근합니다. 그러나 과거 데이터가 부족하면 그런 사건이 발생할 확률이 얼마인지 주관적으로 판단해야 합니다. 이런 상황에서는 우리가 떠안는 위험의 상한선을 반드시 설정합니다. 나쁜 일이 발생하거나 우리가 실수하더라도 재무상태표나 손익계산서에 큰 피해를 입지 않고 흡수할 수 있을 정도로 손실 규모를 제한합니다. 평가가 불가능할 때에는 보험 판매를 포기할 때도 많습니다.

하지만 산출한 확률이 주관적이더라도 안전 마진이 충분하다고 생각할 때에는 위험을 떠안기도 합니다. 이때는 마지막으로 엄밀한 테스트를 합니다. 워런에게 전화해서 "워런, 이런 거래가 있는데 어떻게 생각하세요?"라고 물어봅니다.

멍거 쉬운 일이 아닌데, 자네 대신 아무나 그 일을 해도 괜찮겠나?

버핏 나를 대신할 수 있는 사람은 자인뿐입니다. 자인 같은 사람은 어디에도 없으니까요.

자인도 말했듯이 우리는 최악의 상황을 검토하고 그래도 확률이 마음에 들면 보험을 판매합니다. 지난 100년 동안 알래스카나 캘리포니아 등에서 진도 6.0 이상의 지진이 발생한 횟수는 알 수 있습니다. 이 밖에도 우리가 찾을 수 있는 데이터는 많습니다.

그러나 9·11테러 직후에는 상황이 전혀 달랐습니다. 그다음 주 월요일, 비행 중이던 캐세이퍼시픽 항공기는 거액의 책임 보험에 가입하고서야 비로소 홍콩에 착륙할 수 있었습니다. 시어스 타워에 저당권을 설정한 기관들도 갑자기 겁에 질려 보험에 가입하려고 몰려들었습니다. 그러나 이런 보험을 판매할 사람은 세상에 자인과 나 둘뿐이었습니다. 자인이 나보다 100배는 낫지만, 이런 상황에서는 우리 둘의 생각이 대체로 일치했습니다. 나는 거액의 손실도 기꺼이 떠안을 각오였습니다. 게다가 다른 보험사들은 보상 한도를 높이려 하지 않았으므로 온 세상이 마비될 지경이었습니다.

요즘도 판매하려는 보험사가 없는 상품에 대해서는 우리에게 문의가 옵니다. 말하자면 증권시장이 폭락했을 때 우리에게 지원 요청이 오듯이, 보험시장이 마비되었을 때에도 우리에게 판매 문의가 오는 것입니다. 이런 거래가 우리 주력 사업은 아니지만 우리는 언제나 준비되어 있습니다.

아지트는 다른 어느 회사에서도 찾아볼 수 없는 탁월한 인재입니다. 우리는 이런 위험에 대한 이야기를 무척 즐깁니다. 그가 먼저 내게 적정 가격을 생각해보라고 말합니다. 그래서 내가 생각해보고 가격을 말하면 그는 이렇게 대답합니다. "정신 나갔어요, 워런?" 이어서 그는 내가 간과한 사항을 지적합니다. 우리는 이렇게 즐거운 대화를 나누면서 많은 돈을 벌었습니다. 버크셔 주주들은 정말 복이 많습니다. 아지트 같은 인재는 평생 한 번 고용하기도 어렵습니다.

테슬라의 보험 사업 진출 { Q 2019-15 }

일론 머스크는 테슬라가 자동차에서 온갖 데이터를 수집하므로 일반 자동차보험사보다 더 유리한 조건으로 보험을 판매할 수 있다고 말합니다. 향후 가이코에 위협이 되지 않을까요?

버핏 실제로 GM 등 여러 자동차회사가 자동차보험 사업을 시도했습니다. 그러나 보험사가 자동차 사업에 진출해서 성공하기 어려운 것처럼 자동차회사가 보험 사업에 진출해서 성공하기도 어렵습니다. 나는 보험 사업에 진출하려는 자동차회사보다 기존의 프로그레시브Progressive 보험사에 대해 훨씬 더 걱정합니다. 보험은 절대 쉬운 사업이 아니니까요. 운전자의 행태 정보 등 다양한 데이터가 중요하긴 하겠지만, 이런 정보를 이용해서 보험 사업에서 돈을 벌 것으로는 생각하지 않습니다.

감염병 보험 상품 { Q 2020-8 }

버크셔는 향후 감염병에 대해 보상하는 보험 상품도 판매할 수 있나요?

버핏 판매할 수 있습니다. 우리는 다양한 보험 상품을 판매합니다. 우리가 100억 달러까지 보장하는 감염병 보험 상품을 원하는 사람도 있었습니다. 그 상품은 판매하지 않습니다. 그러나 적정 가격을 제시했다면 판매했을 것입니다. 물론 판매했다면 손해를 보았겠지요. 적정 가격이라면 우리는 거액을 보장하는 매우 이례적인 보험도 기꺼이 판매합니다. 물론 우리가 상습 방화범에게 화재 보험을 판매하는 일은 없습니다.

우리는 9·11 테러 직후에도 보험 상품을 많이 판매했습니다. 그 시점에 보험 상품 판매를 마다하지 않은 보험사는 전 세계에 버크셔와 AIG 둘뿐이었습니다. 물론 9·11 테러 직후 어떤 사건이 발생할지는 우리도 알 수 없었습니다. 그러니까 사람들이 보험에 가입하는 것이지요. 하지만 가격만 적정하다면 우리는 세계적인 감염병 보험 상품도 기꺼이 판매할 생각입니다.

WB 한국판 Q&A

Q: 프로그레시브 보험사는 어떤 기업인가요?

프로그레시브는 미국 3위의 자동차보험회사입니다. 가이코(2위)의 경쟁사죠. 혁신적인 시도를 많이 해온 보험사로 알려져 있습니다. 버핏의 발언을 통해 그가 1위인 스테이트팜보다 프로그레시브를 더 의식하고 있다는 것을 알 수 있습니다.

8장 해설

버크셔의 보험 사업은 크게 재보험再保險과 자동차보험으로 나뉜다. 버핏은 주주에게 버크셔 재보험 사업의 특징 세 가지를 반복해서 강조한다. 첫째는 세계에서 가장 큰 재보험 업체라는 독보적 위치를 가지고 있다는 점, 둘째는 위험과 가격을 고려해 신중하게 보험 물건을 인수하려 노력한다는 점, 셋째는 그럼에도 불구하고 대재해로 인한 대규모 손실이 발생해 당기 손익에 영향을 줄 수 있다는 점이다. 실제로 9·11 테러와 허리케인 카트리나 강타 때 버크셔는 재보험 부문에서 큰 타격을 입었다. 한편 자동차보험사인 가이코에 대해서는 적극적인 마케팅을 통한 시장 점유율 확대가 사업 목표라는 것을 강조한다.

버핏은 보험 부문을 설명할 때 재보험을 관장하는 아지트 자인과 가이코의 전 CEO인 토니 나이슬리의 능력을 유독 강조하며 칭찬한다. 본질적으로 레버리지가 큰 사업인 보험업은 잘못된 정책이나 판단 하나가 전체를 위험에 빠뜨릴 수 있기 때문이다. 다시 말해 버크셔 보험 사업의 성과는 사업 자체의 DNA가 좋아서가 아니라 담당자의 능력이 뛰어난 데 따른 결과라는 것이다.

버핏은 은행, 손해보험, 재보험 등에 속한 기업의 주식을 많이 사들였다. 그만큼 그가 금융업에 정통하다는 뜻이며, 그의 표현에 따르면 금융업이 자신의 능력범위에 있는 셈이다. 공부를 통해 획득한 능력이기도 하지만 금융회사를 직접 경영하면서 얻은 통찰이 다른 기업에 대한 투자로 이어진 것으로 볼 수 있다.

9장

제조·서비스업

비보험 자회사의 거대 기업 인수 { 2017 }

전체로 보았을 때(투자 소득 제외) 비보험 사업의 2017년 세전 이익은 200억 달러로 2016년보다 9억 5,000만 달러 증가했습니다. 2017년 이익의 약 44%는 두 자회사에서 나왔습니다. 우리 철도회사 BNSF와 버크셔 해서웨이 에너지(우리 지분 90.2%)입니다.

두 회사 다음으로 이익을 많이 낸 우리 비보험 자회사 5개(클레이턴 홈즈, IMC, 루브리졸, 마몬Marmon, 프리시전 캐스트파츠)의 2017년 세전 이익 합계는 55억 달러로, 2016년에 기록한 54억 달러와 거의 같은 수준입니다. 그다음 자회사 5개(포리스트 리버Forest River, 존즈 맨빌Johns Manville, 마이텍MiTek, 쇼, TTI)의 2017년 세전 이익 합계는 21억 달러로, 2016년 17억 달러보다 증가했습니다. 나머지 자회사들의 2017년 세전 이익 합계는 37억 달러로, 2016년에 기록한 35억 달러와 거의 같습니다.

비보험 자회사들의 감가상각비 합계액은 76억 달러였고 자본적 지출 합계액은 115억 달러였습니다. 버크셔는 항상 사업 확대를 추구하므로 늘 자본적 지출이 감가상각비보다 훨씬 많습니다. 우리 투자는 거의 90%가 미국에서 이루어집니다. 미국의 경제적 토양은 여전히 비옥하니까요.

상각비로도 13억 달러가 지출되었습니다. 나는 우리 상각비 대부분이 진정한 비용이 아니라고 생각합니다. 그러나 이를 부분적으로 상쇄하는 악재가 있습니다. 다른 철도회사들과 마찬가지로 BNSF도 철도를 최상의 상태로 유지하려면 감가상각비보다 훨씬 많은 비용을 지출해야 합니다.

버크셔의 목표는 비보험 자회사 그룹의 이익을 대폭 증가시키는 것입니다. 이를 위해서는 거대 기업을 하나 이상 인수해야 합니다. 인수 자금은 충분합니다. 버크셔가 보유한 현금과 단기 국채(평균 만기 88일)는 2016년 말 864억 달러에서 2017년 말 1,160억 달러로 증가했습니다. 그러나 이렇게 막대한 유동성이 벌어들이는 이익은 매우 적어서 찰리와 내가 기대하는 수준에 훨씬 못 미칩니다. 이 잉여 자금이 더 생산적인 자산으로 전환되면 우리 미소가 더 환해질 것입니다.

법인세율 인하와 자회사 이익 증가율 { 2018 }

이제 버크셔에서 가장 소중한 과수원인 비보험 자회사들을 살펴보겠습니다. 그러나 경쟁자들이 이용할 만한 정보는 함부로 공개하지 않는다는 점을 기억해두시기 바랍니다.

전체로 보았을 때 비보험 자회사들의 2018년 세전 이익은 208억 달러로 2017년보다 24% 증가했습니다. 2018년 인수한 자회사에서 나온 이익은 이번에도 미미한 수준입니다.

2018년 이익 증가율이 세전 기준으로는 24%지만 세후 기준으로는 이보다 훨씬 큰 47%입니다. 주로 2018년 초 시행된 법인세율 인하 덕분입니다. 법인세율 인하가 미친 영향이 이토록 큰 이유를 알아봅시다.

먼저 경제 현실을 봅시다. 좋든 싫든 미국 정부는 의회가 정하는 바에 따라 버크셔가 벌어들이는 이익 중 일부를 소유하게 됩니다. 미국 정부(재무부)는 버크셔로부터 거액의 배당(즉 세금)을 받는 특별한 종류의 주식(이하 AA주)을 보유하는 셈입니다. 2017년까지는 법인세율이 35%였으므로 정부는 AA주로 두둑한 배당을 받았습니다. 1965년 우리가 버크셔를 인수하던 해에는 한 푼도 못 받았지만 이제는 매년 수십억 달러를 받아 가고 있습니다. 그러나 작년 법인세율이 21%로 인하되자 정부는 보유 중이던 AA주 40%(14%/35%)를 버크셔에 무상으로 돌려주었습니다. 따라서 버크셔가 벌어들이는 이익 중 A주와 B주 주주들의 몫이 대폭 증가했습니다.

이에 따라 여러분과 내가 보유한 버크셔 주식의 내재가치도 대폭 상승했습니다. 똑같은 이유로 버크셔가 보유한 주식의 내재가치도 거의 모두 상승했습니다.

이것이 주요 뉴스입니다. 그러나 법인세율 인하 탓에 우리 이익이 감소한 측면도 있습니다. 예를 들어 우리 대형 공익 기업들이 받던 세금 혜택이 공익 기업 고객들에게 넘어갔습니다. 한편 우리가 국내 기업들로부터 받는 막대한 배당에 적용되는 세율은 약 13%로 거의 바뀌지 않았습니다(배당세율은 오래전부터 낮게 유지되고 있습니다. 기업들이 벌어들인 이익에 대해 이미 세금을 납부했기 때문입니다). 하지만 전체적으로 보면 법인세율 인하 덕분에 버크셔 및 우리 보유 주식의 가치가 대폭 상승했습니다.

이제 비보험 자회사들의 실적을 다시 살펴봅시다. 이 과수원에서 우뚝 솟은 나무 두 그루가 철도회사 BNSF와 버크셔 해서웨이 에너지입니다. 두 회사가 2018년에 벌어들인 세전 이익은 93억 달러로 2017년보다 6% 증가했습니다. 두 회사 다음으로 이익을 많이 낸 우리 비보험 자회사 5개를 알파벳 순서로 열거하면 클레이턴 홈즈, IMC, 루브리졸, 마몬, 프리시전 캐스트파츠입니다. 이들의 세전 이익 합계는 2017년 55억 달러에서 2018년 64억 달러로 증가했습니다. 그다음으로 이익을 많이 낸 자회사 5개(포리스트 리버, 존즈 맨빌, 마이텍, 쇼, TTI)의 세전 이익 합계는 2017년 21억 달러에서 2018년 24억 달러로 증가했습니다.

나머지 자회사들 수십 개의 세전 이익 합계는 2017년 33억 달러에서 2018년 36억 달러로 증가했습니다.

버크셔의 결혼 생활 { 2019 }

소중한 버크셔 이사 겸 전대미문의 위대한 경영자였던 톰 머피Tom Murphy가 오래전 내게 기업 인수에 관해 중요한 조언을 해주었습니다. "훌륭한 경영자라는 평판을 얻으려면 반드시 훌륭한 기업들만 인수해야 한다네."

그동안 버크셔는 수십 개 기업을 인수했습니다. 처음에 나는 이들 모두 '훌륭한 기업'이라고 생각했습니다. 그러나 일부는 실망스러운 기업으로 드러났고 몇 개는 끔찍한 실패작이었습니다. 반면 상당수는 내 기대를 뛰어넘었습니다.

고르지 않은 인수 실적을 돌아보면서 나는 기업 인수가 결혼과 비슷하다고 판단했습니다. 결혼은 행복한 결혼식으로 시작되지만 이후 현실은 기대했던 모습에서 벗어나기 일쑤입니다. 가끔은 두 사람의 기대를 뛰어넘는 큰 기쁨을 안겨주기도 하지만 환멸로 이어질 때도 있습니다. 이런 모습을 기업 인수에 적용해보면, 충격을 받는 쪽은 대개 인수하는 기업입니다. 인수를 시도하는 동안 환상에 빠지기 쉽기 때문입니다.

비유하자면 버크셔의 결혼 실적은 대체로 괜찮은 편이어서 양쪽 모두 오래전에 내린 결정에 만족하고 있습니다. 우리 배우자 중 일부는 매우 훌륭했습니다. 그러나 일부 배우자를 보면 곧바로 내가 무슨 생각으로 프러포즈를 했는지 의심하게 됩니다.

다행히 내 실수에서 비롯된 악영향은 시간이 흐를수록 감소했습니다. 부실한 기업 대부분이 그렇듯이 이들은 사업이 계속 침체했고, 버크셔에서 차지하는 사업 자본 비중도 시간이 흐를수록 계속 감소했습니다. 반면 '훌륭한' 기업들은 성장해 매력적인 투자 기회를 추가로 제공했습니다. 이렇게 상반된 흐름 때문에 훌륭한 기업들이 버크셔의 전체 자본에서 차지하는 비중이 점차 증가했습니다.

이런 자본 흐름의 극단적인 사례가 초기 버크셔의 직물 사업입니다. 1965년 초 우리가 버크셔의 경영권을 인수했을 때, 거의 모든 자본이 고전하던 이 직물 사업에 들어가야 했습니다. 비수익 직물 사업은 상당 기간 전체 수익률을 대폭 끌어내렸습니다. 그러나 우리는 마침내 '훌륭한' 기업들을 다양하게 인수했고, 1980년대 초에는 버크셔의 전체 자본에서 차지하는 직물 사업의 비중이 미미한 수준으로 감소했습니다.

현재 우리 자본은 대부분 자회사에 투자되어 있으며 이들의 순유형자산 이익률은 양호하거나 탁월한 수준입니다. 그중에서 우리 보험 사업이 슈퍼스타입니다. 보험 사업은 성과를 측정하는 방식이 독특해서 대부분 투자자들에게 생소합니다. 이에 대해서는 다른 섹션에서 논의하겠습니다.

우리는 다양한 비보험 자회사들을 이익 규모에 따라 분류합니다. 이때 이익은 이자, 감가상각비, 세금, 비현금 급여, 구조 조정 비용 등 성가시지만 매우 현실적인 비용(CEO와 월스트리트 사람들은 투자자들에게 무시하라고 권유하는 비용)을 모두 차감한 이익입니다.

버크셔의 비보험 그룹을 이끄는 쌍두마차인 철도회사 BNSF와 버크셔 해서웨이 에너지의 2019년 이익 합계(버크셔 해서웨이 에너지는 우리 지분 91%에 해당하는 이익만 계산)는 83억 달러로서 2018년보다 6% 증가했습니다.

두 회사 다음으로 이익을 많이 낸 우리 비보험 자회사 5개를 알파벳 순서로 열거하면 클레이턴 홈즈, IMC, 루브리졸, 마몬, 프리시전 캐스트파츠입니다. 이들의 2019년 이익 합계는 48억 달러로서 2018년과 거의 같습니다.

그다음으로 이익을 많이 낸 자회사 5개(버크셔 해서웨이 오토모티브, 존즈 맨빌, 넷젯, 쇼, TTI)의 이익 합계는 2018년 17억 달러에서 2019년 19억 달러로 증가했습니다. 나머지 자회사들 수십 개의 이익 합계는 2018년 28억 달러에서 2019년 27억 달러로 감소했습니다.

우리 비보험 자회사들 전체의 이익 합계는 2018년 172억 달러에서 2019년 177억 달러로 3% 증가했습니다. 기업 인수 및 매각이 이 실적에 미친 영향은 거의 없습니다.

◇◇◇◇◇◇◇◇◇◇◇◇◇

끝으로 버크셔의 사업이 얼마나 다양한지 보여주는 사례 하나를 소개하겠습니다. 2011년부터 우리는 루브리졸을 보유했습니다. 오하이오에 기반을 둔 회사로서 오일 첨가제를 생산해 세계 전역에 판매하고 있습니다. 그런데 2019년 9월 26일 인접한 소규모 사업장에서 발생한 불이 루브리졸 소유의 대규모 프랑스 공장에 옮겨붙었습니다. 그 결과 루브리졸은 심각한 재산 피해를 입었고 사업도 중단되었습니다. 그래도 거액의 보험금 덕분에 재산 손실과 사업 중단 손실의 충격이 완화될 것입니다. 그런데 작고한 라디오 진행자 폴 하비Paul Harvey의 표현을 빌리면 '아직 못다 한 이야기'가 있습니다. 루브리졸에 거액의 보험금을 지급하는 보험사가 바로 버크셔의 자회사입니다.

마태복음 6장 3절에서는 "오른손이 하는 일을 왼손이 모르게 하라"라고 가르칩니다. 여러분의 회장은 이 가르침을 그대로 따랐습니다.

버크셔 해서웨이 에너지 { 2019 }

올해는 버크셔 해서웨이 에너지BHE 인수 20주년입니다. 그동안 이룬 성과를 돌아보겠습니다.

먼저 전력 요금부터 살펴보겠습니다. 2000년 우리가 BHE의 지분 76%를 인수하면서 전력 사업에 진출했을 때 아이오와 고객들이 지불하던 전력 요금은 킬로와트시KWh당 평균 8.8센트였습니다. 이후 우리가 부과한 주택용 전력 요금의 상승률은 연 1% 미만이었고 2028년까지 기본요금을 인상하지 않겠다고 약속했습니다. 반면 다른 대형 투자자가 보유한 아이오와 전력회사의 작년 요금은 61% 더 높았습니다. 이 회사는 최근에도 요금을 인상했으므로 이제는 차이가 70%로 벌어졌습니다.

이렇게 요금 차이가 크게 벌어진 주된 이유는 우리가 풍력발전에서 큰 성과를 거두었다는 점입니다. 2021년에는 BHE가 보유한 풍력발전 터빈으로 아이오와에서 생산하는 전력이 약 2,520만 메가와트시MWh에 이를 전망입니다. 이 생산량이면 현재 아이오와 고객들의 연간 소비량 약 2,460만 MWh를 모두 충족하게 됩니다. 다시 말해서 BHE가 아이오와주에서 풍력발전으로 자급자족을 달성하게 된다는 뜻입니다.

반면 다른 아이오와 전력회사는 풍력발전 비중이 10%에도 못 미칩니다. 우리가 알기로 2021년까지 풍력발전 자급자족을 달성하는 다른 전력

회사는 어디에도 없습니다. 2000년 BHE의 주요 고객은 농부들이었습니다. 그러나 지금은 주요 고객 다섯 중 셋은 거대 첨단 기술 기업입니다. 이들이 아이오와에 공장을 설립한 이유 중 하나는 BHE가 저비용 재생 가능 에너지를 공급하는 것이라고 생각합니다.

물론 바람이 항상 부는 것은 아니므로 우리 풍력발전기도 24시간 내내 가동되지는 않습니다. 바람이 불지 않을 때에는 비풍력발전기로 필요한 전력을 확보합니다. 반면 풍력발전량이 남아돌 때에는 잉여 전력을 이른바 '배전망'을 통해서 다른 전력회사에 공급합니다. 그러면 그만큼 석탄이나 천연가스 등 탄소 자원을 이용한 전력 생산이 감소하게 됩니다.

현재 버크셔가 보유한 BHE 지분은 91%이며 월터 스콧Walter Scott 2세 및 그레그 에이블과 함께 동업 중입니다. 우리가 인수한 이후 BHE는 배당을 한 번도 지급한 적이 없고 지금까지 유보한 이익이 280억 달러입니다. 전력회사들은 관행적으로 이익의 80% 이상 고배당을 지급해왔으므로 BHE는 전력업계에서 특이한 사례에 해당합니다. 우리는 더 많이 투자할수록 더 좋다는 생각입니다.

현재 BHE는 운영 능력과 경험이 풍부하므로 초대형 전력 프로젝트도 수행할 수 있습니다. 예컨대 1,000억 달러 이상 투자가 필요한 전력 인프라를 구축해 국가, 지역 사회, 주주들에게 혜택을 제공할 수 있습니다. 우리는 언제든 이런 기회를 이용할 의지와 능력을 갖추고 있습니다.

두 거대 기업 BNSF와 BHE

{ 2020 }

우리 회사에 대해 최근에 알게 된 사실이 있습니다. 버크셔가 미국에 보유한 설비 투자(미국의 '사업 기반 시설'을 구성하는 자산 유형)의 GAAP 평가액이 미국 기업 중 최고라는 것입니다. 이들 미국 '고정자산'에 대한 버크셔의 감가상각 원가는 1,540억 달러입니다. 우리 다음으로 고정자산의 감가상각 원가가 많은 기업은 AT&T로 1,270억 달러입니다.

단지 우리가 보유한 고정자산 평가액이 최고라고 해서 우리가 투자에 성공했다고 볼 수는 없습니다. 최고의 실적을 달성하려면 최소의 자산으로 높은 이익률을 내야 하며, 약간의 추가 자본만으로도 상품이나 서비스 매출을 확대할 수 있어야 합니다. 실제로 우리는 이렇게 이례적인 기업을 몇 개 보유하고 있지만 이들은 규모가 비교적 작고 성장성도 낮습니다.

중자산 기업도 훌륭한 투자 대상이 될 수 있습니다. 사실 우리는 두 거대 기업 BNSF와 BHE가 있어서 매우 기쁩니다. 우리가 BNSF를 인수하고서 만 1년이 지난 2011년 두 거대 기업의 순이익 합계가 42억 달러였습니다. 2020년에는 고전하는 기업이 많았는데도 두 거대 기업의 순이익 합계가 83억 달러였습니다. BNSF와 BHE에는 향후 수십 년 동안 거액의

W23 한국판 Q&A

Q: 버크셔 해서웨이 에너지의 주택 전기 요금 상승률은 연 1% 미만인데도 높은 성과를 내고 있습니다. 그 이유는 무엇인가요?

지속적인 투자로 발전 원가를 낮추기 때문입니다.

자본적 지출이 필요합니다. 좋은 소식은 둘 다 추가 투자에 대해 적정 수익률이 기대된다는 점입니다.

먼저 BNSF를 살펴봅시다. 이 철도회사는 철도, 트럭, 파이프라인, 바지선, 항공기 등으로 미국 안에서 운송되는 화물의 전체 장거리 톤-마일(화물 톤 수와 운송 거리를 곱한 값) 중 약 15%를 운송하고 있습니다. 운송량 면에서 BNSF가 압도적인 1위입니다. 미국 철도의 역사는 매우 흥미롭습니다. 약 150년 동안 철도 건설 광풍, 부정행위, 과잉 건설, 파산, 구조 조정과 합병을 거친 후 마침내 철도산업은 수십 년 전 합리화된 성숙 산업으로 부각되었습니다.

BNSF는 1850년 일리노이주 북동부에서 12마일짜리 철도로 사업을 시작했습니다. 이후 지금까지 390개 철도를 인수하거나 합병했습니다. BNSF의 유구한 역사는 다음 자료를 참고하시기 바랍니다.

http://www.bnsf.com/bnsf-resources/pdf/about-bnsf/History_and_Legacy.pdf

버크셔는 2010년 초 BNSF를 인수했습니다. 이후 BNSF는 고정자산에 410억 달러를 투자했는데 이는 감가상각비를 200억 달러 초과하는 규모입니다. 철도 운송은 야외 스포츠와 같습니다. 극도로 춥거나 더운 날씨에도 길이가 1마일이나 되는 열차를 사막이든 산악이든 지형 조건 가리지 않고 안전하게 운행해야 하기 때문입니다. 대규모 홍수도 주기적으로 발생합니다. BNSF는 28개 주에 걸쳐 2만 3,000마일의 철도를 보유하고 있으며 비용이 얼마가 들더라도 방대한 철도 시스템의 안전성을 유지하고 서비스를 극대화해야 합니다.

BNSF는 지금까지 버크셔에 상당한 배당을 지급했습니다. 모두 418억 달러입니다. 그런데 BNSF는 사업과 유지·보수에 필요한 자금을 모두 지출하고서 남은 현금이 약 20억 달러를 초과할 때에만 배당을 지급합니다. 이렇게 보수적인 정책 덕분에 BNSF는 버크셔의 보증 없이 자금을 저금리로 조달할 수 있습니다.

BNSF에 관해서 한마디만 보태겠습니다. 작년(2020년) CEO 칼 아이스Carl Ice와 2인자 케이티 파머Katie Farmer는 심각한 경기 침체에 대응하면서도 비용을 탁월하게 관리했습니다. 화물 운송량이 7% 감소했는데도 두 사람은 BNSF의 이익률을 2.9%P 증가시켰습니다. 칼은 오래전 계획에 따라 연말에 은퇴했고 케이티가 CEO 자리를 이었습니다. 여러분의 철도회사는 잘 관리되고 있습니다.

BNSF와는 달리 BHE는 배당을 지급하지 않습니다. 이는 전력산업의 관행에 비추어 보면 매우 이례적입니다. 우리가 BHE를 보유한 21년 동안 이렇게 엄격한 정책이 계속 유지되었습니다. 철도산업과 달리 미국 전력산업은 거대한 변신이 필요하므로 결국 엄청난 비용을 투입해야 합니다. 이 변신 과정에서 BHE가 향후 수십 년 동안 벌어들이는 이익을 모두 지출하게 될 것입니다. 우리는 이 도전을 환영하며 추가 투자에 대해 적절한 보상을 받게 되리라 믿습니다.

BHE의 노력 한 가지에 관해 설명하겠습니다. BHE는 180억 달러를 투자해 서부 전역의 노후 배전망 상당 부분을 수리하고 확장합니다. 2006년 BHE가 시작한 이 프로젝트는 2030년에 완료될 예정입니다. 네, 2030년입니다.

재생 가능 에너지가 등장하면서 우리 프로젝트는 사회에 필수적인 일이 되었습니다. 지금까지 오랜 기간 널리 보급된 석탄발전소는 인구 밀집 지역 근처에 건립되었습니다. 그러나 풍력 및 태양광 발전에 가장 적합한 장소는 대개 외딴 지역입니다. 2006년 BHE 분석에 의하면 서부 송전선에 막대한 투자가 필요했습니다. 그러나 이런 투자를 감당할 만큼 재무 상태가 건전한 기업이나 정부 기관은 거의 없었습니다.

BHE는 미국의 정치, 경제, 사법 제도를 믿고 이 프로젝트를 진행하기로 했습니다. 우리는 수십억 달러를 투자한 뒤에야 유의미한 매출을 기대할 수 있습니다. 송전선이 여러 주의 경계선과 관할 구역을 통과해야 하는데, 저마다 규정과 선거구가 다릅니다. BHE가 고객들에게 전력을 공급하기 위해서는 수많은 토지 소유자와 거래해야 하고, 재생 에너지 공급자 및 먼 곳의 전력 유통회사와 복잡한 계약을 체결해야 하며, 곧바로 신세계가 열리길 기대하는 몽상가와 기존 체제를 지키려는 사람들 모두를 설득해야 합니다. 뜻밖의 사건과 지연도 피할 수 없습니다.

그러나 BHE는 이 프로젝트를 완수하기에 충분한 경영 능력, 의지, 자금을 보유하고 있습니다. 우리는 서부 송전 프로젝트를 진행하는 동시에 규모가 비슷한 다른 프로젝트를 탐색하고 있습니다. 어떤 장애물이 가로막더라도 BHE는 갈수록 더 깨끗한 에너지를 공급하는 선도 기업이 될 것입니다.

자회사 상품의 가격 결정 {Q 2018-5}

지금도 시즈캔디와 〈버펄로 뉴스Buffalo News〉 가격 결정에 개입하나요?

버핏 한때 개입한 적이 있지만 아주 오래 전 일입니다. 지금은 시즈캔디 파운드당 가격을 모릅니다. 내게 캔디 선물을 보내주는 분이 많거든요. 〈버펄로 뉴스〉는 가격 인상이 매우 어려운 처지이므로 가격을 고민할 필요가 없습니다. 나는 매우 거대한 위험을 인수할 때 아지트와 가격에 대해 이야기합니다. 아지트와 나는 각자 머릿속으로 가격을 생각하고 나서 서로 비교해봅니다. 특이한 거대 위험과 보험 통계 변수에 대한 설명은 책에 나오지 않습니다. 그래서 아지트와 나는 지난 30년 동안 이런 대화와 비교로 가격을 결정했습니다. 흥미로운 작업이었지요. 그러므로 시즈캔디 가격에 불만이 있으면 찰리에게 말씀하시기 바랍니다.

멍거 버핏이 아지트와 함께 가격을 결정한 것은 아지트가 그 방식을 원했기 때문입니다. 결정에 대해 협의할 것인지는 버핏이 아니라 주로 경영자들의 뜻에 좌우됩니다. 그런 점에서 버크셔는 매우 별난 회사입니다.

버핏 우리 경영자 중에는 지난 10년 동안 나와 세 번 이야기한 사람도 있습니다. 그는 매우 놀라운 실적을 올렸는데, 나와 한 번도 이야기하지 않았다면 실적이 더 좋았을지도 모릅니다. 아무튼 나는 아지트와 자주 이야기합니다. 일부는 책에 나오지 않는 내용입니다. 이런 분야에서는 보험 통계 재능보다 판단력이 더 중요합니다.

3개 회사의 의료 시스템 개선 { Q 2018-6 }

3개 회사(버크셔, 아마존, JP모간)가 함께 의료 시스템 개선을 시도하는 이유는 무엇인가요?

버핏 의료회사를 설립할 계획은 없습니다. 서로 존경하고 신뢰하는 3개 회사 CEO들이 힘을 모아 의료 시스템 개선을 시도하려는 것입니다. 거의 불가능한 일이라는 찰리의 말이 옳을지도 모르겠습니다. 1960년 의료비는 GDP의 5%였지만 지금은 18%입니다. 이는 세계 어느 나라와 비교해도 터무니없이 높은 수준입니다. 의료비는 미국 기업들에 기생하면서 원가를 올리는 촌충 같은 존재입니다. 그동안 1인당 의사 및 간호사 수는 감소했는데도 의료비는 오히려 증가하고 있습니다.

우리는 이 분야 CEO를 발굴할 것이며 오랜 기간이 걸리지는 않을 것입니다. 우리 목적은 이익이 아니라 종업원들이 더 낮은 비용으로 더 좋은 의료 서비스를 받게 하려는 것입니다. 세 회사의 종업원 합계가 100만 명을 넘어가므로 개선책 마련에 큰 힘이 될 것입니다. 그러면 현재 GDP의 18%인 의료비가 우리 자녀들 세대에 20~22%로 상승하지 않을 수도 있습니다. 우리는 남보다 좋은 여건을 확보하고 있으므로 시도해보려고 합니다.

멍거 이 분야에 성공 사례가 있습니다. 존 록펠러John D. Rockefeller가 의료 시스템을 대폭 개선했습니다. 그래서 우리는 의료 시스템 분야에서 그를 모방하려고 합니다.

버핏 록펠러는 장수했으므로 우리는 장수 방법도 모방하려고 합니다. 한

CEO가 계약서를 작성하려고 했으나 다른 CEO가 반대해서 계약서는 작성하지 않기로 했습니다. 가능하면 형식적인 절차는 생략하려고 합니다.

소비 습관 변화로 고전하는 소매업 { Q 2020-6 }

지난 4월 17일 인터뷰에서 찰리는 코로나19가 지나간 다음에도 버크셔가 보유한 일부 소기업은 사업을 재개하지 못할 것이라고 말했습니다. 어떤 기업을 말하는 것인가요?

버핏 버크셔가 보유한 기업은 대개 여러 자회사를 거느리고 있습니다. 예컨대 마몬은 보유 자회사가 97개나 됩니다. 이들 중 몇 개는 코로나19 발생 이전부터 고전하고 있었습니다. 경기가 매우 좋을 때에도 고전하는 기업이 몇 개는 있었으니까요. 그런데 지난 몇 달 동안 고객들의 소비 습관이 바뀌면서 이들의 실적 악화 추세가 더 빨라지고 있습니다. 이렇게 고전하는 우리 소매 자회사가 많지는 않으며 우리 자회사 중 규모가 중간 이상인 기업들이 사업을 재개하지 못할 가능성은 상상할 수가 없습니다.

물론 세상은 실제로 많이 변화하고 있으며 이런 변화가 우리 기업들에는 전혀 달갑지 않을 것입니다. 예컨대 쇼핑센터에 입주한 매장 임차인 중에는 임차료를 내기 어려운 사람이 많습니다. 소매점에 대한 수요와 공급은 크게 바뀔 것입니다. 사무실을 사용하던 사람 중에도 이제는 재택근무 등 다른 방식으로 사업을 할 수 있다고 생각하는 사람이 많습니다. 세상에 변화가 일어나면 사람들은 그 변화에 적응합니다.

항공산업 침체와 프리시전 캐스트파츠 { Q 2020-7 }

그레그에게 하는 질문입니다. 프리시전 캐스트파츠는 항공산업 침체에 어떻게 대응하고 있나요?

그레그 프리시전 캐스트파츠의 사업은 대부분 항공산업에 속하며 세 가지 분야로 구분됩니다. 그중 방위산업 분야는 여전히 매우 견실하게 운영되고 있습니다. 그러나 나머지 분야의 실적은 항공기 수요에 직접적으로 좌우됩니다. 프리시전 캐스트파츠는 보잉Boeing의 수요에 따라 사업을 지속적으로 조정하고 있습니다. 매주 보잉 사의 생산 주문에 따라 사업을 조정합니다.

버핏 보잉은 며칠 전 250억 달러를 조달했고 그전에도 140억 달러를 조달했습니다. 1년 전만 해도 보잉은 보유 현금이 충분한 상태였습니다. 에어버스Airbus도 비슷한 상황입니다. 장래 상황이 어떻게 될지는 이들도 모르고 나도 모릅니다. 그래도 미국에서 항공기가 사라지지는 않을 것입니다.

하지만 관건은 '새 항공기에 대한 대규모 수요가 존재하느냐'입니다. 바로 이 수요가 프리시전 캐스트파츠, GE, 보잉에 직접 영향을 미칩니다. 그러나 이들은 수요에 영향을 미칠 수 없습니다. 미국에서는 사람들이 항공기 여행을 중단했습니다. 장래에 항공기 여행

수요가 어떻게 될지, 사람들의 여행 습관이 어떻게 될지는 예측하기 어렵습니다. 보잉이 심각한 타격을 입는다면 프리시전 캐스트파츠 역시 심각한 타격을 입을 것입니다. 항공산업의 다른 기업들도 마찬가지입니다. 그러나 항공산업은 규모가 거대하며 미국이 강점을 보유한 분야입니다. 보잉은 대단히 중요한 기업입니다. 수출 규모가 막대하고 창출하는 일자리도 매우 많습니다. 항공산업이 모두 잘되기를 바라는 마음입니다. 하지만 우리가 할 수 있는 일은 많지 않습니다.

인플레이션과 자본 집약적 기업 { Q 2020-15 }

그동안 버크셔는 철도회사 등 자본 집약적 기업에도 투자했는데, 인플레이션 위험에 대해 어떻게 생각하나요?

버핏 향후 법인세율은 인하될 확률보다 인상될 확률이 훨씬 높다고 생각합니다. 몇 년 전 우리 이익 중 정부의 몫(법인세)이 컸던 것처럼 말이지요. 물론 대통령과 의회를 어느 정당이 차지하느냐에 따라 다소 차이가 있을 것입니다. 인플레이션이 발생하면 자본 집약적 기업은 더 불리해질 것입니다. 수익성은 비슷하더라도 추가 자본이 필요 없는 기업이 더 유리합니다. 이런 기업은 성장성이 낮지만 추가 자본이 들어가지 않으므로 막대한 현금을 창출해줍니다. 버크셔도 이런 자회사를 보유하고 있어서 세금을 절감하면서 자본을 효율적으로 배분할 수 있습니다.

사람들은 누구나 성장에 추가 자본이 많이 들어가지 않는 기업을 원합니다. 그러나 에너지 사업은 성장할수록 더 많은 자본이 필요합니다. 철도 사업은 성장하지 않는데도 추가 자본이 필요하고요. 그래서 자본 집약적 사업은 불리합니다.

현재 미국 주식시장의 시가총액은 약 30조 달러인데 상위 4~5개 기업의 시가총액 합계가 약 4조 달러입니다. 이들은 수익성이 높은데도 많은 추가 자본이 필요 없기 때문에 시가총액이 큰 것입니다. 우리도 그런 훌륭한 기업들을 보유하고 있습니다. 50~60년 동안 기업을 경영하면서 우리가 배운 사실은 추가 자본 없이 성장하는 기업이야말로 탁월한 기업이라는 것입니다. 보험사가 그런 기업입니다. 보험사는 추가 자본이 필요 없으며 우리는 보험사가 창출하는 자본으로 훌륭한 기업들을 보유할 수 있었습니다. 그러므로 보험사는 장기간 버크셔의 성장을 견인한 가장 중요한 요소였습니다. 그레그, 자네가 자본 집약적 기업에 대해 설명해주게.

그레그 우리 에너지회사와 철도회사는 (법규나 계약에 의해서) 어느 정도 가격 결정력을 보유하고 있습니다. 따라서 인플레이션이 발생하더라도 비용 증가분 중 상당 부분을 보상받게 되므로 수익성을 유지할 수 있습니다.

버핏 우리는 철도회사를 보유해서 매우 기쁩니다. 그동안 많은 자본을 투자했지만 철도회사는 앞으로도 수십 년 동안 대단히 견실한 실적을 유지할 것이라고 봅니다. 처음에 말했듯이 나는 100년을 내다보고 철도회사를 인수했고 인플레이션이 발생하더라도 돈을 더 벌려고 노선을 연장했습니다. 그래도 인플레이션은 발생하지 않는 편이 좋고 자본도 들어가지 않는 편이 좋습니다. 우리는 자본이 풍부하므로 수익성만 보장된다면 자본 집약적 기업을 더 인수할 수 있습니다.

WB 한국판 Q&A

Q: 성장성은 낮지만 추가 자본이 들어가지 않아서 막대한 현금을 창출하는 사례로 어떤 기업이 있나요?

버핏이 늘 언급하는 시즈캔디가 있습니다.

9장 해설

1999년 이전까지 버크셔는 시즈캔디, 버펄로 뉴스, 네브래스카 퍼니처 마트 등 재투자가 크게 필요하지 않은 기업을 자회사로 두고 본사로 배당을 받아 자본을 재배치하는 구조였다. 하지만 1999년 미드아메리칸 에너지 인수를 필두로 자본적 지출이 큰 발전, 건자재, 철도 등의 산업에 진출하며 자회사의 이익을 자회사 자신의 성장을 위해 재투자하는 구조로 변모했다(최근 도미니언 에너지의 천연가스 사업 부문 인수 등). 기하급수적으로 늘어나는 자본을 활용해 성장을 이어가기 위한 선택이었다. 버핏은 이들 사업을 설명하기 위해 감가상각비, 자본적 지출 등을 언급한다. 특히 공익 기업의 이익 변수인 세율과 인플레이션에 대해 자세히 설명한다.

2020년 주주총회는 코로나19 확산 초기에 열려 아무래도 항공업과 관련된 질문이 많이 나올 수밖에 없었다. 2015년에 인수한 프리시전 캐스트파츠는 항공 엔진 부품을 만드는 기업인데 상장 기업인 항공사와 다르게 전량 매각이 불가능했다. 여객 수요 감소를 고스란히 감내해야 했고 이에 대한 우려가 제기되었다. 항공 부품 제조업의 강점이라는 애초의 투자 아이디어를 반복하면서도 현 상황에서 타격을 받을 수밖에 없다고 고백하는 버핏의 모습에서 솔직함이 엿보인다.

10장

버크셔 경영 실적 보고

가장 중요한 척도는 주당 정상 수익력 { 2017 }

2017년 버크셔의 순자산 증가액은 653억 달러이며 우리 클래스 A 주식과 클래스 B 주식의 주당 순자산 증가율은 똑같이 23%입니다. 현 경영진이 회사를 맡은 53년 동안 주당 순자산은 19달러에서 21만 1,750달러로 증가해 연복리 수익률로는 19.1%를 기록했습니다. 지난 30년 동안은 우리 실적을 이처럼 무난히 설명할 수 있었습니다.

그런데 2017년 실적은 이런 형식으로는 도저히 설명할 수 없습니다. 순자산 증가액 중 상당액이 우리 영업 실적과 무관하기 때문입니다(그렇더라도 순자산 증가액 650억 달러는 객관적인 실적이니 안심하십시오). 버크셔가 영업으로 벌어들인 이익은 360억 달러에 불과합니다. 나머지 290억 달러는 의회가 세법을 개정한 12월에 발생한 이익입니다(버크셔의 세법 관련 손익에 대한 상세한 설명은 K-32, K-89, K-90 참조).

우리 재무 실적을 밝혔으니 곧바로 영업 실적에 대해 논하고 싶습니다. 그러나 먼저 새 회계 규정(GAAP)을 언급하지 않을 수 없군요. 장래에는 새 회계 규정 탓에 분기 및 연차 보고서가 우리 순이익을 심각하게 왜곡하고 해설자와 투자자를 오도하는 사례가 매우 많을 것입니다.

새 규정에 의하면 우리는 보유 주식의 미실현 손익 증감분을 모든 순이익에 포함해야 합니다. 이 때문에 우리 GAAP 순이익이 매우 거칠게 급변할 것입니다. 우리가 보유한 유가증권은 크래프트 하인즈 주식을 제외하고도 1,700억 달러에 이르므로 평가액이 분기에 100억 달러 이상 변동하기 쉽습니다. 순이익이 이런 규모로 급변한다면 정작 중요한 영업 실적은 흔적도 찾아보기 어려울 것입니다. 분석 목적이라면 버크셔의 순이익은 무용지물이 된다는 뜻입니다.

과거에는 회계 규정에 따라 실현 손익을 순이익에 포함해야 했습니다. 이 때문에 실현 손익을 다룰 때마다 설명하기가 어려웠는데, 이제는 새 규정 때문에 더 어려워졌습니다. 과거에 분기 실적이나 연간 실적을 공표할 때 우리는 이런 실현 손익에 관심을 기울이지 말아달라고 자주 경고했습니다. 미실현 손익과 마찬가지로 실현 손익도 무작위로 변동하기 때문입니다.

우리는 주로 적절한 시점이라고 생각될 때 유가증권을 매도하지, 순이익에 영향을 미치려고 매도하지는 않습니다. 그 결과 포트폴리오 실적이 전반적으로 부진한 기간에 대규모 이익을 실현한 적도 있고, 반대로 포트폴리오 실적이 전반적으로 양호한 기간에 이익을 실현하지 않은 적도 있습니다.

기존 규정에 의해 실현 손익이 왜곡되는 데다 새 규정에 의해 미실현 손익마저 혼란스러워졌으므로 우리는 분기마다 실적 관련 조정 사항들을 공들여 설명할 것입니다. 그러나 TV에서는 대개 기업이 실적을 발표하는 즉시 순이익에 대해 논평하고 신문 주요 뉴스에서는 항상 전년 대비 GAAP 순이익 증감에 주목합니다. 따라서 대중 매체에서 보도하는 실적에 주목하다 보면 사람들은 과도한 기대감이나 공포심에 휩쓸릴 수 있습니다. 우리는 이런 문제점을 완화하고자 앞으로도 금요일 장 마감 이후나 토요일 아침 일찍 재무 보고서를 발표하던 관행을 유지하려고 합니다. 이렇게 하면 투자 전문가도 월요일 개장 전까지 분석 시간을 충분히 확보해 정확한 논평을 제공할 수 있습니다. 그렇더라도 회계에 문외한인 주주들은 상당한 혼란을 겪게 될 것입니다.

버크셔에서 가장 중요한 척도는 주당 정상 수익력 증가입니다. 이것이 오랜 동업자 찰리 멍거와 내가 중점을 두는 것입니다. 여러분도 이 척도에 주목하시기 바랍니다.

급변한 GAAP 이익, 일관된 영업이익 { 2018 }

2018년 버크셔가 GAAP에 따라 벌어들인 이익은 40억 달러입니다. 이익의 구성을 보면 영업이익 248억 달러, 무형자산 손상으로 인한 비현금 손실 30억 달러(거의 모두 크래프트 하인즈 지분에서 발생), 투자 유가증권 매각으로 실현한 자본이득 28억 달러, 보유 투자 유가증권의 미실현 자본이득 감소로 인한 손실 206억 달러입니다.

마지막으로 열거한 손실 206억 달러는 새 GAAP에 따라 손익에 포함된 항목입니다. 2017년 연차 보고서에서도 강조했지만, 부회장 찰리 멍거와 나 둘 다 새 원칙이 합리적이라고 생각하지 않습니다. 이렇게 시가 평가 방식이 변경된 탓에 버크셔의 순이익이 '매우 거칠게 급변할 것'이라고 우리는 줄곧 생각했습니다.

2018년 우리 분기 실적을 보면 이 예측이 적중한 것으로 나옵니다. 1분기와 4분기에는 우리 GAAP 손실이 각각 11억 달러와 254억 달러였습니다. 그런데 2분기와 3분기에는 GAAP 이익이 각각 120억 달러와 185억 달러였습니다. 이렇게 우리 GAAP 이익은 거칠게 급변했지만 버크셔 자회사들 대부분은 정반대로 4개 분기 모두 일관되게 만족스러운 영업이익을 냈습니다. 2018년 우리 자회사들의 영업이익은 2016년에 달성한 기록인 176억 달러를 41%나 초과했습니다.

우리 분기 GAAP 이익은 앞으로도 계속해서 거칠게 오르내릴 수밖에 없습니다. 새 GAAP에 따라 우리는 유가증권 평가손익을 곧바로 순이익에 반영해야 하는데, 보유 주식 포트폴리오 규모가 막대한 탓에(2018년 말 1,730억 달러에 육박) 하루 평가액 변동이 20억 달러를 손쉽게 넘어갈 것이기 때문입니다. 실제로 주가 변동이 심했던 4분기에는 하루 '평가익'이나 '평가손' 변동액이 40억 달러를 넘어간 날도 많았습니다.

조언을 해드릴까요? 영업이익에만 관심을 집중하시고 다른 손익에는 관심을 두지 마십시오. 그렇다고 해서 우리가 보유한 투자 유가증권의 중요성이 감소했다는 뜻은 아닙니다. 때에 따라 변동은 심하겠지만 우리 투자 유가증권이 장기적으로는 많은 이익을 안겨줄 것입니다.

◇◇◇◇◇◇◇◇◇◇◇◇◇

우리 연차 보고서를 오래전부터 읽은 분들은 알아챘겠지만, 이 서한의 첫 단락 표현 방식이 바뀌었습니다. 거의 30년 동안 우리는 주주 서한 첫 단락에서 버크셔 주당 순자산 증가율을 언급했습니다. 이제는 이런 관행을 버려야 할 때입니다.

올해 마지막으로 표시한 주당 순자산 연간 변동률은 이제 타당성을 상실한 척도입니다. 이유는 세 가지입니다. 첫째, 버크셔는 주로 시장성 지분 증권(주식)에 투자하는 회사에서 주로 자회사를 보유하는 회사로 서서히 변해왔기 때문입니다. 찰리와 나는 앞으로도 이런 변화가 큰 틀에서는 계속 이어질 것으로 예상합니다. 둘째, GAAP에 따라 우리가 보유한 시장성 지분 증권은 시가로 평가되지만 우리 자회사들은 현재 가치보다 훨씬 낮은 순자산가치로 평가되므로 최근 그 괴리가 커지고 있기 때문입니다. 셋째, 장래에 버크셔는 자사주를 대규모로 매입할 가능성이 있는데, 매입 가격이 순자산가치보다는 높고 내재가치 추정치보다는 낮을 것입니다. 자사주를 그 가격에 매입하는 이유는 간단합니다. 주당 순자산가치는 하락하지만 주당 내재가치는 상승하기 때문입니다. 이렇게 되면 주당 순자산가치라는 척도는 갈수록 타당성을 상실하게 됩니다.

앞으로 우리가 재무 실적을 분석할 때에는 버크셔의 시장 가격에 초점을 맞추게 될 것입니다. 시장은 지극히 변덕스럽습니다. 그러나 장기적으로는 버크셔의 주가야말로 사업 실적을 평가하는 최고의 척도가 될 것입니다.

◇◇◇◇◇◇◇◇◇◇◇◇◇

더 진행하기 전에 좋은 소식을 전하고자 합니다. 우리 재무제표에는 반영되지 않았지만 정말로 좋은 소식입니다. 2018년 초에 우리는 경영진의 업무 분장을 새로 했습니다. 아지트 자인이 보험 사업을 총괄하고, 그레그 에이블이 나머지 사업을 모두 책임지게 되었습니다. 이 조치는 오히려 늦은 감이 있습니다. 지금 버크셔는 내가 혼자 관리할 때보다 훨씬 잘 관리되고 있으니까요. 아지트와 그레그는 정말 보기 드문 인재로 버크셔의 피가 온몸에 흐르고 있습니다.

회계 장부와 현실 세계의 괴리 { 2019 }

2019년 버크셔는 GAAP 기준으로 814억 달러를 벌어들였습니다. 이익의 구성을 보면 영업이익 240억 달러, 실현한 자본이득 37억 달러, 보유 투자 유가증권의 미실현 자본이득 증가로 인한 이익 537억 달러로 나뉩니다. 이들 이익은 모두 세후 기준입니다.

위 이익 중 537억 달러에 대해서 설명하겠습니다. 이는 2018년부터 시행된 새 GAAP에서 비롯된 이익입니다. 기업은 보유 주식의 '미실현' 손익 증감도 이익에 반영해야 한다는 규정입니다. 작년 주주 서한에서 밝혔듯이 동업자 찰리 멍거와 나 둘 다 새 규정에 동의하지 않습니다.

회계 전문가들이 새 규정을 채택한 것은 실제로 이들의 생각이 엄청나게 바뀌었다는 의미입니다. 2018년 이전의 GAAP에서는 (주업이 증권거래인 기업들을 제외하고) 보유 주식의 미실현 이익은 실적에 절대 포함할 수 없었고 미실현 손실도 오로지 '비일시적 손상(Other than temporary impairment)'으로 판단될 때에만 실적에 포함할 수 있었습니다. 이제 버크셔는 (투자자, 분석가, 해설자들에게 핵심 뉴스가 되는) 매 분기 순이익에 보유 주식의 가격 등락을 모조리 명시해야 합니다. 아무리 변덕스럽게 오르내리더라도 말이지요.

버크셔의 2018년 실적과 2019년 실적이 새 규정의 영향을 분명하게 보여주는 대표적인 사례입니다. 주식시장이 하락한 2018년에는 우리 미실현 손실이 206억 달러였고 GAAP 이익은 40억 달러에 불과했습니다. 반면 주식시장이 상승한 2019년에는 우리 미실현 이익이 앞에서 언급한 대로 537억 달러로 증가했고 그 덕분에 GAAP 이익이 814억 달러로 급증했습니다. 시장의 변덕 탓에 GAAP 이익이 무려 1,900%나 증가한 것입니다!

지난 2년 동안 회계 장부가 아니라 이른바 현실 세계에서 버크셔가 보유한 주식은 약 2,000억 달러였으며 우리가 보유한 주식의 내재가치는 2년 동안 계속해서 견실하게 상승했습니다.

찰리와 나는 힘주어 말합니다. 여러분은 (2019년에도 거의 바뀌지 않은) 영업이익에 관심을 집중해야 하며, 실현 이익이든 미실현 이익이든 분기 및 연간 투자 손익은 무시해야 합니다. 그렇다고 해서 우리가 보유한 투자 유가증권의 중요성이 감소했다는 뜻은 아닙니다. 때에 따라 변동은 심하겠지만 우리 투자 유가증권이 장기적으로는 많은 이익을 안겨줄 것입니다.

유보이익 중 우리 몫 { 2020 }

2020년 버크셔가 GAAP에 따라 벌어들인 이익은 425억 달러입니다. 이익의 네 가지 구성을 보면 영업이익 219억 달러, 실현한 자본이득 49억 달러, 보유 투자 유가증권의 미실현 자본이득 증가로 인한 이익 267억 달러, 몇몇 자회사와 관계사에 대한 상각 손실 110억 달러입니다. 이들 이익은 모두 세후 기준입니다.

이익 중에는 영업이익이 가장 중요합니다. 작년 우리 GAAP 이익 중 금액이 가장 크지 않더라도 말이지요. 버크셔의 주안점은 영업이익을 늘리고 유망한 대기업을 인수하는 것입니다. 그러나 작년에는 목표를 하나도 달성하지 못했습니다. 대기업을 인수하지 못했고 영업이익은 9% 감소했습니다. 그렇지만 버크셔의 주당 내재가치는 증가시켰습니다. 유보이익을 증가시켰고 자사주를 약 5% 매입했기 때문입니다.

GAAP 이익 중 자본이득이나 자본 손실은 (실현 금액이든 미실현 평가액이든) 주식시장의 등락에 따라 해마다 변덕스럽게 오르내릴 것입니다. 그러나 내 오랜 동업자 찰리 멍거와 나는 오늘 자본 손익이 얼마이든 우리 투자 유가증권이 장기적으로는 많은 자본이득을 안겨줄 것으로 확신합니다.

여러 번 강조했지만 찰리와 나는 버크셔가 보유한 유가증권(연말 평가액 2,810억 달러)을 우리가 사 모은 기업들이라고 생각합니다. 이들의 영업은 관리하지 않지만 이들의 장기 번영은 공유하기 때문입니다. 하지만 회계 관점에서 보면 이들의 이익 중 우리 몫은 버크셔의 이익에 포함되지 않습니다. 이들의 이익 중 우리가 배당으로 받은 금액만 버크셔의 이익에 포함됩니다. GAAP에 의하면 우리 몫 중 이들이 유보한 막대한 금액은 눈에 보이지 않습니다.

유보이익이 눈에 보이지 않는다고 해서 마음에서 멀리하면 안 됩니다. 보이지 않아도 버크셔의 가치를 크게 높여주기 때문입니다. 이들 피투자회사는 유보이익으로 사업을 확장하고, 기업을 인수하고, 부채를 상환하고, 종종 자사주를 매입합니다(자사주를 매입하면 미래 이익 중 우리 몫이 증가합니다). 작년 주주 서한에서도 언급했듯이 유보이익은 미국의 역사 내내 미국 기업들의 성장을 견인했습니다. 유보이익은 카네기와 록펠러를 거부로 만들어주었고 오랜 기간에 걸쳐 수많은 주주도 마법처럼 부자로 만들어주었습니다.

물론 우리 피투자회사 중 일부는 유보이익으로 회사의 가치를 거의 높이지 못해 실망을 안겨줄 것입니다. 그러나 다른 피투자회사들은 가치가 크게 높아질 것이며 몇몇은 극적으로 높아질 것입니다. 전체적으로 보면 버크셔의 피투자회사들(이른바 우리 주식 포트폴리오)의 막대한 유보이익 중 우리 몫에서 자본이득 이상의 이익이 나올 것으로 예상합니다. 이 예상은 지난 56년 동안 적중해왔습니다.

마지막 GAAP 숫자는 꼴사나운 상각 손실 110억 달러입니다. 이는 전적으로 내가 2016년에 저지른 실수의 결과입니다. 그해 프리시전 캐스트파츠를 인수할 때 지나치게 높은 가격을 지불했기 때문입니다. 아무도 나를 속이지 않았습니다. 단지 내가 이 회사의 정상 수익 잠재력을 지나치게 낙관했을 뿐입니다. 작년(2020년) 이 회사의 주요 고객인 항공산업이 전반적으로 침체하자 나의 오판이 드러난 것입니다. 버크셔가 인수하던

W3 한국판 Q&A

Q: 회계 관점에서 피투자회사의 유보이익이 버크셔의 몫으로 잡히지 않는다는 것은 구체적으로 무슨 의미인가요?

온전히 소유한 자회사라면 당해 이익에 지분율을 곱한 값만큼 버크셔의 이익으로 잡히겠죠. 하지만 일부를 보유한 유가증권은 배당만큼만 당해 이익으로 잡히기 때문에 실제 이익을 반영하지 못하게 됩니다. 버핏은 유보된 이익이 재투자로 이어져 미래의 순이익을 올릴 것이므로 결국 이러한 결과가 주가에 반영될 것이라고 생각합니다. 일반적인 투자자와는 상당히 다른 접근이죠.

Q: 한국에서는 유가증권의 미실현 손익을 순이익에 어떻게 반영하나요?

한국도 상장 주식은 시가로 평가합니다. 손익계산서의 금융 수익 항목에 처분 이익과 평가 이익의 구분만 있을 뿐, 결국 당기 순이익에 반영됩니다. 덧붙이자면 법인세는 실현 이익에 대해서만 부과됩니다.

시점의 프리시전 캐스트파츠는 최고의 성과를 내던 훌륭한 기업이었습니다. CEO 마크 도네건은 인수 전과 다름없이 사업에 계속 에너지를 쏟아붓는 열정적인 경영자입니다. 그에게 경영을 맡긴 것은 우리의 행운입니다.

장기적으로 프리시전 캐스트파츠의 순유형자산이익률이 높을 것이라는 나의 판단은 옳았다고 생각합니다. 그러나 미래 평균 이익에 대한 판단은 틀렸고 따라서 내가 계산한 적정 인수 가격도 틀렸습니다. 이는 기업 인수 거래에서 내가 저지른 첫 번째 실수가 아닙니다. 그러나 커다란 실수입니다.

10장 해설

버크셔의 자산 대부분이 코카콜라, 아메리칸 익스프레스, 웰스파고 등 상장 주식으로 구성되어 있었을 때, 버핏은 자신의 실적을 순자산 증가로 평가받고자 했다. 하지만 자회사의 비중이 늘어나면서 개별 자회사의 이익을 지분율로 환산해 합산한 포괄이익Look through earning으로 실적 평가가 이루어지기를 바라는 모습이다. 특히 새로운 회계 규정으로 상장 주식의 미실현 평가 손익을 그해에 반영하게 되면서 주당 정상 수익력을 더욱 강조하고 있다. 버핏과 주주(시장 참여자)가 같은 관점을 공유한다면 실제 내재가치가 주가에 반영될 것이므로, 상장 주식의 미실현 평가 손익 반영으로 왜곡된 지표보다 차라리 주가가 더 신뢰할 만하다는 언급도 덧붙인다.

오랜 기간 버크셔의 주주 서한을 보면서 내린 결론인데, 버핏의 경영 실적 보고는 두 가지 목적을 가지고 있다. 첫째, 버핏은 주주가 단기 실적에 연연하지 않고 긴 안목으로 버크셔와 함께 하기를 바란다. 둘째, 그는 버크셔의 주가가 저평가나 고평가되지 않고 실제 내재가치를 장기적으로 반영해주기를 원한다. 금액 단위가 작은 B 클래스가 있기는 하지만 고가의 A 클래스를 유지하는 것은 주주의 매매 충동을 억제하기 위해서다.

11장

학습과 삶의 지혜

투자는 복잡하지 않습니다 { Q 2018-17 }

경영대학원 교육이 실제로 투자에 도움이 되나요?

버핏 나는 경영대학원 세 군데를 다녔는데 그중 한 곳에서 훌륭한 스승을 만나 많이 배웠습니다. 30~40년 전의 경영대학원은 투자 현실과 동떨어진 효율적 시장 가설을 가르치는 종교 집단 같았습니다. 우리는 일류 경영대학원 졸업생보다는 《현명한 투자자(The Intelligent Investor)》의 8장을 깊이 이해하는 똑똑한 사람을 뽑겠습니다. 투자는 그다지 복잡하지 않습니다. 절제력이 중요하며 IQ가 아주 높을 필요도 없습니다. 펀더멘털이 중요하고, 회계를 이해해야 하며, 소비자처럼 생각하고 말할 수 있어야 하지만 고등교육이 꼭 필요한 것은 아닙니다. 나는 대학에 진학하고 싶은 마음이 없었습니다.

훌륭한 스승을 몇 분 만나 생각하는 방식을 바꾸게 된다면 그 사람은 정말 행운아입니다. 찰리는 내게 훌륭한 스승입니다. 그런 스승은 학계는 물론 일상생활에서도 만날 수 있습니다. 덕분에 우리는 통찰을 배울 수 있고 더 나은 사람으로 성장할 수 있습니다.

멍거 벤저민 그레이엄은 관습에 얽매이지 않는 탁월한 스승이었습니다. 덕분에 버핏은 가만 앉아서도 거액을 벌 수 있다는 사실을 깨달았습니다. 그러나 이 기법이 어느 상황에서나 항상 통하지는 않는다는 사실도 알았습니다. 그레이엄은 운이 좋아서 순운전자본의 3분의 1 가격에도 주식을 살 수 있었습니다. 하지만 이후 상황이 바뀐 탓에 버핏은 다른 기법을 배워야 했습니다. 오래도록 살아갈 사람이라면 계속 배워야 합니다. 이전에 배운 것으로는 부족하기 때문입니다. 내가 항상 즐겨 쓰는 비유를 들자면 '엉덩이 걷어차기 시합에 출전한 외다리'와 같기 때문입니다.

버핏 다른 비유가 있다면 주주 여러분이 알려주시기 바랍니다. 그레이엄은 운용 자산이 1,200만 달러에 불과했고 더 늘릴 수가 없었습니다. 그런데 그는 큰 부자가 될 생각이 없었으므로 신경 쓰지 않았습니다. 《현명한 투자자》 8장은 주식을 기업의 일부로 보게 해주고, 20장은 안전 마진을 가르쳐줍니다. 엄청나게 값진 내용인데도 복잡하지 않습니다.

멍거 기업 금융을 강의하는 교수들은 잘못된 내용을 가르칩니다. 학계에서 사용하는 근사한 공식과 멋진 교수법은 모두 허튼소리입니다.

버핏 누군가 '우아한' 이론을 설명하면 조심하십시오.

만족 지연은 항상 옳을까? { Q 2019-6 }

만족 지연delayed gratification 능력을 키우려면 어떻게 해야 하나요?

멍거 내가 만족 지연 전문가입니다. 만족 지연을 실천할 시간이 많았으니까요. 만족 지연 능력은 타고나는 것입니다. 이 능력이 부족한 사람을 가르쳐서 고칠 방법은 없습니다.

버핏 찰리는 자녀가 여덟 명입니다. 세월이 흐를수록 자연의 섭리를 따르게 되었지요.

멍거 버크셔 A주를 4,000주 보유하고도 누더기를 걸친 채 죽는 날까지 만족 지연을 실천하는 95세의 멋진 노부인도 있을 것입니다. 보석을 사는 사람들은 모두 이런 사람의 자녀나 손자들이지요.

버핏 어떤 사람이 만족 지연을 하겠다고 지금 30년 만기 국채에 투자한다고 가정합시다. 국채 수익률은 연 3%이고, 이자 소득에 대해서 세금을 내야 하며, 연준이 발표한 인플레이션 목표는 2%이므로 실질적인 소득은 거의 없습니다. 30년 후에는 디즈니랜드에 가도 지금만큼 놀이 기구를 탈 수 없습니다. 현재의 저금리 환경에서 채권에 투자하면 장래에 먹을 수 있는 햄버거는 지금보다 줄어들 것입니다. 저축이 모든 환경에서 항상 최선의 방법이 되는 것은 아닙니다. 30년 후에는 더 많이 누릴 수 있으니 영화도 보지 말고 디즈니랜드에도 가지 말라고 자녀에게 말하는 것은 논란의 여지가 있습니다. 만족 지연이 항상 옳은 것은 아닙니다. 나는 1달러를 벌 때마다 2~3센트는 소비해야 한다고 생각합니다. 5만 달러나 10만 달러가 있어도 행복하지 않은 사람은 5,000만 달러나 1억 달러가 있어도 행복하지 않을 것입니다. 걱정 없이 살아갈 만큼은 돈이 필요하겠지만, 일정 금액을 넘어가면 행복이 돈에 비례하지는 않습니다.

WB 한국판 Q&A

Q: 한국에도 만족 지연을 하는 투자자가 있나요?

한국의 가치투자자는 일반적으로 장기 투자를 합니다. 만족 지연의 효용을 알고 실천한다고 볼 수 있습니다.

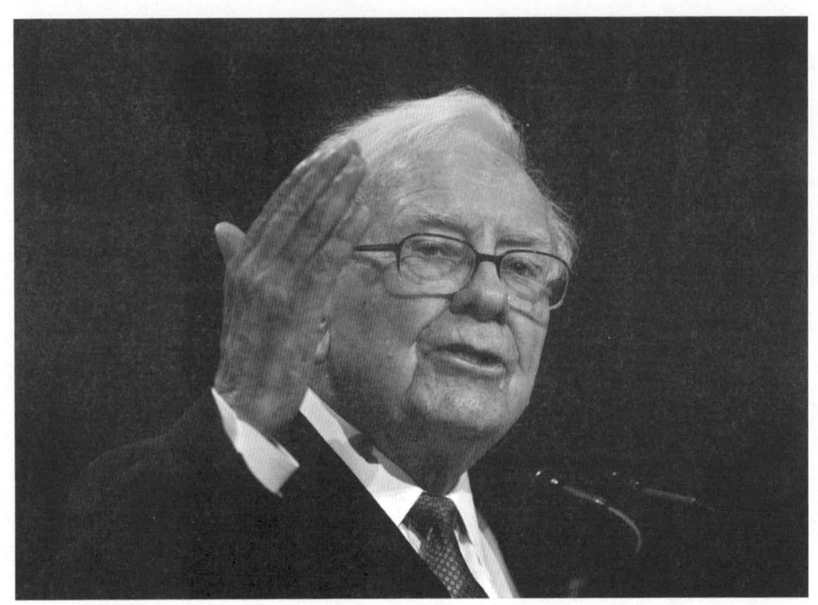

남의 자금을 운용하려면?

{ Q 2019-7 }

회사를 세워서 다른 사람들의 자금을 운용하려고 하는데 조언을 부탁드립니다.

버핏 나도 똑같은 경험이 있습니다. 1956년 5월 뉴욕에서 오마하로 돌아오자 증권회사를 운영하던 우리 가족은 내게 주식 중개 업무를 도와달라고 했습니다. 그러나 투자를 하고 싶었던 나는 투자조합을 설립하고자 했습니다. 남의 돈을 잃을 위험이 있다고 생각했다면 설립하지 않았을 것입니다. 내가 걱정했던 것은 '다른 사람들도 나처럼 생각하고 행동할 것인가?'였습니다.

1956년 5월 일곱 사람이 함께 저녁을 먹었습니다. 대학 시절 룸메이트와 그의 어머니, 나머지는 친척이었습니다. 나는 투자조합 계

약서를 보여주면서 읽어볼 필요도 없고 변호사도 필요 없다고 말했습니다. 대신 이렇게 말했습니다. "나는 여기 이 기본 원칙을 지킬 수 있다고 생각하며 이 기본 원칙에 따라 평가받고 싶습니다. 내 말에 동의하신다면 펀드를 운용하겠습니다. 주가가 폭락하거나 남들이 무슨 소리를 해도 여러분은 겁에 질려 떠나지 않을 테니까요. 우리 생각이 똑같다면 나는 펀드 운용에 대해 걱정하지 않습니다. 그러나 똑같지 않다면 펀드를 운용하지 않겠습니다. 내가 옳다고 생각하는 투자에 대해서 여러분은 실망할지 모르기 때문입니다."

생각이 일치하지 않는다면 남의 돈을 운용해서는 안 됩니다. 그리고 당신이 지키려는 원칙과 평가받는 기준을 제시하는 기본 원칙도 세워야 합니다. 나는 투자조합에 단 하나의 기관도 받아들이지 않았습니다. 기관은 위원회가 온갖 결정을 내리기 때문입니다. 그리고 기대 수준이 감당하기 어려울 정도로 높은 사람은 절대 받아들이면 안 됩니다. 따라서 가입하려는 사람이 많아도 대부분 거절해야 합니다. 이는 매우 작은 규모로 운용을 시작해서 객관적인 실적을 쌓아가야 한다는 뜻입니다.

나중에 당신이 쌓은 실적을 보고 확신한 부모가 전 재산을 맡기겠다고 할 때 "최고의 실적은 어려울지 몰라도 장기적으로 적정 실적은 자신 있습니다"라고 말한다면 자격을 갖춘 셈입니다.

멍거 한 변호사는 내게 자주 찾아와서 이렇게 말합니다. "어떻게 하면 변호사 일 그만두고 억만장자가 될 수 있나요?" 나는 모차르트를 찾아간 청년 이야기가 떠오릅니다. 청년이 "교향곡을 쓰고 싶습니다"라고 말하자 모차르트는 "자네 몇 살인가?"라고 물었습니다. 그가 "22세입니다"라고 대답하자 모차르트는 "너무 어려"라고 말했습니다. 그가 "하지만 선생님은 10세에 교향곡을 쓰셨잖아요"라고 말하자 모차르트가 대답했습니다. "그래. 하지만 나는 아무에게도 조언을 구하지 않았다네."

다른 사람의 행동을 이해하라 { Q 2019-8 }

사람은 나이가 들수록 인간의 본성을 더 잘 이해하게 된다고 했는데 자세히 설명해주세요.

버핏 나는 어떤 척도로 평가해도 내리막길을 걷고 있습니다. 지금 내가

SAT 시험을 본다면 20대 초에 비해 창피한 점수가 나올 것입니다. 그러나 나이가 들수록 인간의 행동은 더 잘 이해하게 됩니다. 찰리와 나는 젊은 시절부터 다른 사람들의 인생에 관한 책을 엄청나게 읽었습니다. 그러나 IQ가 아무리 높고 책을 아무리 많이 읽어도 인간의 행동을 깊이 이해할 수 없습니다. 경험도 많이 필요합니다.

멍거 몇 년 전 죽은 세계적인 지도자 리콴유(Lee Kuan Yew: 1923~2015)가 평생 거듭 강조한 슬로건이 있습니다. "효과적인 방법을 찾아내서 사용하라." 이 단순한 철학만 잘 따라도 놀라운 성과를 거둘 것입니다.

버핏 효과적인 방법을 찾아내라는 말은 다른 사람들의 행동을 이해하라는 뜻입니다. 찰리와 나는 전혀 예상 못 한 방식으로 극단적인 행동을 일삼는 사람들을 많이 보았습니다.

멍거 요즘 우리는 매일 밤 극단적인 행동을 봅니다. TV만 켜면 된답니다.

돈으로 살 수 없는 두 가지 { Q 2019-10 }

지금 인생에서 가장 소중하게 여기는 것은 무엇인가요?

멍거 나는 인생을 좀 더 살고 싶소.

버핏 돈으로 살 수 없는 두 가지가 시간과 사랑입니다. 나는 지금까지 내 시간을 거의 완벽하게 통제할 수 있어서 정말로 운이 좋았습니다. 찰리도 마찬가지고요. 우리가 지금까지 돈을 원했던 것도 인생을 우리가 원하는 대로 살고 싶어서였답니다. 우리 둘의 육체는 늙어 가고 있지만 이와 상관없이 우리가 사랑하는 일을 매일 할 수 있어서 기쁩니다. 나는 돈으로 무엇이든 살 수 있지만 이와 상관없이 내가 하는 일이 더 재미있습니다. 찰리는 기숙사 설계도 하고 나보다 독서도 더 많이 하면서 인생을 즐기고 있습니다. 그러나 우리에게 시간은 한정되어 있습니다. 그래서 우리는 인생에서 좋아하는 일을 최대한 많이 하려고 시간을 효율적으로 사용하고 있습니다.

멍거 정말로 좋아하는 일을 하면서 시간을 보내는 사람은 누구든지 행운아이며 축복받은 사람입니다.

버핏 우리가 미국에서 태어난 것부터가 엄청난 행운입니다. 캐나다에서 태어난 질문자도 행운아입니다. 기분 상하지 마세요.

신용카드 대출과 투자 { Q 2020-18 }

최근 몇 년 동안 연방기금 금리에 비해 신용카드 금리가 많이 상승했는데 어떻게 생각하나요?

버핏 신용카드 금리는 카드사들의 경쟁과 손실 가능성에 좌우됩니다. 최근 몇 달 동안 손실 가능성이 대폭 증가했습니다. 나는 신용카드 금리에 대해서 많이 알지 못하지만 일반적인 조언은 할 수 있습니다. 신용카드 대출을 함부로 이용해서는 안 됩니다.

얼마 전 한 친구가 찾아와서 내게 투자 조언을 부탁했습니다. 큰 금액은 아니었지만 그녀에게는 소중한 돈이었습니다. 내가 물었습니다. "신용카드 대출을 쓰고 있나요?" 그녀는 얼마를 쓰고 있는지 대답했습니다. 금리가 아마 18% 수준이었을 것입니다. 나는 말했습니다. "18% 수익률은 나도 내지 못합니다." 18% 금리로 대출을 쓰고 있다면 투자보다 대출금 상환이 훨씬 낫다는 뜻입니다. 그러나 그녀가 원하는 대답은 아니었습니다.

이후 그녀는 딸에게 1,000~2,000달러가 있는데 어떻게 투자해야 하느냐고 물었습니다. 나는 딸에게 돈을 빌려 신용카드 대출금을 상환하고 대출 금리인 18%에 해당하는 금액을 딸에게 지불하라고 말했습니다. 딸에게 이렇게 유리한 투자는 찾기 어려우니까요. 고금리 대출을 쓰면서 부자가 될 수는 없습니다. 사람들은 신용카드 대출을 즐겨 사용하지만, 금리가 12% 수준이더라도 절대 사용해서는 안 됩니다. 신용이 좋은 분이라면 나를 찾아오세요. 내가 그 금리로 대출해드리겠습니다.

11장 해설

버핏과 멍거는 영혼의 파트너로서 버크셔의 놀라운 성공을 장기간에 걸쳐 함께 일궈냈지만, 개인 차원으로 봤을 때 다른 면모가 꽤 많다. 우선 버핏은 중소 도시(오마하)에 살지만 멍거는 대도시(LA 인근 패서디나)에 거주한다. 버핏의 관심사는 오로지 비즈니스이고 좋은 사업의 속성을 주로 전달하지만, 멍거의 관심사는 역사, 철학, 과학, 심리 등 다방면에 걸쳐 있으며 의사 결정 시 합리성이 얼마나 중요한지를 전달하려 노력한다. 1994년 서던캘리포니아대학에서 했던 '정신적 격자 모형(lattice model)' 강연이 대표적이다. 1995년 하버드대에서 했던 '오판의 심리학(Psychology of human misjudgment)' 강연 역시 내용은 다소 차이가 있지만 같은 선상에서 이해할 수 있다.

이들이 처음 만났을 때 버핏은 그레이엄에게 배운 안전 마진 개념에 집착했고 멍거는 기업의 퀄리티를 중시했다. 하지만 두 사람 모두 '시장은 비효율적'이며 '합리적인 의사 결정을 통해 판단의 오류를 줄여나가야 한다'는 생각을 가지고 있었다. 특히 멍거는 행동경제학의 창시자 대니얼 카너먼Daniel Kahneman과 《설득의 심리학(Influence)》의 저자 로버트 치알디니Robert Cialdini에게 존경심을 표하며, 자신이 체계화한 투자 의사 결정 모델이 이들의 이론에 기초했음을 자주 밝혔다. 하버드대 강연에서도 이 둘의 이름을 발견할 수 있다(참고로 멍거가 가장 존경하는 인물은 벤저민 프랭클린이다).

멍거는 오판의 영역을 투자자뿐 아니라 투자의 대상이 되는 기업 차원으로 확대한다. 그가 경영자의 의사 결정에 대해 칭찬하거나 비판하는 것은 경영자의 의사 결정이 기업 가치에 큰 영향을 미친다고 믿기 때문이다. 또한 대리인 비용(주주와 경영자의 이해관계가 달라 발생하는 문제를 해결하는 데 드는 비용)이 발생하지 않으려면 인센티브 설계가 제도적으로 잘되어 있어야 한다고 주장한다. 그는 이러한 견해를 뒷받침하기 위해 코카콜라에서 CEO와 이사회 의장을 지낸 로베르토 고이주에타Roberto Goizueta와 살로먼 브라더스 CEO였던 존 구트프렌드John Gutfreund의 예를 드는데, 모두 그가 직접 경험한 경영자다.

멍거의 별명은 '다리가 삐죽 나와 있는 책'이다. '오판의 심리학' 강연은 그가 평생에 걸쳐 쌓은 방대한 지식에 몸소 관찰한 사례가 결합된 것이어서 깊이와 희소성 면에서 가치가 높다.

12장

버크셔 해서웨이와 S&P500의 실적 비교

연도	버크셔 주가 상승률(%)	S&P500 상승률 (%, 배당 포함)
1965	49.5	10.0
1966	-3.4	-11.7
1967	13.3	30.9
1968	77.8	11.0
1969	19.4	-8.4
1970	-4.6	3.9
1971	80.5	14.6
1972	8.1	18.9
1973	-2.5	-14.8
1974	-48.7	-26.4
1975	2.5	37.2
1976	129.3	23.6
1977	46.8	-7.4
1978	14.5	6.4
1979	102.5	18.2
1980	32.8	32.3
1981	31.8	-5.0
1982	38.4	21.4
1983	69.0	22.4
1984	-2.7	6.1
1985	93.7	31.6
1986	14.2	18.6
1987	4.6	5.1
1988	59.3	16.6
1989	84.6	31.7

연도	버크셔 주가 상승률(%)	S&P500 상승률 (%, 배당 포함)
1990	-23.1	-3.1
1991	35.6	30.5
1992	29.8	7.6
1993	38.9	10.1
1994	25.0	1.3
1995	57.4	37.6
1996	6.2	23.0
1997	34.9	33.4
1998	52.2	28.6
1999	-19.9	21.0
2000	26.6	-9.1
2001	6.5	-11.9
2002	-3.8	-22.1
2003	15.8	28.7
2004	4.3	10.9
2005	0.8	4.9
2006	24.1	15.8
2007	28.7	5.5
2008	-31.8	-37.0
2009	2.7	26.5
2010	21.4	15.1
2011	-4.7	2.1
2012	16.8	16.0
2013	32.7	32.4
2014	27.0	13.7
2015	-12.5	1.4

연도	버크셔 주가 상승률(%)	S&P500 상승률 (%, 배당 포함)
2016	23.4	12.0
2017	21.9	21.8
2018	2.8	-4.4
2019	11.0	31.5
2020	2.4	18.4
연복리 수익률 (1965~2020)	20.0	10.2
총수익률 (1964~2020)	2,810,526	23,454

* 실적은 역년(曆年: 1월 1일 ~ 12월 31일) 기준. 단 1965년과 1966년은 9월 30일 결산 기준이고, 1967년은 12월 31일 결산이되 15개월의 실적임.

WB 한국판 Q&A

Q: 최근 버크셔의 수익률이 S&P500의 수익률보다 크게 높지 않습니다. 평소 버핏의 언급처럼 기업의 규모가 커지면서 초과수익이 한계에 이른 것일까요?

버크셔가 최근 초과수익을 올리기 힘든 것은 세 가지 요인 때문입니다. 첫째, 버크셔의 규모가 커졌습니다. 버핏이 주주의 기대를 낮추기 위해 여러 번 강조하는 것이죠. 둘째, 미국의 강세장 때문입니다. 버크셔는 시장이 상승할 때 시장 수익률을 하회하는 경향이 있습니다. 셋째, 큰 기업 인수 건이 없었기 때문입니다. 유동성이 증가하면서 기업 인수 시장 경쟁이 치열해졌고, 버핏은 기업 가치를 크게 올려줄 수 있는 대형 기업 인수에 적극적으로 뛰어들지 않았습니다.

이러한 특성을 고려했을 때, 유동성이 줄어드는 약세장이 펼쳐지면 다시 시장 수익률을 상회할 수 있을 것으로 전망합니다. 다만 기업의 규모가 커진 데 따른 문제는 어쩔 수 없겠죠.

부록

1. 워런 버핏의 2020년 모교 졸업식 기념 인터뷰
2. 찰리 멍거의 2020년 모교 졸업식 기념 인터뷰
3. 찰리 멍거의 2021년 데일리 저널 주주총회 Q&A

부록 1. 워런 버핏의 2020년 모교 졸업식 기념 인터뷰

나와 여러분의 자리를 바꾸고 싶습니다

네브래스카대학 링컨캠퍼스(University of Nebraska, Lincoln: UNL), 2020년 12월 22일

UNL 총장 로니 그린 Ronnie Green**(이하 총장)** 반갑습니다, 워런. 어떻게 지내시나요?

버핏 네. 더할 나위 없이 잘 지내고 있습니다.

총장 인터뷰에 응해주셔서 감사합니다. 아시다시피 지금은 비상시국이어서 우리 학생들이 졸업식을 비대면으로 하게 되었습니다. 그래도 당신의 모교에서 학부 과정을 마치고 학위를 받는다는 생각에 들떠 있답니다. 당신은 1940년대 말에 입학해서 1951년에 졸업하셨지요? 모교가 당신 인생에 큰 영향을 미친 것으로 알고 있습니다. 먼저 대학 생활 중 가장 기억에 남는 일부터 말해주시겠습니까?

버핏 대학 생활의 모든 순간이 즐거웠습니다. 이렇게 말하면 믿기 어렵겠지만, 나는 펜실베이니아 와튼 스쿨에서 2년을 지내고 나서 네브래스카대학으로 전학하고 싶다고 말했습니다. 그리고 돌아와 네브래스카대학 링컨캠퍼스에서 교육을 받았습니다. 아시다시피 와튼 스쿨은 명성이 대단하지만 네브래스카대 교수들도 훌륭합니다. 이들은 내게 지식을 전해주었을 뿐 아니라 항상 친밀하게 대하면서 배려해주었습니다. 나는 올해 졸업생 여러분께 이렇게 말하고 싶습니다. 여러분은 불확실한 세상으로 나갈 생각에 불안하겠지만, 나는 여러분 중 누구와도 내 자리를 기꺼이 바꾸고 싶습니다.

총장 네브래스카 경영대학 학생 시절에 특별히 좋아하던 교수가 있었나요?

버핏 두 분이 있었습니다. 나는 두 분에게서 아주 많이 배웠을 뿐 아니라 정말 즐겁게 지냈습니다. 나는 회계학을 좋아해서 여러 과목을 수강했습니다. 레이 데인Ray Dein 교수가 단연 최고였습니다. 회계는 기업의 언어입니다. 덕분에 나는 평생에 필요한 필수 분야를 통달하게 되었습니다. 레이 교수에게 배웠기 때문에 전국의 경영대학원 졸업생들보다 더 유리했을 것입니다. 엘리엇Elliott 박사의 수업도 기막히게 재미있었습니다. 중요한 아이디어를 전달하면서도 아주 재미있게 가르치는 교수였습니다. 내 기억에는 두 분이 유난히 매력적이었지만, 만족스럽지 않았던 교수는 단 한 분도 없었다고 생각합니다.

총장 워런, 당신의 부모님이 이곳 네브래스카대학에서 만났다고 알고 있습니다. 두 분의 전공은 무엇이었고 어떻게 만나게 되었는지 말해 주시겠습니까?

버핏 네. 말씀드리죠. 나는 네브래스카대학 덕분에 이 세상에 존재하게 되었습니다. 이보다 더 중요한 문제가 어디 있겠습니까? 아버지는 〈데일리 네브래스칸The Daily Nebraskan〉에서 활동했고 한때 편집을 맡기도 했습니다. 어머니는 대학을 나와 웨스트포인트에서 작은 신문사를 운영하던 외할아버지와 함께 링컨으로 왔습니다. 어머니는 수학에 관심이 매우 많았지만 〈데일리 네브래스칸〉에서 기자로도 활동했는데, 이때 아버지를 만났습니다. 그날이 내게 운수 좋은 날이었습니다. 몇 년 전 투자에 관심 있는 네브래스카대학의 학생들이 나를 찾아왔습니다. 이들은 내게 세계 최고의 책을 선물했습니다. 내가 꿈에도 생각하지 못한 책이었는데, 아버지가 활동하던 기간 〈데일리 네브래스칸〉의 1면이 담긴 책이었습니다. 아버지께 평생 많은 선물을 받아보았지만 이만큼 멋진 선물은 없었습니다. 아버지는 링컨에서 보낸 학창 시절 이야기를 줄곧 들려주었습니다.

총장 당신은 불확실한 세상으로 나갈 생각에 불안해하는 우리 졸업생에게 누구와도 기꺼이 자리를 바꾸고 싶다고 말했습니다. 오늘 어떤 조언을 해주고 싶은가요?

버핏 평생 직업을 찾는 젊은이들에게 내가 항상 똑같이 해주는 조언이 있습니다. 아직 여러분에게 적합한 평생 직업을 찾지 못했더라도 어딘가에는 그런 직업이 있습니다. 처음부터 꼭 그런 직업을 찾아야 하는 것은 아닙니다. 당장은 생계를 유지해야 하니까요. 그러나 아무 직업에나 만족해서는 안 됩니다. 감동을 주는 회사가 아니라면, 존경스러운 사람이 없는 회사라면 생계 문제가 해결되는 시점에는 적합한 평생 직업을 찾아 떠나야 합니다. 아침마다 출근하려고 침대에서 벌떡 일어나게 되는 직업을 찾아야 합니다.

다행히 나는 그런 직업을 찾았습니다. 그런 직업만큼 중요한 것은 어디에도 없습니다. 그런 직업이라면 아무리 일해도 피곤하지 않습니다. 여러분은 매일 이런 직업을 찾아야 하지만, 누구나 졸업 후 곧바로 이런 직업을 얻게 되는 것은 아닙니다. 그러나 이런 직업은 어딘가에 존재하므로 여러분은 계속 찾아야 하며, 그런 직장에서 여러분을 고용할 수 있도록 항상 대비하고 있어야 합니다. 이런 직업을 찾으려면 의사소통 능력 계발이 매우 중요합니다. 글을 잘 써야 하고, 말도 잘해야 하며, 머리에는 지식이 가득해야 합니다. 전날까지 모르던 지식을 머리에 채워가는 하루하루는 인생의 황금기입니다.

이곳 링컨에서 보니 졸업생 여러분은 정말 뛰어납니다. 그래서 나는 세상의 미래를 매우 낙관하게 됩니다. 여러분은 평생 다양한 상황에 직면하게 될 것입니다. 내 인생에 대공황과 제2차 세계대전 등 뜻밖의 사건들이 일어났듯이, 여러분의 인생에도 부침이 있을 것입니다.

그래도 여러분에게는 결정적인 카드가 있습니다. 나는 운 좋게 미국에서 태어났고, 운 좋게 네브래스카에서 태어났고, 운 좋게 훌륭한 부모를 만났고, 운 좋게 훌륭한 교육을 받았습니다. 여러분이 다른 시대에 다른 나라에서 태어났다고 생각해보십시오. 그런 상황에서는 성공하기 어렵습니다.

이제 여러분이 평생 맞이할 기회를 생각해보십시오. 하루하루가 모두 완벽해야 하는 것은 아닙니다. 세상일은 그런 식으로 돌아가지 않습니다. 놀라운 인생에도 부침은 있기 마련입니다. 때로는 건강 문제 등으로 고생하기도 합니다. 그러나 오늘 졸업하는 네브래스카 대학 젊은이들만큼 내가 자리를 바꾸고 싶은 사람은 어디에도 없습니다.

총장 그 말씀에 우리 졸업생들이 무척 기뻐할 것입니다. 우리 학생들은 앞으로 긴 세월을 살아가야 합니다. 방금 당신은 매일 머리에 지식을 최대한 채워야 한다고 말했습니다. 우리 졸업생들이 어떻게 하면 평생 계속해서 학습할 수 있는지 조언을 부탁드립니다.

버핏 독서보다 좋은 방법은 없습니다. 그리고 호기심도 많아야 합니다. 간혹 사람들이 내게 물어봅니다. (고인을 포함해서) 오로지 한 사람과 점심을 먹을 수 있다면 누구를 선택하겠느냐고요. 사실은 독서를 이용하면 우리는 벤저민 프랭클린 등 역사상 모든 위인과 점심을 먹을 수 있습니다. 게다가 매우 오랫동안 함께 점심을 먹으면서 다양한 사상을 배우는 호사까지 누릴 수 있습니다. 가족 중 한 사람은 나를 걸어 다니는 책이라고 부른 적도 있답니다. 아시다시피 학습은 즐거운 일입니다. 즐겁고말고요. 여러분은 멋지게 출발했습니다. 학창 시절 동안 친구들을 사귀었고 온갖 가능성도 배웠습니다. 이제 계속해서 전진하면 됩니다.

총장 당신의 수십 년 경력을 돌아볼 때 무엇을 성공의 척도로 삼아야 하는지 우리 졸업생들에게 조언해주시겠습니까? 사업에서, 직업에서, 인생에서 무엇을 성공의 척도로 삼아야 할까요?

버핏 궁극적인 질문이군요. 나는 90세까지 살아오면서 큰 부자가 되고서도 인생에서 실패한 사람을 많이 보았습니다. 매우 유명해지고서도 인생에서 실패한 사람도 많이 보았습니다. 그러나 70세에도 활동하면서 모두에게 사랑받는 사람 중에서는 실패한 사람을 전혀 보지 못했습니다. 70세까지 활동하면서 자녀, 배우자, 동료들에게 사랑받는 사람은 성공한 사람입니다. 반면 더 부유하고 재능과 명성이 뛰어나도 사람들에게 사랑받지 못해서 허무하게 살아가는 사람이 많습니다.

총장 전적으로 옳은 말씀입니다. 2020년 졸업생들에게 가장 유명한 네브래스카대학 동문 워런 버핏이 주는 현자의 지혜입니다. 워런, 오늘 졸업생들에게 해준 지혜의 말에 감사드립니다.

잘하는 일, 좋아하는 일을 찾으세요

캘리포니아 공과대학(California Institute of Technology: Caltech), 2020년 12월 14일

사회 찰리, 당신은 매우 오랜 기간에 걸쳐 경이로운 투자 실적을 기록했습니다. 먼저 군 복무 중 파견되어 칼텍에서 연구하던 시절 이야기로 시작하시죠. 1944년에는 칼텍이 어떤 모습이었나요?

멍거 칼텍 본관은 지금 모습과 매우 비슷했습니다. 도서관은 지금 모습 그대로고요.

사회 당시 연구실은 어디였나요?

멍거 내가 있던 연구실은 토머스 헌트 모건(Thomas Hunt Morgan: 노벨 생리의학상을 받은 생물학자)의 연구실 근처였습니다. 그는 세계적인 유전

학자였는데 연구에 초파리를 이용했습니다. 그래서 주위에는 항상 죽어가는 초파리의 악취가 진동했습니다. 하지만 금방 그 악취에 익숙해졌습니다. 당시 나는 매우 무지해서 모건이 얼마나 위대한 학자였는지 전혀 몰랐습니다.

사회 전쟁이 끝나고서 당신은 미시간대학으로 돌아가 수학을 공부하는 대신 법학대학원으로 갔지요?

멍거 아버지는 하버드 법학대학원 출신이고 할아버지는 네브래스카에서 유명한 판사였습니다. 법학대학원 진학이 내게는 자연스러운 경로였습니다.

사회 경로 변경을 놓고 고민하는 사람이 많습니다. 젊은 시절 당신의 경험을 우리 동문과 재학생들에게 나누어주겠습니까?

멍거 직업 선택은 매우 중요합니다. 매우 힘든 직업을 선택하면 성공하기 어렵습니다. 하지만 특별한 강점이 있고 자신이 좋아하는 직업을 선택하면 성공하기 쉽습니다. 나는 의사가 되기 싫어서 법학을 공부했습니다. 의사라는 직업이 정말 싫었습니다. 그래서 가문의 전통을 따랐지만, 그다지 현명한 선택은 아니었습니다.

사회 왜 현명한 선택이 아니었나요?

멍거 나는 변호사라는 직업이 마음에 들지 않았습니다. 그러나 부양할 자식은 많고 가진 돈은 많지 않아서 달리 방법이 없었습니다. 변호사라는 직업의 한계도 절감했으므로 다소 어려운 길이었습니다. 하지만 젊은 시절의 초라한 수입을 꾸준히 절약해서 모은 돈으로 나는 매우 영리하면서도 대담하게 투자를 이어갔습니다. 13년이 지나자 변호사 업무로 버는 돈보다 투자로 버는 돈이 더 많아졌습니다. 남는 시간을 이용해서 소액을 투자했는데도 말이죠. 워런 버핏의 성공에 자극받은 면도 있지만, 이제부터는 남들이 아니라 나 자신을 위해서 일해야겠다고 생각했습니다. 남는 시간을 이용해서도 좋은 성과를 냈으므로 전업 투자를 생각하게 되었습니다.

사회 학자들은 지난 수백 년 동안 기술 발전이 미국의 경제 성장을 견인했다고 보는데, 칼텍에서 배운 기술이 투자 분야에서도 유용했나요?

멍거 투자 분야는 폭등장과 폭락장이 있어서 매우 흥미로웠습니다. 정부는 폭등장이나 폭락장에 개입해 과열을 식히거나 시장을 빠르게 회복시키려고 노력했습니다. 이 과정에서 상당한 인플레이션이 발생했는데, 이것은 나의 긴 인생에서 오랜 기간 지속되었습니다. 지금은 투자하는 사람도 매우 많고 큰돈을 번 사람도 많아서 투자 분야가 극도로 과열된 상태입니다. 내 젊은 시절에는 투자 분야에서 활동하는 사람이 많지 않았고 그다지 영리하지도 않았습니다. 그러나 지금은 거의 모든 사람이 영리하며, 칼텍 출신들 역시 마찬가지입니다. 이들 중 상당수가 돈을 벌려고 투자 분야에 발을 들였습니다.

이는 대단히 중요한 변화입니다.

나는 이런 변화가 전혀 반갑지 않습니다. 이렇게 시장에서 남들보다 한 수 앞서는 것으로 부자가 되려는 행태는 바람직하지 않다고 생각합니다. 시장의 투기 광풍은 매우 흥미롭지만 여기에는 문제도 있습니다. 나는 첨단 기술로는 돈을 벌지 못했습니다. 얼마 안 되는 저축으로 처음 투자한 회사는 패서디나 소재 윌리엄 밀러 인스트루먼트William Miller Instruments였습니다. 나는 돈을 거의 모두 날리고 생지옥을 경험했습니다. 나는 이 회사가 개발한 야심 찬 제품이 세상을 평정하리라 생각했습니다. 그러나 이 제품이 출시될 무렵 누군가 내게 말도 없이 자기 테이프를 발명해버렸습니다. 결국 이 제품 판매량은 겨우 3개에 그쳤습니다. 첨단 기술은 기회인 동시에 치명적인 위협입니다. 나는 첫 투자에서 하마터면 죽을 뻔했습니다.

사회 그래서 이후에는 투자 방식을 바꾸었군요.

멍거 이후 첨단 기술에 투자하는 벤처 캐피털 방식은 멀리했습니다.

사회 일부 기업은 한때 시장을 선도하지만 말씀하신 대로 기술 변화나 고객들의 기호 변화 때문에 시장에서 도태되기도 합니다. 장기적 관점에서 이런 현상을 어떻게 보시나요?

멍거 장기적으로 보면 미국 기업들도 생물과 같습니다. 인간은 누구나 언젠가 죽고 다른 종 역시 모두 언젠가 죽습니다. 기업들도 마찬가지입니다. 내가 젊었을 때 정말로 위대했던 기업들이 이제는 형편없이 쇠락했습니다. 그동안 새 기업들이 등장했고 그중 일부는 망해가고 있습니다. 이것이 장기적 관점에서 본 투자 환경입니다. 그래서 투자가 매우 흥미롭습니다. 어떤 기업들이 망했을까요? 모든 백화점과 신문들이 망해가고 있으며, US스틸U.S.Steel, 스탠더드 오일Standard Oil은 유명무실한 존재로 전락했습니다. 기업은 생물과 같습니다. 한때 전성기를 누리더라도 이후 타격을 입고 쇠퇴합니다.

사회 오래도록 망하지 않는 기업에 투자하려면 어떻게 해야 할까요?

멍거 어떤 사람들은 변화를 선도하면서 남들을 쓰러뜨립니다. 구글, 애플 등이 그런 사례입니다. 그러나 나 같은 사람들은 애플 등에 투자하는 방식으로 거대한 변화가 주는 타격을 피하려고 합니다. 예컨대 버크셔는 BNSF를 보유하고 있습니다. 철도보다 더 케케묵은 사업은 생각해내기도 어렵습니다. 도대체 누가 간선 철도를 또 깔려고 하겠습니까? 그래서 철도는 우리에게 매우 훌륭한 자산입니다. 우리는 변화를 정복하는 대신 변화를 피하는 방식으로 철도에 투자해 성공했습니다.

BNSF는 철도에 기술을 매우 현명하게 적용했습니다. 터널의 고도를 높이고 열차를 모두 2층으로 개조해 기존 철도에 약간의 비용만 추가하고서도 운송량을 단기간에 두 배로 늘렸습니다. 모두가 신기술을 이용하려고 하지만, 신기술의 악영향을 피하는 방식도 매우 유용합니다. 철도가 없으면 로스앤젤레스 항구에서 시카고까지 상품을 어떻게 운송하겠습니까?

사회 꼭 신기술이 아니더라도 혁신을 통해서 생존할 수 있다는 말씀이군요.

멍거 다른 방식도 있습니다. 모든 성공적인 투자는 지불하는 가격보다 더 많은 가치를 얻어내는 투자입니다. 그 방법은 매우 다양합니다. 벤처 캐피털 회사 세쿼이아처럼 첨단 기술에 투자하는 방법도 있습니다. 세쿼이아는 아마 미국에서 가장 뛰어난 투자회사일 것입니다. 이 회사는 오로지 첨단 기술에만 열광적으로 투자해 최고의 실적을 기록했습니다. 세쿼이아의 실적은 참으로 놀랍습니다.

사회 당신은 인지 편향을 자주 언급하면서, 똑똑해지기보다는 멍청해지지 않으려고 노력한다고 말했습니다. 인지 편향을 피하려면 어떻게 해야 하나요?

멍거 나는 인지 편향을 피하려고 평생 노력했습니다. 첫째, 내가 저지른 실수를 되새깁니다. 둘째, 최대한 핵심을 파악해서 단순하게 처리합니다. 나는 안전 마진이라는 공학 개념을 좋아합니다. 자기 생각을 강하게 저지하고 방해하는 스타일이며, 무엇보다 멍청해지지 않으려고 노력합니다. 내가 많은 문제를 다루는 방식이 있습니다. 이른바 '너무 어려움'이라고 분류한 서류함에 넣어두는 것입니다. 이

서류함에 들어 있는 문제들은 서둘러 해결하려고 하지 않습니다.

사회 간혹 '너무 어려운' 문제를 해결해야 하는 상황에 직면하지 않나요?

멍거 간혹 그런 상황에 직면하면 해결에 실패합니다.

사회 인지 편향을 피하려면 자신의 한계를 인정해야 한다는 말씀이군요.

멍거 어리석은 실수를 피하려면 자신이 잘하는 일과 못하는 일을 파악하는 것이 가장 중요합니다. 자신의 능력범위를 알아야 하는데, 매우 어렵습니다. 자신이 실제보다 훨씬 똑똑하다고 믿고 싶어 하는 인간 심리 때문입니다.

사회 당신이 태어난 시점에는 미국에 은행이 3만 개 있었지만 초대형 은행은 하나도 없었습니다. 지금은 상위 20개 대형 은행이 시장을 거의 모두 차지하고 있습니다. 그동안 일어난 금융계의 혁신이 시장에 얼마나 도움이 되었다고 보나요?

멍거 그 문제에 대한 내 견해는 매우 명확합니다. 이탈리아계 미국인 아마데오 지아니니Amadeo Giannini가 설립한 뱅크 오브 아메리카는 실제로 혁신을 일으켰습니다. 이 은행은 이민자들의 신용도를 파악하고 온갖 종류의 대출을 제공했습니다. 덕분에 상환 능력을 갖춘 사람들이 이 은행에서 혜택을 받았습니다. 이 은행은 경제에 기여했고 모든 사람에게 도움이 되었습니다. 그러나 요즘 대형 은행들은 투기꾼들처럼 손쉽게 거액을 벌고 싶어 합니다. 이런 행태는 바람직하다고 보지 않습니다. 나는 은행들이 손실을 피하려고 신중하게 노력하기를 바랍니다.

사회 그동안 코로나19가 미국 경제에 극심한 타격을 주었는데 1년 뒤에는 상황이 호전될 것으로 보나요?

멍거 코로나19에 대한 내 의견은 남들보다 나을 바 없습니다. 그러나 1년 뒤에는 최악의 상황에서 확실히 벗어날 것으로 생각합니다. 나는 소아마비가 백신 접종으로 완벽하게 퇴치되는 모습을 지켜보았습니다. 그러므로 코로나19 백신도 현기증 날 정도로 빠르게 전 세계에 보급될 것입니다. 내년에는 이 끔찍한 코로나19 문제가 하찮은 수준으로 축소될 가능성이 크다고 봅니다.

사회 당신은 백화점이 망해가는 중이라고 말했는데, 인터넷 때문에 소매업이 사라진다고 보나요?

멍거 소매업은 수천 년 동안 존재했으므로 사라지지는 않으리라 생각합니다. 그러나 인터넷 등장 이후에는 소매업으로 돈을 벌기가 매우 어려워졌습니다. 최근 한 친구가 중국산 파란색 블레이저(blazer: 콤비 상의)를 내게 보내주었습니다. 중국 인터넷에서 42달러에 구매해서 배송시킨 것입니다. 완벽하지는 않지만 42달러짜리치고는 훌륭한 블레이저였습니다. 이 블레이저 판매자는 먼저 인터넷으로 예약 판매를 하고 나서 한꺼번에 10만 벌의 제작 주문을 했다고 합니다. 이는 지금까지 내가 본 것 중 경쟁자들에게 가장 극심한 타격을 주는 거래였습니다. 이런 거래에는 소매업이 대응할 수 없습니다. 누군가 중국 인터넷으로 42달러에 의류를 배송한다면 브룩스 브라더스(Brooks Brothers: 미국 의류 소매업체)도 큰 타격을 입을 것입니다. 인터넷에 의해서 시장의 효율성이 계속 높아지고 있으므로 소매업이 매우 어려워졌습니다.

사회 소비자들에게는 좋은 일이지만 (특히 상업용 부동산 등에 투자한) 일부 투자자는 더 곤란해지겠군요.

멍거 이런 변화가 일부 투자자에게는 악재가 되고 일부 투자자에게는 호재가 됩니다. 그러나 이렇게 온라인 쇼핑 형태로 나타나는 변화에 직면하는 소매업자들은 극심한 타격을 입게 됩니다. 나는 코스트코 이사입니다. 최근 분기에는 온라인 매출이 전년 동기보다 86% 증가했습니다. 의미심장한 성장세입니다. 다른 소매업자들에게도 좋은 일일까요? 단지 코스트코에만 좋은 일입니다. 코스트코 등 대형 오프라인 매장들은 낮은 가격과 높은 효율성으로 다른 소매업자들에게 엄청난 타격을 입혔습니다. 이제는 온라인 쇼핑이 똑같은 방식으로 다른 소매업자들에게 엄청난 타격을 주고 있습니다. 소매업에서 내가 절대로 피하고 싶은 것은 코스트코와 경쟁하는 것입니다.

사회 백신이 보급되면 경기가 빠르게 회복될까요? 아니면 세계 금융위기 이후처럼 경기가 느리게 회복될까요?

멍거 내가 부자가 된 것은 거시경제 예측을 남들보다 잘해서가 아닙니다. 버핏과 나는 유망한 기업에 투자했고 이후 우리는 순풍을 타기도 하고 역풍을 맞기도 했습니다. 순풍이든 역풍이든 우리는 계속 헤엄을 쳤습니다. 이것이 우리 방식입니다. 칼텍 역시 아침에 일어나서 계속 헤엄을 치는 방식이지요. 칼텍은 호경기와 불경기를 이용해서 대박을 터뜨리려고 하지 않습니다. 우리도 마찬가지여서 18개월 후 경기를 예측하려 하지 않습니다.

사회 이제부터는 청중의 질문에 답해주기 바랍니다. 먼저 1971년 화학공학사 학위를 받은 존 빅터 박사의 질문 두 가지입니다. "첫째, 똑똑한 사람들은 남들보다 예측을 더 잘한다는 견해에 대해 어떻게 생각하나요? 둘째, 당신도 사업에서 잘못 판단한 적이 있나요?"

멍거 물론 나도 사업에서 잘못 판단한 적이 있습니다. 실수를 저지르지 않고 인생에서 성공할 수는 없습니다. 이것이 인생이라는 게임의 특징입니다. 실수를 피하려고만 하면 용기를 충분히 발휘할 수 없기 때문입니다.

'똑똑한 사람들은 남들보다 예측을 잘하는가?'라는 질문은 매우 흥미롭습니다. 두 가지로 말할 수 있습니다. 똑똑한 사람들은 자신이 실제보다 훨씬 더 똑똑하다고 생각하기 때문에 오히려 멍청한 사람들만큼도 예측을 못 합니다. 워런과 나는 매우 조심스러워서 이런 착각에 좀처럼 빠지지 않습니다. 나는 자신의 능력범위를 아는데, 최고 수준보다 훨씬 낮습니다. 칼텍에 있을 때 나는 호머 조 스튜어트Homer Joe Stewart 교수의 열역학 수업을 수강했습니다. 교수는 비길 데 없는 수재였으므로, 나는 아무리 열심히 노력해도 열역학 분야에서는 그를 따라갈 수 없다는 사실을 깨달았습니다. 이는 매우 유용한 교훈이라고 생각합니다. 나는 할 수 있는 것과 할 수 없는 것을 알았고, 열역학 분야에서는 교수와 경쟁하려는 엄두도 내지 못했습니다.

사회 다음은 1984년 졸업생 제임스 유니번의 질문입니다. "기상학 연구는 당신의 사고에 어떤 영향을 미쳤나요?"

멍거 큰 영향을 미치지는 않았습니다. 그러나 어느 일에서든지 배우는 것은 있습니다. 당시 기상학은 전형적인 경험 과학이었습니다. 우리는 지도에 기상을 표시해 기상도를 만들었습니다. 이렇게 만든 기상도를 쌓아놓고 한 장씩 보면서 이동을 파악해 기상을 예측했습니다. 가만히 있는 것보다는 훨씬 나은 방식이었죠. 우리는 착빙(着氷: 항공기 날개에 얼음이 덮이는 현상) 등도 예측했습니다. 기본 업무는 두 가지였는데, 조종 불능 상태가 되어 추락할 위험이 있는 곳으로 비행하지 못하도록 조종사들을 통제하는 것과, 착빙 상태에서 조종사가 이륙하는 것을 막는 것이었습니다. 그렇게 하면 육군 항공대

조종사들의 사망을 막을 수 있다고 생각했습니다. 지금 칼텍 기준으로 보면 그다지 복잡한 일이 아니었습니다.

사회 기상 예측이 어려울 때도 있었겠네요.

멍거 그렇습니다. 그러나 매우 쉬울 때도 있었습니다. 기상 악화가 예상되면 조종사들에게 이륙하지 말라고 지시했습니다. 나는 수송단 소속이어서 폭격 비행이 없었으므로, 정말로 위험하다고 판단되면 이륙하지 말라고 지시했습니다. 기상학은 전형적인 경험 과학이었으므로 나는 몸담고 싶은 생각이 전혀 없었습니다. 제2차 세계대전 직후 칼텍은 기상학과를 폐지했는데 올바른 결정이라고 생각합니다. 지나치게 경험적인 분야라서 칼텍에는 어울리지 않습니다.

사회 칼텍은 기후과학과를 다시 개설했습니다. 이후 상황이 바뀌었다고 생각합니다.

멍거 기후과학은 기상학과 다릅니다. 의견 충돌이 많은, 매우 흥미로운 분야입니다.

사회 실제로 우리는 장기 기후 변화 예측 모형을 개선하려고 노력 중입니다.

멍거 기후 변화 예측은 매우 어려운 것으로 밝혀졌습니다. 내 말을 오해하지 마세요. 노력하면 개선되기는 하겠지만 예측은 매우 어려운 일로 밝혀졌습니다. 하지만 세계 기후에 최악의 상황이 발생하더라도 나는 선진 문명으로 대응할 수 있다고 생각합니다. 미국 모든 해안에 방조제를 쌓아야 하더라도 그 비용이 GDP에서 차지하는 비중은 그리 크지 않을 것이며 매우 안전하게 쌓을 수 있을 것입니다. 그러므로 기후 변화가 인류 최악의 비극이 되지는 않을 것입니다.

사회 다음은 2008년 졸업생 미즈 파바티의 질문입니다. "칼텍 졸업생들이 귀 기울여야 하는 비판은 무엇인가요?"

멍거 칼텍은 현재 매우 잘하고 있다고 생각합니다. 가장 큰 장점 중 하나는 칼텍이 과도하게 변하지 않는다는 점입니다. 학부는 매우 소규모로 유지하면서 대학원을 뛰어나게 운영하는 방식이 대단히 현명하다고 생각합니다. 다시 말해서 전반적인 아이디어가 매우 건전하며 그동안 많이 변하지 않았다고 생각합니다. 나는 로버트 앤드루스 밀리컨(Robert Andrews Millikan: 1923년 노벨 물리학상을 받은 실험 물리학자. 1921~1946년 칼텍 연구소장 역임)이 연구소장일 때 칼텍에 있었는데, 그동안 많이 바뀌지 않았습니다. 이것이 장점이라고 생각합니다.

사회 투자를 결정할 때 다양한 학문에서 입수한 정보가 유용하다고 보나요?

멍거 나는 우리가 모든 학문의 핵심 아이디어를 파악해 판단의 상황에 처할 때마다 일상적으로 사용해야 한다고 확신합니다. 이것이 나의 사고방식입니다. 나는 전문가들에게 계속 조언을 받는 경영자들을 신뢰하지 않습니다. 화학 공장 등을 설립한다면 전문가들의 조언이 필요할 수도 있겠지요. 그러나 투자를 결정할 때 모든 학문의 핵심 아이디어를 숙지하고 있으면 매우 유용할 것입니다. 그러면 인생도 더 즐거워집니다. 그러나 학계는 이런 다학제적 관점에 익숙하지 않기에 전문 분야만 많이 알고 다른 분야는 모르는 학자를 우대하지만, 이런 방식에는 심각한 문제가 있습니다.

사회 그래도 학문 연구에는 전문화가 불가피하지 않겠습니까?

멍거 불가피한 면도 있습니다. 그러나 그러다가 협소한 전문 분야에서 벗어나면 위험에 직면하게 됩니다.

사회 다음은 1975년 졸업생 폴 굿슨의 질문입니다. "향후 10년 동안 주식시장의 수익률이 과거 10년보다 낮을 것으로 예상하나요?"

멍거 네. 낮을 것으로 예상합니다. 주식에 투자하는 사람이 매우 많아서 시장이 과열 상태이기 때문입니다. 경영 시스템과 보상 시스템이 매우 부실해서 효과가 없으리라 생각합니다. 실질 수익률이 하락할 것으로 봅니다.

사회 1995년 졸업생 슐러 쿨런의 질문입니다. "양적 완화와 대규모 재정 적자의 결합에 대해 어떻게 생각하며, 향후 그 결과를 어떻게 예상합니까?"

멍거 매우 흥미로운 질문입니다만 내 대답은 아주 단순합니다. 우리는 미지의 영역에 있습니다. 이렇게 장기간에 걸쳐 막대한 돈을 찍어 냈는데도 문제가 없었던 적은 없습니다. 우리가 매우 위험한 불장난을 하고 있다고 생각합니다.

사회 이렇게 통화량이 증가하고 금리가 하락했는데도 아직 반응이 거의 없다는 점이 놀랍습니다.

멍거 놀랍다는 표현으로는 부족합니다. 경악스럽다astounding는 표현이 더 어울립니다. 믿기 어려울 정도로 극단적인 상황입니다. 일부 유럽 국가는 100년 만기 채권을 1%보다 훨씬 낮은 금리에 발행했습니다. 기묘한 일입니다. 도대체 어떤 미치광이가 1% 미만 금리로 유럽 국가에 100년 동안 돈을 빌려줄까요?

사회 과거에는 장기간 전 세계가 빈곤했고 자본이 부족한 탓에 많은 정책이 필요했습니다. 그러나 제2차 세계대전 이후 자본이 매우 빠르게 증가하고 있습니다. 이제 개발도상국들도 매우 부유해졌습니다. 상황이 과거와 달라졌다고 보나요?

멍거 개발도상국들도 매우 부유해졌고, 상황이 달라졌습니다. 엄청나게 달라졌습니다. 내 생애 선진국들의 발전 속도는 과거 어느 세기보다도 압도적으로 빨랐습니다. 실제로 역사상 전례가 없는 엄청난 속도였습니다. 나는 매우 오래 살았으므로 이 모든 변화를 지켜보았습니다. 정말로 경악스러울 정도입니다. 내가 어린 시절에는 오마하에서 안심 스테이크 5가지 코스 요리가 60센트였습니다. 세상이 정말 달라졌습니다.

사회 다음은 1975년 졸업생 데이비드 휘트너 박사의 질문입니다. "나스닥이 거품인가요? 거품이 터진다면 언제일까요?"

멍거 거품이 언제 터질지는 아무도 모릅니다. 그러나 최근과 같은 나스닥 급등장이 금방 다시 오지는 않을 것입니다. 이렇게 믿기 어려운 급등장은 전례가 없습니다. 애플의 가치와 록펠러 석유 제국의 가치를 비교하면서 곰곰이 생각해보십시오. 아마도 세계 금융 역사상 가장 극적인 일입니다. 정말로 놀라운 일이 또 있습니다. 지난 30년 동안 중국이 달성한 실질 경제 성장률입니다. 세계 역사에서 중국처럼 거대한 국가가 이렇게 빠르게 성장한 사례는 없습니다. 누가 달성했나요? 중국 공산주의자들입니다. 정말 놀라운 일이지요. 금융을 공부하다 보면 놀라운 일이 많습니다.

사회 1979년 졸업생 밥 리덴토프 박사의 질문입니다. "현재 정치적으로 갈등 관계인 중국에 투자하는 것에 대해 어떻게 생각하나요? 당신은 중국에서 사업하는 미국 기업의 주식을 보유하는 방식으로 중국에 투자하고 있나요?"

멍거 나는 코카콜라 등 중국에서 사업하는 미국 기업에도 투자하고 있습니다. 그러나 리 루Li Lu가 설정한 중국 투자 사모펀드를 통해서도 가족 재산의 상당 부분을 중국에 투자하고 있습니다. 그가 매우 훌륭한 실적을 기록하고 있으므로 나는 선도적인 중국 기업들을 면밀하게 지켜보고 있습니다. 지금까지 나도 매우 좋은 실적을 얻고 있으며 앞으로도 좋은 실적이 이어질 것으로 생각합니다. 중국의 경제 발전 사례는 지금까지 거대 국가가 세운 기록 중 최고입니다. 거대 국가가 이렇게 장기간 빠르게 발전한 사례는 없습니다.

사회 그렇다면 정치 체제는 그다지 중요하지 않다는 뜻인가요?

멍거 매우 흥미로운 질문입니다. 네. 중요하지 않습니다. 성과를 보면 알 수 있습니다. 일당독재 중국의 공산주의자들이 세계 경제 역사상 최고의 기록을 세우리라고 누가 짐작이나 했겠습니까? 미국인들은 경제가 발전하려면 정부에 대한 비판 등 온갖 의견이 허용되는 표현의 자유가 필수적이라고 생각합니다. 그러나 정부의 통제 속에서도 놀라운 경제 성장이 가능하다는 사실을 중국이 입증했습니다. 정부는 일자리만 많이 만들어내면 됩니다. 그러면 일당독재도 문제가 되지 않습니다. 거북하게 들리겠지만, 나는 그렇게 생각합니다.

사회 2014년 졸업생 잭 리프킨의 질문입니다. "칼텍이 경쟁력 있는 인재를 양성하려면 어떤 교육 방식이 필요한가요?"

멍거 칼텍이 체스나 포커 대회에서 우승하는 방법을 교육한다고 가정합시다. 칼텍 학생 중에는 체스나 포커를 매우 잘하는 사람도 있고 못하는 사람도 있습니다. 우승자를 배출하려면 체스나 포커를 매우 잘하는 사람을 선발해서 교육해야 합니다. 나는 칼텍이 대부분 학생을 훌륭한 투자자로 양성할 수 있다고 생각하지 않습니다. 훌륭한 투자자는 훌륭한 체스 선수와 비슷합니다. 투자에는 타고난 자질이 필요합니다.

사회 위험 수용도나 인내심 때문인가요? 훌륭한 투자자가 되려면 어떤 자질이 필요한가요?

멍거 지식도 풍부해야 하지만 기질과 만족 지연도 필요합니다. 참고 기다릴 수 있어야 합니다. 투자에는 인내심과 공격성이라는 기묘한 조합이 필요합니다. 그러나 이 둘을 겸비한 사람은 많지 않습니다. 명확한 자기 인식self-awareness이 필요하며 자신의 능력범위를 알아야 합니다. 뛰어난 사람 중에도 자신의 능력범위를 모르는 사람이 많습니다. 이들은 자신이 실제보다 훨씬 똑똑하다고 생각합니다. 그렇게 생각하면 문제를 일으킬 수 있으므로 위험합니다. 칼텍이 모든 학생을 훌륭한 투자자로 양성하기는 어렵다고 생각합니다.

사회 자신에게 기질이 있는지 쉽게 확인하는 방법이 있나요? 아니면 직접 경험해야 알 수 있나요?

멍거 실제로 포커를 해보면 자신에게 기질이 있는지 알 수 있습니다.

사회 경험이 중요하군요.

멍거 네. 그렇습니다. 기초 수학 지식이 확실히 유용하긴 하지만 감각이 있는 사람은 누구나 압니다. 기질은 귀와 코처럼 누구나 가지고 있지만 사람마다 다릅니다. 기질을 가르치기는 어렵습니다. 기질에 관해서 워런과 이야기한 적이 있습니다. 우리가 사용하는 효과적인 투자 기법을 설명해주면 어떤 사람들은 즉시 이해하고 곧바로 받아들여 좋은 실적을 냈습니다. 또 어떤 사람들은 아무리 자세히 설명해주고 아무리 좋은 실적이 나와도 그 기법에 적응하지 못했습니다. 사람들은 즉시 이해하거나 또는 전혀 이해하지 못했습니다. 내 경험은 그렇습니다.

사회 찰스 밀러의 질문입니다. "당신은 인간 행동에 관한 심리와 교육 원리를 연구한다고 했는데, 발견했나요?"

멍거 나는 단지 잘 살아가는 방법을 발견했을 뿐입니다. 잘 살아가는 것도 생각만큼 쉽지 않습니다. 출세하기가 얼마나 어려운지 생각해보십시오. 당신이 학문을 매우 좋아해 칼텍에서 종신 재직권을 얻으려 한다고 가정합시다. 능력이 탁월하면 매주 80~90시간씩 연구하면서 9~10년을 보내면 종신 재직권을 얻게 됩니다. 이는 호머 조 스튜어트 교수와 경쟁하는 셈이어서, 이른바 쉬운 일이 아닙니다.

사회 그런 생활을 좋아하는 사람도 있습니다.

멍거 물론이죠. 하지만 그런 방식으로는 크게 성공하지 못하기 때문에 나는 그런 생활을 선택하지 않습니다. 일반 기준으로 보면 성공한 교수는 될 수 있겠지만 스타는 되지 못할 겁니다.

사회 자신의 길을 찾으라는 말씀이군요. 자신이 빛날 수 있는 곳을 찾으라는….

멍거 아닙니다. 대단한 재능이나 노력 없이도 성공할 수 있는 자리를 찾으라는 말입니다. 예컨대 코스트코처럼 정말로 강한 기업에서 깊이 신뢰받는 훌륭한 직원이 되면 성공할 수 있습니다. 그러면 강력한 순풍을 타게 됩니다. 그러나 하버드, MIT, 스탠퍼드 등 일류 대학 출신들은 아무도 코스트코에서 일하려 하지 않습니다. 가장 쉽게 성공할 수 있는 곳인데도 말이지요.

사회 이 대목에서 꼭 던지고 싶은 질문입니다. "저는 16세인데 전업 투자자가 되고 싶습니다. 조언을 들려주시겠어요?"

멍거 어느 직업이든 열광적으로 추구하면 성공할 가능성이 큽니다. 워런 버핏은 어린 나이에 열광적으로 투자를 추구했습니다. 그는 신문 배달 등으로 모은 돈으로 소액이나마 계속 투자했습니다. 그리고 마침내 투자에 통달하게 되었습니다. 투자에 성공하고 싶으면 일찍 시작해서 계속 열심히 노력하십시오. 성공은 대개 그런 식으로 이루어집니다.

사회 2020년 졸업생 로라 얄리프의 질문입니다. "당신이 자랑스럽게 생각하는 것은 무엇인가요?"

멍거 내가 싫어하는 것을 피할 수 있다는 점이 자랑스럽습니다. 나는 불합리한 것을 싫어하므로 그것을 피하려고 평생 노력했습니다. 물론 성공하지는 못했지만, 불합리했던 처음의 내 모습을 생각하면 기대 이상의 성과를 거두었으며 그 과정도 즐거웠습니다. 칼텍도 합리성을 지지하므로 진실을 알아내려고 노력합니다. 이것이 가치 있는 일입니다. 이런 사고방식이 유전자에 들어 있으면 정말 유용합니다.

요즘 나는 칼텍 박사 후 연구원인 라즈 빌스틴Lars Bildsten과 자주 일하고 있습니다. 캘리포니아대학 샌타바버라캠퍼스 물리학과 교수이며 물리학자 방문 프로그램을 맡고 있습니다. 그와 함께 일하면 즐겁습니다. 그는 재능이 뛰어나서 어리석은 말을 하는 법이 없습니다. 그도 진실을 알아내려고 노력하며 그의 대학원생들 역시 다른 대학원생들보다 조금 더 빨리 더 정확하게 진실을 파악하려고 노력합니다. 그는 칼텍에서 박사 후 연구원으로 2~3년 연구했는데, 정말 훌륭한 인물입니다. 칼텍에는 이런 사람이 많습니다. 현재 칼텍 물리학과는 매우 훌륭해서 더 개선할 여지가 많지 않다고 생각합니다.

사회 우리는 그런 점에서 매우 긍지를 느낍니다.

멍거 긍지를 느낄 만합니다. 그러나 교양 과목에서는 현명하기가 어렵습니다. 교양 과목 교수 중에는 극좌파가 많습니다. 극좌파는 관점이 왜곡되어 있어서 현명하기가 어렵습니다.

사회 1961년 졸업생 존의 질문입니다. "칼텍에서 배운 것 중 가장 기억에 남는 것은 무엇인가요?"

멍거 호머 조 스튜어트 교수야말로 칼텍을 대표하는 인물로 학생들이 자랑하고 싶어 합니다. 내가 칼텍 50주년 재상봉 행사에 참석했을 때 그도 있었습니다. 당시 그는 88세였을 텐데도 여전히 예리했습니다. 그는 열역학에 대해 내게 말했습니다. "열역학이 흥미로운 점은 뉴턴 물리학에서 수학적으로 도출한 내용이 거의 없다는 점이야." 정말 흥미로운 이야기였습니다. 두 분야를 모두 이해하면 매우 옳은 말임을 알 수 있습니다. 여러분은 뉴턴 물리학에서 열역학을 모두 도출할 수 있다고 생각할 것입니다. 그러나 기묘하게도 도출할 수 없습니다. 호머 조 스튜어트 교수 같은 인물이 있는 한 여러분은 칼텍에 대해 걱정할 필요가 없습니다.

사회 2016년 졸업생 그레이스 리시먼의 질문입니다. "당신이 자랑스럽게 생각하는 자선 활동은 무엇인가요?"

멍거 나는 내 자선 활동에 대해 그다지 자랑스럽게 생각하지 않습니다.

어느 정도 성공한 사람에게는 자선 활동이 최소한의 의무라고 생각하기 때문입니다. 우리는 어느 정도 베풀 줄 알아야 합니다. 나는 자선 활동을 하면서 사람들에게 인정받은 것으로 충분히 보상받았다고 생각합니다. 게다가 나는 기록적인 자선 활동을 한 것도 아닙니다. 자선 활동에 쓴 돈보다 가족들에게 준 돈이 더 많습니다. 일종의 나쁜 사례입니다. 다만 내 자선 활동은 매우 이성적이었다고 생각합니다. 기부금으로 좋은 일을 많이 했다고 생각하니까요. 그러나 내가 그런 기부 활동에 대해 인정받을 자격은 없다고 봅니다. 나는 허세를 부리고 싶지 않습니다.

사회 마지막으로 크리스틴 베리의 질문입니다. "앞으로 30~40년 동안 당신이 가장 알고 싶은 분야는 무엇인가요?"

멍거 나는 매우 오랫동안 투자를 해왔으므로, 미친 듯이 돈을 찍어내는 현재의 이상한 경제 상황에 관심이 많습니다. 지금까지 세계 경제가 발전한 과정도 관심이 있고, 중국 등 빠르게 발전하는 개발도상국도 흥미로우며, 언론의 자유는 더 많지만 경제 발전 속도는 훨씬 느린 인도도 관심사입니다. 나는 현대 세계의 경제 발전이 매우 흥미롭습니다. 경제 발전은 매우 복잡하면서도 흥미로워서 경제학자들이 좋아하는 것이겠죠. 그동안 기술도 크게 발전했고 경제도 크게 발전했습니다. 전 세계가 줌(Zoom: 화상 회의 앱)으로 대화하게 될 줄 누가 알았겠습니까? 1년 반 전만 해도 우리는 줌을 사용하지 않았습니다. 정말 놀라운 일이 벌어지고 있습니다. 모두가 놀랄 일이 많이 발생하고 있습니다. 정말 흥미롭습니다.

사회 찰리, 인터뷰에 응해주셔서 감사합니다. 특히 당신의 열정과 끝없는 호기심이 인상적입니다. 항상 새로운 것에 대해 생각하고 질문하는 것은 칼텍이 매우 소중하게 여기는 가치입니다. 그리고 자랑스러운 동문상 수상을 축하합니다. 오늘 행사에 참여해주셔서 대단히 감사합니다.

멍거 나는 칼텍에서 근무할 때가 좋았습니다. 내가 선택한 진로는 아니었지만 전쟁 중 우연하게나마 칼텍과 인연을 맺게 되어 기쁩니다. 칼텍에서 지낸 9개월이 좋았습니다. 이후 계속 칼텍과 같은 지역 사회에서 살게 된 것도 좋았습니다. 이 모든 일이 마음에 들었습니다.

사회 환상적입니다. 이 인터뷰에 참여한 2,400 시청자 여러분 감사합니다. 안전하게 지내십시오.

멍거 안녕히 계십시오.

부록 3. 찰리 멍거의 2021년 데일리 저널 주주총회 Q&A

낡은 해자는 사라지고 새로운 해자가 등장합니다

2021년 2월 26일

닷컴 버블 기억하시죠?

올해 주주 서한에서 당신은 투기 광풍과 인덱스펀드의 매수세 때문에 주가가 상승했다고 말했습니다. 주기적인 광풍에 잘 대처하려면 어떻게 해야 하나요?

멍거 시장 경제에서는 미친 듯한 강세장도 오는 법입니다. 닷컴 버블을 기억하시죠? 실리콘밸리에서는 자그마한 건물의 임대료조차 엄청나게 올라갔지만, 몇 달 지나 건물의 약 3분의 1이 비었습니다. 자본주의에는 이런 기간이 옵니다. 나는 오랫동안 살아오면서 이런 기간을 잘 참고 견뎌야 한다고 항상 생각했습니다. 투자자들 역시 그래야 한다고 생각합니다. 그러나 실제로 투자자들은 주가가 상승하는 모습을 보면 광풍에 휩쓸려 앞다투어 주식을 매수합니다. 대출까지 받아 매수하는 경우도 흔합니다. 이런 투자 방식은 매우 위험합니다. 더 합리적으로 행동해야 합니다. 주가가 상승한다는 이유로 매수하는 행동은 도박과 같습니다. 키플링은 유명한 시 'The Women(여인들)'의 마지막 시구에서, 여인에 대해 알려면 직접 경험하지 말고 키플링 본인에게 배워야 한다고 말하면서 "내 조언을 따라야 한다"라고 썼습니다.

게임스탑 주식 도박

최근 게임스탑GameStop의 숏 스퀴즈* 상황에 관해서 어떻게 생각하나요? 당신이 '오판의 심리학'에서 지적한 여러 편향에서 비롯되는 듯한데요.

멍거 확실히 그렇습니다. 경마장에서 도박하듯 유동성 높은 주식시장을 이용하는 사람이 많을 때 이런 현상이 나타날 수 있습니다. 현재 주식시장이 그런 모습입니다. 그리고 이렇게 도박하듯 거래하는 투자자들로부터 보수 등 수입을 얻는 사람들이 이런 광풍을 조장합

* 숏 스퀴즈(short squeeze)는 주가 하락을 예상하고 공매도를 한 기관이 주가가 오를 때 계약 이행에 필요한 주식을 확보하기 위해 집중 매수하는 것을 뜻한다. 이때 시장에 매수할 주식의 양이 부족하면 경쟁적으로 주식을 매수하면서 주가 급등 현상이 일어난다. 일부 투자자는 인위적으로 숏 스퀴즈 상황을 유발함으로써 큰 시세 차익을 얻기도 한다. - 편집자

니다. 그래서 상황이 극단으로 치달을 때 숏 스퀴즈 같은 현상이 나타납니다. 대중은 잘 인식하지 못하지만 이런 모든 거래는 청산소clearinghouse에서 결제가 완결됩니다. 그러나 최근 게임스탑 숏 스퀴즈 같은 극단적인 상황이 발생하면 청산소에서 결제가 완결되지 못할 위험이 있습니다.

그러므로 경마장에서 도박하듯 주식으로 도박하도록 조장한다면, 이는 매우 위험하고 어리석은 문화입니다. 이런 문화는 심각한 문제를 일으킵니다. 이에 대한 내 생각은 매우 단순합니다. 여러분은 사람들에게 유익한 상품을 제공하면서 돈을 벌어야 합니다. 카지노에서 도박 손님을 유인하는 중개인들처럼 투자자에게 도박을 권유하면서 돈을 챙긴다면, 이는 추잡한 돈벌이 방식이므로 허용해서는 안 됩니다.

10년 뒤 데일리 저널이 어떤 모습이길 바라나요?

멍거 데일리 저널이 법원 업무 자동화 소프트웨어 사업에서 크게 성공하길 바랍니다. 나는 가능하다고 생각하지만, 물론 확실한 것은 아닙니다. 신문 사업도 생존하길 바라지만, 역시 확실하지는 않습니다.

우리 소프트웨어 사업의 향후 진행 방향을 구체적으로 설명해주기 바랍니다.

멍거 향후 진행 방향은 우리도 정말 모릅니다. 우리가 아는 한 가지는 전 세계 법원 업무의 현대화가 진행된다는 사실입니다. 그래서 아침

식사 후 게리Gerry Salzman가 내게 말했듯이, 앞으로는 법원 근처 주차장에 투자해서는 안 됩니다. 향후 법원 업무 대부분이 인터넷으로 진행될 테니까요. 이는 매우 바람직한 방향입니다. 에스토니아처럼 작은 나라도 모든 업무가 인터넷으로 진행됩니다. 정말 좋은 방식입니다.

그러므로 우리 사업은 크게 성장하는 분야라고 믿으셔도 됩니다. 이것이 좋은 소식입니다. 나쁜 소식은 이 시장을 누가 차지할지 불확실하다는 점입니다. 시장 규모가 얼마나 되는지도 불확실하고요. 사람들은 우리 회사가 마이크로소프트 같은 일반 소프트웨어 회사라고 추측합니다. 그러나 실제로 우리 사업은 마이크로소프트보다 더 까다로운 소프트웨어 사업입니다. 제안요청서(request for proposal: RFP) 방식으로 진행하는 사업이므로 기업의 요구 사항이 많고, 수익성은 더 낮으며, 마이크로소프트의 사업보다 불확실성이 커서 매우 까다로운 사업입니다. 그래도 우리는 이 사업을 대단히 좋아하며, 중요한 공공 서비스 개념으로 진행하고 있습니다.

릭 게린Rick Guerin에 관해서 당신이 즐겨 기억하는 이야기를 들려주겠습니까?

멍거 릭 게린은 수십 년 동안 가까이 지낸 나의 절친이었고, 훌륭한 신사였습니다. 우리는 함께 이룬 성과도 많습니다. 독점금지법이 널리 시행될 때 버핏과 나는 릭과 함께 블루칩 스탬프의 경영권을 인수했습니다. 이후 우리는 오랜 기간 함께 경영했습니다. 그리고 다른 기회에 릭과 나는 데일리 저널 사업을 함께 하게 되었습니다.

릭은 항상 유머가 넘치고 총명했습니다. 릭은 해군 IQ 테스트에서 사상 최고 점수를 기록하고서 조기에 전역했습니다. 이렇게 희귀한 기록 덕분에 그는 빠르게 출세했습니다. 그는 정말 지독하게 똑똑했습니다. 스카이다이빙, 마라톤 등 내가 엄두도 못 내는 온갖 활동을 했던 그는 함께 있으면 항상 재미있는 친구였습니다. 농담하기를 즐겼던 그는 사람들에게 즐거움을 주었고, 매우 용감했으며, 평생 주위의 모든 사람을 너그럽게 도와주었습니다. 우리는 릭이 몹시 그립습니다. 그래도 그는 90세까지 오래도록 멋진 인생을 살았습니다. 내 나이에는 이런 친구가 떠나면 대신할 사람이 없습니다.

게리, 자네도 기억하나? 릭은 항상 낙관적이었지?

게리 항상 낙관적이었지요. 매사에 관심이 많았고, 배경 정보가 부족한 상태에서 즉흥적으로 하는 말도 항상 정확했습니다.

멍거 IQ 테스트에서 최고 기록을 세우고 일찍 떠나면 출세에 유리하답니다.

데일리 저널의 주력 사업과 장기 자본 배분 정책을 설명해주시겠습니까?

멍거 우리 회사에서 가장 유망한 사업은 법원 업무 자동화 소프트웨어 사업입니다. 우리는 이 사업에 최선을 다할 것이며, 좋은 성과를 기대합니다. 우리는 현재 상황에서 현금 보유보다 주식 보유를 선호합니다. 우리가 유가증권을 대량 보유 중인 것은 우연입니다.

최근 버크셔가 그랬던 것처럼 데일리 저널도 주주들에게 경영자 승계 계획을 알려줄 수 있나요? 그러면 주주들이 데일리 저널의 미래를 더 잘 이해하고 안심할 수 있을 듯합니다.

멍거 게리, 메리 조Mary Jo, 대니Danny가 이끄는 컴퓨터 소프트웨어 직원들은 현재 일을 훌륭하게 잘하고 있으며 앞으로도 계속 훌륭하게 잘할 것으로 기대합니다. 그러나 이 사업은 매우 까다롭고, 경쟁도 치열하며, 우리 회사 규모는 주요 경쟁사보다 훨씬 작습니다. 그래서 우리가 성공한다고 약속할 수 없습니다. 단지 노력하겠다고 약속할 수 있을 뿐입니다. 지금까지는 우리가 매우 잘하고 있다고 말할 수 있습니다. 게리, 자네도 우리가 매우 잘하고 있다고 생각하지 않나?

게리 나도 그렇게 생각합니다.

멍거 한마디 더 하겠습니다. 메리 조와 대니가 이끄는 직원들이 일을 매우 잘하고 있지만 게리는 이에 대해 놀라지 않는 듯합니다. 그러나 나는 이들의 일솜씨에 깜짝 놀랄 정도입니다.

게리 찰리는 법원 업무에 관해 자주 언급합니다. JTI 소프트웨어는 지방 검사, 기소 검사, 국선 변호인, 보호 관찰관 등 다른 사법 기관의 업무에도 적합하게 수정되었습니다. 이렇게 우리는 기본 시스템 하나를 다른 여러 방식으로 수정합니다. 여기에는 미국 일부 주州의 산업 재해 보상 제도도 포함됩니다.

멍거 이 거대한 분야에서 우리는 상당한 기반을 확보하고 있는데, 특히 호주와 캘리포니아에서 가장 강력한 기반을 확보하고 있습니다. 하지만 실적은 장담할 수 없습니다. 그래도 우리는 열심히 노력하고 있으며 유리하게 진행 중이라고 생각합니다. 다만 나는 이 사업을 깊이 이해하지 못하므로, 장담하건대 내 생각은 많이 반영되지 않을 것입니다.

현재 상황은 끝이 안 좋을 것

신규 주식의 상장 첫날 주가가 치솟고 터무니없는 투기가 판치는 등 현재 시장 흐름이 닷컴 버블을 연상시킨다고 말하는 전문가가 많습니다. 당신도 현재 상황이 1990년대 말과 유사해서 '끝이 안 좋을 것'으로 보나요?

멍거 네. 끝이 안 좋으리라 생각합니다. 그러나 그 시점이 언제인지는 나도 모릅니다.

배우, 운동선수, 가수, 정치인 등 모두가 자신의 스팩(Special Purpose Acquisition Company: SPAC, 기업인수목적회사)을 선전하고 있는데, 어떻게 생각하나요?

멍거 나는 스팩에 전혀 투자하지 않으며, 그렇게 선전하는 사람들이 없으면 더 좋은 세상이 되리라 생각합니다. 그런 미친 투기와 선전이 여전한 것은 시장에 거품이 쌓였다는 신호입니다. 투자은행들은 팔 수만 있으면 똥까지 팔기 때문입니다.

모멘텀 트레이딩의 심각성

당신은 작년 주주총회에서 금융계의 과도한 행태를 지적했는데, 이후 1년을 돌아볼 때 어느 분야에서 가장 심각했다고 보나요?

멍거 로빈 후드Robin Hood 등 새로운 유형의 증권사에 유혹당한 초보 투자자들의 모멘텀 트레이딩이 가장 심각했다고 봅니다. 이런 활동 모두 안타깝게 생각합니다. 이런 활동이 없으면 우리 문명사회가 더 나아질 것입니다. 아시다시피 역사상 최초의 거대 거품은 1700년대 영국의 남해회사South Sea Company 거품이었습니다. 이 거품이 터지면서 참혹한 피해를 줬으므로 영국은 이후 수십 년 동안 상장 주식의 거래를 허용하지 않았습니다. 간혹 인간의 탐욕과 증권사들의 공격적 영업이 이런 거품을 만들어냅니다. 현명한 사람들은 이런 거품을 멀리합니다.

국채에 거품 없으나 매수 안 한다

작년 주주총회에서 '횡령 상당 행위(functional equivalent of embezzlement)'를 언급하면서 사람들이 착각해 자산의 가치를 실제보다 고평가하면 거품이 형성될 수 있다고 말했는데, 현재 미국 장기 국채도 여기에 해당하나요?

멍거 아닙니다. 국채에는 거품이 끼어 있다고 생각하지 않습니다. 그러나 지금 투자하기에 좋은 대상은 아닙니다. 금리가 이렇게 낮으면 나는 절대 국채를 매수하지 않으며, 데일리 저널 역시 매수하지 않습니다. 국채에 큰 문제가 있다고는 생각하지 않습니다. 다만 이렇게 인위적으로 낮아진 금리가 장차 어떻게 될 것인지, 정부가 추가로 돈을 찍어내면 향후 경제가 어떻게 될 것인지 우리가 알지 못한다고 생각할 뿐입니다. 앞으로 어떻게 될지 확실히 아는 사람은 아무도 없다고 생각합니다. 최근 래리 서머스(Larry Summers: 전 미국 재무부 장관)는 경기 부양책이 과도하다고 우려했는데 나는 그의 생각이 옳은지도 알지 못합니다.

당신은 이렇게 말했습니다. "현금이 넘치는데도 투자하지 않고 가만있으려면 기질이 필요합니다. 그저 그런 기회도 잡으려 했다면 나는 현재의 위치에 이르지 못했을 것입니다." 최근 몇 년 동안 주가는 대폭 상승했고 현금은 중앙은행의 정책 때문에 더 위험해졌는데 말을 바꿀 생각은 없나요?

멍거 지금처럼 금리가 낮으면 누구나 더 높은 PER에도 주식을 보유하려 할 것입니다. 그러므로 우량 기업의 PER이 전보다 훨씬 높은 것도 꼭 터무니없는 현상은 아니라고 생각합니다. 그러나 투기 광풍이 불 때 높은 PER에 주식을 매수했다면 나는 부자가 되지 못했습니다. 그래서 나는 말을 바꾸지 않을 것입니다. 금리가 훨씬 더 내려간다면 나도 더 높은 PER에 주식을 매수할 것입니다.

100종목보다는 4~5종목

GDP가 감소하는 상황에서도 가치투자는 여전히 타당하다고 생각하나요? 패시브 투자는 어떻게 생각하나요?

멍거 내가 생각하는 가치투자는 절대 구시대의 유물이 되지 않을 것입니다. 가치투자란 내가 지불하는 가격보다 더 많은 가치를 받으려고 하는 투자이기 때문입니다. 이런 기법은 절대 유행을 타지 않을 것입니다. 가치투자를 현금이 풍부한 부실 기업에 투자하는 것으로 생각하는 사람들도 있습니다. 그러나 나는 그런 투자를 가치투자로 정의하지 않습니다. 모든 훌륭한 투자가 가치투자라고 생각합니다. 건전한 기업에서 가치를 찾는 사람도 있고 부실한 기업에서 가치를 찾는 사람도 있습니다. 그러나 모든 가치투자자는 자기가 지불하는 가격보다 더 많은 가치를 얻으려고 노력합니다.

흥미롭게도 4~5종목을 보유할 때보다 100종목을 보유할 때 더 전문성 높은 투자라고 생각하는 사람이 많습니다. 이는 완전히 미친 생각입니다. 4~5종목을 선정해야 내 생각이 적중할 확률이 높습니다. 그러므로 100종목을 선정하는 것보다 4~5종목을 선정하는 편이 훨씬 쉽습니다. 사람들은 이런 '다각화diversification'가 필요하다고 주장하지만 나는 이것을 (누군가의 표현을 빌려) '다악화diworsification'라고 부릅니다. 나는 내가 잘 알며 우위가 있다고 생각하는 2~3종목을 보유할 때 마음이 훨씬 더 편합니다.

왜 버크셔는 웰스 파고 주식을 신속하게 매도했고 데일리 저널은 전혀 매도하지 않았나요?

멍거 데일리 저널의 결정이 항상 버크셔와 일치해야 한다고는 생각하지 않습니다. 우리는 세금에 대해 고려할 사항도 다릅니다. 웰스 파고가 버크셔 등 장기 투자자들을 실망하게 했다는 사실에는 의문의 여지가 없습니다. 지금은 교체된 과거 경영진이 (고의는 아니었을지 몰라도) 끼워 팔기에 대해 매우 잘못된 결정을 내렸기 때문입니다. 급여가 적은 직원들에게 인센티브를 지나치게 많이 지급한 탓에 직원들은 고객들에게 실제로 필요하지 않은 상품을 끼워 팔았습니다. 직원들이 고객을 속이는 등 시스템에서 문제가 드러난 후에도 경영진은 직원들을 엄벌하지 않았고 시스템을 변경하지도 않았습니다. 이는 매우 잘못된 결정이었으며 개탄할 일이었습니다.

워런이 왜 웰스 파고에 환멸을 느꼈는지 이해가 될 것입니다. 그러나 나는 조금 더 너그러운 편입니다. 은행에 대한 기대가 워런만큼 크지 않기 때문입니다.

은행 주식이 다른 주식보다 더 안정적이어서 보유하나요?

멍거 주식은 모두 등락을 거듭합니다. 현명하게 경영하면 은행업은 매우 훌륭한 사업이라고 생각합니다. 한 현인은 이렇게 말했습니다. "문제는 유능한 은행가보다 은행이 더 많다는 사실입니다." 사고방식이 버핏과 같아서 절대 곤경에 처하지 않는 은행가는 소수에 불과합니다. 그래서 은행을 현명하게 경영하기가 어렵습니다. 장기적으로는 이익이 감소하더라도 다음 분기 이익을 증가시키는 어리석은 방법이 있을 때, 그 유혹에 넘어가는 은행가가 많습니다. 좋은 은행을 가려내기가 불가능한 것은 아니지만, 쉽지는 않습니다.

비트코인은 여우 사냥

뱅크 오브 아메리카와 US 뱅코프 등 데일리 저널이 보유한 은행에 가장 위협적인 경쟁자는 누구인가요? 페이팔, 스퀘어, 애플 페이 같은 디지털 지갑인가요? 아니면 비트코인 같은 암호화폐인가요?

멍거 나는 은행업의 미래가 어떤 모습일지 알지 못하며 결제 시스템이 어떤 방향으로 발전할지도 알지 못합니다. 다만 합리적으로 경영되는 은행은 문명사회에 크게 기여한다고 생각합니다.

각국의 중앙은행은 자국의 은행 시스템과 통화 공급을 통제하고자 합니다. 비트코인은 변동성이 지나치게 커서 교환의 매체가 되지 못할 것으로 생각합니다. 비트코인은 말하자면 금의 인공 대체물입니다. 나는 금을 절대 사지 않으므로 비트코인도 절대 사지 않습니다. 다른 사람들에게도 내 방식을 추천합니다. 비트코인을 보면 여우 사냥에 대해 오스카 와일드가 한 말이 떠오릅니다. 그는 여우 사냥이 먹지도 못하는 동물을 쫓는 악행이라고 말했습니다.

데일리 저널도 테슬라처럼 비트코인 등 암호화폐 매입을 고려하나요?

멍거 아니요. 우리가 테슬라처럼 비트코인을 매입하는 일은 없을 것입니다.

데일리 저널이 보유한 BYD 주가가 대폭 상승해서 내재가치보다 훨씬 높아진 듯한데, 일부 매도를 고려하나요?

멍거 매우 좋은 질문입니다. 우리가 BYD를 보유한 초기 5년 동안은 주가가 그대로였지만 작년에 5배가 되었습니다. BYD는 자동차 생산이 가솔린차 중심에서 전기차 중심으로 전환되는 중국에서 매우 유리한 위치를 차지하고 있습니다. 이에 열광한 중국 투기꾼들이 몰려든 덕분에 주가가 대폭 상승했습니다. 우리는 BYD를 높이 평가하고 현재 BYD의 시장 지위에도 만족하며 원래부터 BYD를 좋아하는 경향이 있습니다.

대개 우리는 새 종목을 매수할 때가 아니면 기존 종목을 계속 보유합니다. 거의 모든 투자자가 그렇게 합니다. 벤처 캐피털을 하는 매우 똑똑한 친구 하나는 코피 터지게 비싼 주식을 거듭 대량으로 매수하고 그중 절반을 항상 매도합니다. 이런 식으로 거래하면서 그는 자기가 똑똑하다고 생각합니다. 나는 그런 방식을 따르지 않습니다. 그러나 그런 방식을 비난하지도 않습니다.

전기차 제조업체 주가에 거품이 끼지 않았을까요? BYD의 PER은 거의 200배입니다. PER이 1,100배고 주가매출액배수(PSR)가 24배인 테슬라보다는 싸지만 말이지요. 고평가된 주식을 매도하는 시스템이 있나요?

멍거 내 보유 종목이 BYD처럼 코피 터지게 급등한 사례는 거의 없습니다. 그러므로 내가 고평가된 주식을 매도하는 시스템은 없습니다. 단지 나는 계속 배우고 있을 뿐입니다. BYD처럼 우리가 회사와 경영진을 정말로 좋아하는 경우라면 충성도가 매우 높아지기 쉽습니다. 우리 태도는 바뀌지 않을 것으로 생각합니다.

아마존보다 위대한 코스트코

약 2년 전 당신은 코스트코가 아마존을 두려워할 점보다 아마존이 코스트코를 두려워할 점이 더 많다고 말했습니다. 제프 베이조스가 역사상 최고의 사업가라고 믿는다면, 그의 새 프로젝트에 투자할 생각이 있나요?

멍거 나는 제프 베이조스가 역사상 가장 똑똑한 사업가 중 하나라고 생각하며 그를 매우 높이 평가하지만 그의 방식을 따르지는 않을 것입니다. 사람들은 저마다 생각이 다르며 나는 기술 분야를 잘 알지 못하므로 그 분야에는 투자하고 싶지 않습니다. 매우 똑똑하고 훌륭한 투자자의 상당수가 이와 반대로 판단합니다.

코스트코에는 아마존이 갖추지 못한 장점이 하나 있다고 생각합니다. 사람들은 코스트코가 엄청난 가치를 제공한다고 정말로 믿습니다. 그래서 코스트코는 아마존에 위협적인 존재입니다. 코스트코는 아마존을 포함한 어떤 기업보다도 많은 가치를 제공한다는 평판을 보유하고 있습니다.

GE처럼 이미지 좋고 합리적인 기업의 주가가 폭락하면 어떻게 대처하나요?

멍거 나는 GE 주식을 보유해본 적이 없습니다. GE의 기업문화를 좋아하지 않았으므로, 주가가 폭락했을 때 나는 놀라지 않았습니다. 현재 CEO 래리 컬프Larry Culp는 매우 유능한 인물이므로 이사회가 매우 현명한 선택을 했다고 생각합니다. 그는 문제를 해결할 수 있습니다.

멍거의 체크리스트

지금까지 당신이 사용한 체크리스트에 더 일찍 추가하지 않아서 아쉬웠던 사항이 있나요?

멍거 나는 끊임없이 실수를 저지릅니다. 그러고서 돌아보며 다른 판단을 내렸어야 했다고 깨닫습니다. 투자는 어려운 일이므로 실수가 불가피합니다. 요즘은 나 자신에 대해 매우 관대해졌습니다. 실적에 만족하는 편이며 다른 사람들이 더 좋은 실적을 내도 분노하지 않습니다. 체크리스트 등 내가 사용하는 기법이 옳다고 생각하며, 일찌감치 이 기법을 발견해서 잘 사용했으므로 감사하는 마음입니다.

다른 사람들도 내 사례를 따르라고 추천합니다. 버니언John Bunyan의 《천로역정(Pilgrim Progress)》(우화 형식의 종교 소설) 핵심 구절이 떠오릅니다. "휘두를 수 있는 사람에게 내 칼을 드립니다." 내가 할 수 있는 것은 칼을 드리는 일뿐입니다.

당신과 워런은 지금까지 경영자들을 신속하고 정확하게 평가했는데, 어떤 방법을 사용했나요?

멍거 물론 알코올 중독자는 피합니다. 누구에게나 위험을 걸러내는 손쉬운 방법이 있습니다. 우리가 쓰는 손쉬운 방법은 더 많으며, 지금까지 효과가 좋았습니다. 버크셔의 커다란 이점 하나는 수많은 훌륭한 인물과 어울린다는 점입니다. 가만 생각해보면 이 이점은 데일리 저널에도 있습니다. 그동안 위기에 직면해 수많은 신문사가 문을 닫았지만 데일리 저널은 규모가 작은데도 생존했습니다. 데일리 저널은 훌륭한 인물들 덕분에 극심한 시련기를 극복할 수 있었습니다. 그런 인물 중 한 사람이 게리 솔즈먼입니다. 게리와 나는 오랜 기간 함께 일했습니다. 언제부터 함께 일했지, 게리?

게리 1970년대 초부터지요.

멍거 1970년대 초였군요. 흥미롭네요. 나는 게리가 어떤 사업이든 경영할 수 있는 인물임을 일찌감치 알아보았고 데일리 저널의 후임 CEO가 될 수 있다고 생각했습니다. 게리는 법률회사 멍거, 톨스 앤드 올슨Munger, Tolles & Olson에서 관리 업무를 했습니다. 그전에는 릭

게린과 내가 함께 경영권을 인수한 소형 뮤추얼펀드에서 관리 업무를 했습니다. 그는 매우 호감을 주는 인상이었습니다. 나는 릭에게 데일리 저널을 게리에게 맡기자고 말했습니다. 그러자 릭은 당황하면서 "게리는 신문사 일을 해본 적이 없잖아?"라고 말했습니다. 나는 게리가 해낼 수 있다고 말했고 릭도 즉시 동의했습니다. 우리는 CEO 자리에 게리를 앉혔고, 이후 게리는 모든 결정을 훌륭하게 했습니다. 이것이 우리 시스템입니다.

톰 머피는 완전한 사임에 가까운 권한 위임이 자신의 경영 시스템이라고 즐겨 말했습니다. 우리가 게리를 대하는 방식도 그렇습니다.

벼룩과 이 중 무엇이 더 나쁜가

비트코인 가격이 5만 달러 되는 것과 테슬라의 기업 가치가 1조 달러 되는 것 중 어느 쪽이 더 터무니없다고 보나요?

멍거 새뮤얼 존슨(Samuel Johnson: 영국의 시인·평론가)은 비슷한 질문을 받았을 때 이렇게 말했습니다. "벼룩과 이 중 무엇이 더 나쁜지 나는 모르겠습니다." 나도 어느 쪽이 더 나쁜지 모르겠습니다.

로빈 후드는 거래 수수료가 무료이므로 주식 매수에 대해 세금을 부과해야 하지 않나요?

멍거 로빈 후드 거래는 무료가 아닙니다. 로빈 후드는 고객들의 주문 정보를 판매하므로, 무료를 가장해서 십중팔구 고객들에게 더 비싼 수수료를 부과하고 있습니다. 매우 수치스럽고 저급한 영업 방식입니다. 로빈 후드 거래가 무료라고 믿어서는 안 됩니다.

중국에 적합한 중국 시스템

중국 문명에 대한 지식과 이해를 높이려면 어떻게 해야 하나요?

멍거 사람들이 자기 나라가 최고라고 생각하는 것은 자연스러운 현상입니다. 그러나 모든 나라가 최고일 수는 없습니다. 중국은 세계 역사상 거대 국가로서 최고의 경제 실적을 기록했습니다. 매우 흥미로운 일입니다.

산업혁명을 주도한 영국이 일찌감치 언론의 자유를 도입했으므로, 애덤 스미스가 규정했듯이 산업 발전에는 언론의 자유가 필수적이라고 사람들은 생각합니다. 그러나 중국은 언론의 자유 없이도 경제가 발전할 수 있다는 것을 보여주었습니다. 사실 중국이 언론의 자유까지 포함해서 애덤 스미스의 이론과 영국 문명을 모두 복제했다면 더 성공했을지 의문입니다. 아마 성과가 더 나빴을 것입니다. 중국은 극빈층이 많고 상황이 매우 심각해 난국에서 벗어나려면 전체주의 등 극단적인 방법이 필요했습니다. 그러므로 나는 중국이 자국에 적합한 방법을 선택했다고 생각합니다. 단지 우리가 우리 시스템을 좋아한다는 이유로 중국도 우리 시스템을 따르라고 주장해서는 안 됩니다. 우리 시스템은 우리에게 적합하고 중국 시스템은 중국에 적합할 수도 있습니다.

최근 중국 정부는 알리바바Alibaba와 잭 마(Jack Ma, 마윈)의 활동을 규제하고 있습니다. 언젠가 BYD를 국유화하지 않을까요?

멍거 BYD가 국유화될 가능성은 매우 낮다고 봅니다. 나는 잭 마가 매우 오만했다고 생각합니다. 중국 정부에 매우 멍청하고 어리석다고 말했기 때문입니다. 중국 시스템을 고려하면 삼갔어야 할 언행입니다. 오히려 나는 중국이 경제를 매우 영리하게 관리했으며 미국보다 더 좋은 성과를 냈다고 생각합니다.

나는 이런 상황이 십중팔구 이어질 것으로 생각합니다. 물론 우리는 모두 우리 문명을 사랑합니다. 나도 미국을 선호합니다. 중국에서 살고 싶지 않습니다. 그러나 그동안 중국이 이룬 성과는 높이 평가합니다. 거대 국가가 그토록 빠르게 빈곤에서 벗어난 사례는 중국 외에는 없습니다. 현재 중국의 모습은 나에게 커다란 충격입니다. 중국에는 오로지 로봇만으로 구성되어 멋지게 돌아가는 공장도 있습니다. 이제 미국에는 중국 처녀들을 혹사하는 신발 공장이 없습니다. 중국은 현대 세계에 매우 빠르게 합류하고 있습니다. 경영 능력이 매우 좋아지고 있습니다.

우연과 필연이 만든 빈부 격차

현재 연준의 저금리 정책이 금융자산 보유자들에게만 유리한 탓에 빈부 격차가 확대되고 있는데, 이 문제를 어떻게 보나요?

멍거 어떤 거시경제 정책이 옳은지는 알기 어렵습니다. 정부가 어디까지 개입하고 어디에서 멈춰야 하는지 확실히 아는 사람은 아무도 없기 때문입니다. 우리는 통화 관련 거시경제 예측 능력이 없다고 생각합니다. 그리고 코로나19 탓에 부자가 더 부유해진다는 불평은 다소 부적절한 우려라고 생각합니다. 부자가 더 부유해지게 하려고 노력한 사람은 아무도 없습니다. 우리는 전체 경제가 끔찍한 상황에서 벗어나게 하려고 노력하고 있습니다. 그리고 이용 가능한 대안 중에서 가장 현실적인 결정을 내렸다고 생각합니다. 부자가 더 부유해지긴 했지만 의도했던 결과는 아닙니다. 전체 경제를 구하려고 시도하는 과정에서 나온 우연의 산물입니다.

지금까지 우리가 내린 결정은 십중팔구 현명한 결정이었습니다. 부자들이 사악한 의도로 내린 결정이 아니라 우연의 산물이었습니다. 다음에는 가난한 사람들이 더 빨리 부유해질지도 모릅니다. 이런 상황은 순환합니다. 그리고 상황에 따라 더 빨리 부유해지는 계층이 바뀌므로 이에 대해 지나치게 걱정할 필요는 없다고 생각합니다.

필연적인 요소도 있습니다. 실제로 한 나라가 부유해지려면 자유시장 제도가 필요합니다. 그러나 애덤 스미스 방식으로 부유해지는 자유시장 제도는 매우 짜증 나는 시스템입니다. 모두가 빈곤에서 벗어나려면 큰 고통을 안겨주는 빈곤도 필요하기 때문입니다. 다시 말해서 자유시장 제도는 자체 정정自體訂正 시스템이며 모두를 매우 곤란하게 만듭니다. 수치스럽게도 경제학 교과서는 경제 성장을 통해서 빈곤에서 벗어나려면 빈곤이 꼭 필요하다는 사실을 알려주지 않습니다. 이 필연적 결과를 지나치게 축소하려고 하면 역효과가 발생합니다.

사람들 대부분은 쉽다고 생각하지만 사실은 매우 어려운 문제입니다. 최저 임금을 초당 10만 달러로 인상해서 사람들이 모두 부자가 된다면 우리는 당연히 그렇게 할 것입니다. 그러나 그럴 수는 없습니다.

현대 금융 이론에 대해서 어떻게 생각하나요?

멍거 현대 금융 이론은 정부가 돈을 계속 찍어내서 소비해도 바이마르 공화국(1919~1933) 당시 독일 같은 초인플레이션을 걱정할 필요가 없다고 보는 이론입니다. 지금까지 나온 증거로 보면 현대 금융 이론이 맞을지도 모르지만, 나는 회의적입니다. 답은 나도 모릅니다.

다소의 빈부 격차는 괜찮다

연준의 정책에 의해 자산 가격이 상승하면서 빈부 격차가 확대되는 듯한데, 장기적으로 경제에 어떤 영향을 미칠까요?

멍거 장래에 경제가 어떻게 될지 나는 모릅니다. 나는 데일리 저널이 거시경제 통찰력이 훌륭해서 좋은 실적을 내고 있다고 생각하지 않습니다. 사람들은 빈부 격차에 대해 불평하지만 나는 그다지 걱정하지 않습니다. 빈부 격차는 부자를 더 부유하게 하고 빈자를 부자로 끌어올리는 국가 정책에서 비롯된 우연의 산물이자 필연적 결과라고 생각합니다. 그래서 다소간의 빈부 격차는 괜찮다고 생각합니다.

내가 보기에 일반적으로 부자들은 권력과 재산을 매우 빠르게 상실하고 있습니다. 그러므로 남들보다 더 빠르게 돈을 벌어 성공하는 소수에 의해서 나라가 망한다는 걱정은 하지 않습니다. 나는 중국이 매우 현명하다고 생각합니다. 중국 공산주의자들에 의해서 아주 많은 중국인이 단기간에 억만장자가 되었습니다. 중국 공산주의자들이 정한 상속세율이 얼마일까요? 0%입니다. 이것이 중국 공산주의자들의 정책입니다. 나는 십중팔구 이들의 정책이 옳다고 생각합니다.

코로나19 이후 빈부 격차가 놀라운 수준에 도달했으므로 부유세 등 과감한 해결책이 필요하다는 견해에 대해 어떻게 생각하나요?

멍거 부국富國이라면 부가 축적됨에 따라 사회 안전망도 확장해야 한다고 생각합니다. 내 평생 미국은 그렇게 해왔으며 나는 그 성과에 박수를 보냅니다. 만일 양대 정당 중 한쪽이 계속 집권했다면 성과는 더 나빴을 것으로 생각합니다. 다시 말해서 건국의 아버지들이 도입한 견제에 의한 균형 시스템과 선거 제도 덕분에 내 평생 매우 올바른 정책이 시행되었다고 생각합니다. 나는 미래에도 이런 제도가 계속 유지되기를 바랍니다. 그러나 미국 정치에 증오와 부조리가 전보다 많아지고 있다고 생각하며 이는 바람직하지 않다고 봅니다.

많은 대기업과 부자가 캘리포니아를 떠나고 있는데, 어떻게 생각하나요?

멍거 네. 캘리포니아주를 떠나는 부자가 갈수록 늘어나고 있습니다. 부자들을 박대하는 주는 매우 어리석다고 생각합니다. 부자들은 그 주에 실보다 득이 훨씬 많은 존재입니다. 우리는 부자들을 경계할 필요가 없습니다. 워싱턴주는 실제로 부유세 부과를 검토하고 있습니다. 나는 부유세가 미친 짓이라고 생각합니다. 만일 부유세를 부과한다면 많은 부자가 워싱턴을 떠날 것입니다.

줌 등 신기술을 이용한 재택근무가 증가하고 있는데, 상업용 부동산의 미래를 어떻게 전망하나요?

멍거 부동산은 항상 분석하기 어려운 분야였고 일부 부동산은 최근 몇 년 동안 특히 더 분석하기 어려웠습니다. 지금은 사무실 건물들이 곤경에 처했고 매장에 임대한 상업용 부동산은 오랫동안 크게 고전하고 있습니다. 아파트는 큰 피해를 보지 않았습니다. 그러나 내 지식이 큰 도움이 될 것 같지는 않군요. 나는 아파트를 몇 채 보유하고 있습니다. 관리가 완벽하면 아파트는 좋은 투자입니다. 완벽한 관리가 쉽지는 않지만요.

피난처haven에 대해 어떻게 생각하나요?

멍거 나는 피난처에 대해 전혀 알지 못합니다.

역사는 유용한 배경지식

기업을 공부하려면 어떤 교육 과정이 바람직하다고 보나요?

멍거 하버드 경영대학원은 설립 초기부터 기업의 역사를 가르쳤습니다. 학생들이 운하 건설, 철도 건설 등의 역사를 두루 익히게 했습니다. 산업의 성쇠도 가르쳤고 경제 변화에 의한 창조적 파괴 등도 가르쳤습니다. 이는 모두에게 유용한 배경지식이었습니다.

만일 내가 기업에 대해 가르친다면 하버드 경영대학원에서 오래전에 가르친 방식으로 시작할 것입니다. 그러나 하버드 경영대학원은 이 교육 방식을 중단했습니다. 내 생각에는 이 교육 방식이 마케팅 등 각 과목 교수들로부터 최고의 사례를 훔치는 셈이었기 때문입니다. 학문적으로는 불편한 교육 방식이었을 것으로 생각됩니다. 하지만 여러분은 자본주의 역사부터 공부해야 하고 그보다 먼저 자본주의가 어떤 이유로 어떤 역할을 했는지 공부해야 합니다.

경영대학원들은 교육을 그다지 잘하지 못합니다. 가만 생각해보면 기업은 생물과 매우 비슷합니다. 생물학에 의하면 개체는 모두 죽으며 종도 결국 모두 죽게 됩니다. 자본주의도 잔혹하기는 마찬가지입니다. 파산한 기업들을 생각해보면 그렇습니다. 한때 번영했다가 지금은 파산하거나 사라진 기업들을 생각해봅시다. 내가 젊었을 때는 코닥과 GM이 파산하리라고 아무도 상상하지 못했습니다. 그래서 실제로 파산한 사례를 보면 믿기 어렵습니다. 그러므로 역사 지식은 유용합니다.

학습 기법 학습하기

2007년 서던캘리포니아대학 법학대학원 졸업식 연설에서 당신은 이렇게 말했습니다. "인류가 발명 기법을 발명해야만 문명이 발전할 수 있듯이 여러분은 학습 기법을 학습해야만 발전할 수 있습니다. 나는 정말 운이 좋았습니다. 학습 기법을 학습하고 나서 법학대학원에 왔기 때문입니다. 나의 오랜 인생에서 지속적인 학습만큼 유용했던 것은 하나도 없습니다." 당신의 학습 기법을 설명해주겠습니까?

멍거 내게는 올바른 기질이 있었습니다. 사람들이 좋은 아이디어를 말해주면 나는 그것이 좋은 아이디어인 줄 알아보았고, 서둘러 통달해서 곧바로 쓰기 시작했으며, 평생 사용했습니다. 누구나 그렇게 한다고 말하지만, 모두가 그렇게 하지는 않는다고 생각합니다.

아이디어는 매우 단순합니다. 학습 기법이 없으면 우리는 엉덩이 걷어차기 시합에 출전한 외다리 선수와 같은 처지가 됩니다. 일이 잘 풀리지 않습니다. 예컨대 게리를 봅시다. 게리가 학습 기법을 모른다면 데일리 저널은 유가증권만 수억 달러를 보유하고 있을 것입니다. 게리는 CEO가 되었을 때 데일리 저널에 관해서 아는 것이 하나도 없었지만 학습 기법을 알고 있었습니다. 학습 기법은 유용합니다. 그런데 학습 기법은 가르치기가 어렵습니다. 가르치면 쉽게 배우는 사람도 있고 전혀 배우지 못하는 사람도 있습니다.

왜 어떤 사람들은 새로운 아이디어나 행동을 배우지 못하나요?

멍거 문화의 영향도 있지만 대부분 타고난 능력입니다. 그 사람의 특성이지요. 어떤 사람들은 자연스럽게 잘 판단하는 경향이 있고, 또 어떤 사람들은 평생 실수를 거듭하면서 살아갑니다.

심리학과 타 분야 지식의 결합

당신은 '오판의 심리학'을 2005년에 개정했는데 이제 16년이 지났습니다. 새로 추가할 자료가 있나요?

멍거 없습니다. 물론 '오판의 심리학' 관련 새로운 자료가 일부 있긴 하지만 대부분 지식은 이미 오래전에 나온 것입니다. 심리학은 다른 분야의 지식과 결합할 때 유용하게 널리 사용할 수 있습니다. 그러나 심리학 학계는 심리학 분야를 더 깊이 통찰하는 실험에 대해서만 보상하므로, 심리학과는 그런 수업 방식을 따르지 않습니다. 이미 발견된 심리학 지식을 다른 분야의 지식과 결합하는 연구에 대해서는 보상하지 않으니까요. 게다가 심리학 교수들은 다른 분야에 대한 지식이 많지 않으며 다른 분야 지식을 습득할 유인도 없습니다. 그러나 다른 분야의 지식에 통달하지 않으면 심리학과 결합할 수가 없습니다. 그래서 우리는 자율 학습을 해야 합니다.

나는 심리학이 꼭 필요하다고 깨달았을 때, A 학점을 받는 데 그치지 않고 다른 분야의 지식과 결합하는 데까지 깊이 학습했습니다. 이것이 옳은 방식입니다. 이런 방식을 아는 심리학과가 있으면 내게 알려주시기 바랍니다. 심리학은 세상에서 가장 무지한 분야 중 하나입니다.

당신은 자신의 실수로부터 배우는 방식을 옹호하는데, 당신의 사례를 알려주기 바랍니다.

멍거 나는 용도 지역 설정(zoning: 주거 지역, 상업 지역, 녹지 지역 등의 구분) 작업을 피하게 되었습니다. 젊은 시절 나는 어떤 곳에서 용도 지역 재설정 작업을 매우 성공적으로 마무리했습니다. 그런데 오랜 세월이 흐른 후 이 작업을 다시 해보려 했을 때 세상이 딴판으로 바뀌어 있었습니다. 향후 내가 대규모 용도 지역 재설정 작업에 참여하는 일은 절대 없을 것입니다.

자신의 능력범위 안에 머물다가 기술 혁신 탓에 그 범위가 빠르게 축소되면 어떻게 해야 하나요?

멍거 당신이 이해하지 못하는 새로운 기술이 도입되어 불리한 처지가 되었다고 가정합시다. 만일 그 불리한 점을 바로잡을 수 있다면 바로잡으십시오. 그러나 바로잡을 수 없다면 불리한 대로 살아가십시오. 달리 무슨 방법이 있을까요? 바로잡을 수 있으면 바로잡고, 바로잡을 수 없으면 참고 살아야지요.

과신은 지식의 확장을 막는다

두 가지 상반된 견해를 동시에 유지하려면 어떻게 해야 하나요?

멍거 방법이 있습니다. 그동안 내게 유용했으므로 내가 준수하는 원칙입니다. 상대편의 주장을 내가 더 효과적으로 반박할 수 없다면 나는 그 주제에 대해서 함부로 언급하지 않습니다. 이 원칙을 항상 준수하고 반박 증거를 찾으면서 자제력을 발휘하면 무지에서 벗어날 수 있습니다.

그러나 어렵게 발견한 사실이나 자신이 믿는다고 이미 공언한 사실에 대해서는 누구나 과신하는 경향이 있습니다. 다시 말해서 큰 소리로 외치면 지식이 주입될 뿐, 확장되지는 않습니다. 나는 이 사실을 항상 인식하고 있으므로 이 망할 주주총회를 제외하면 매우 조용하게 지낸답니다.

아는 만큼 경계한다

유진 아베크Eugene Abegg는 대손율을 극히 낮게 유지하면서 장기간 자산이익률 약 2%를 달성했는데, 그 비결이 무엇인가요?

멍거 답은 간단합니다. 그는 매우 똑똑한 사람이어서 자기가 사는 지역에서 모든 사람과 모든 일을 알고 있었습니다. 판단력도 탁월했습니다. 그는 부실 채권이나 불필요한 비용이 발생하지 않도록 극도로 조심했습니다. 어떤 문제도 일으키지 않는 완벽한 은행가였습니다. 그 지역 사람을 모두 안다는 사실이 그에게 매우 유용했습니다. 나 역시 내가 자란 오마하에 계속 살면서 은행업을 했다면 매우 훌륭한 은행가가 되었을 것입니다. 어린 시절부터 나는 오마하에서 누가 건실하고 누가 부실한지 잘 알고 있었기 때문입니다. 유진도 똑같은 방식이었습니다. 게다가 그는 대공황도 겪었는데, 한 은행의 파산 관재인이었습니다. 이 경험 덕분에 그는 부실 대출을 매우 경계하게 되었습니다. 비용 지출도 꺼렸습니다. 매우 전통적이고 건전한 사고방식이었습니다. 이 사고방식은 여전히 효과적이지만 다른 사람은 모방하기 어렵습니다. 그는 일리노이 소도시에서 부실 대출 방지에 필요한 모든 것을 제대로 알고 있었습니다.

실용적이고 효과적인 방법

당신은 오래전부터 싱가포르 리콴유 총리를 존경한다고 말했는데, 그 이유는 무엇인가요?

멍거 국가의 규모를 따지지 않는다면 리콴유는 십중팔구 세계 역사상 최고의 국가를 건설한 인물일 것입니다. 그는 군대도 없이 말라리아 습지를 접수했고 단기간에 멋지게 번영하는 국가로 만들었습니다. 그가 사용한 기법은 매우 단순했습니다. 그가 거듭 말하던 좌우명은 "효과적인 방법을 찾아내서 실행하라"입니다. 이 말은 누구나 아는 상식처럼 들리지만 실행하는 사람은 많지 않습니다. 사람들은 효과적인 방법을 찾아내려고 열심히 노력하지 않습니다. 그리고 리콴유처럼 효과적인 방법으로 끝없이 실행하지도 않습니다.

그는 매우 똑똑했고 아이디어도 많았습니다. 그는 살아 있는 동안 말라리아 습지에 현대 국가 싱가포르를 세웠습니다. 정말로 믿기 어려운 업적입니다. 일당 체제 국가였지만 그는 언제든 선거를 통해서 밀려날 수 있었으므로 독재자는 아니었습니다. 그는 부패를 강력하게 억제했는데, 매우 훌륭한 생각이었습니다. 실제로 그가 손댄 것은 거의 예외 없이 개선되었습니다. 싱가포르 의료 시스템은 의료비가 미국의 20%인데도 미국 의료 시스템보다 훨씬 낫습니다. 이는 전적으로 리콴유의 실용주의 사고방식 덕분입니다. 그는 매번 올바른 시스템을 선택했습니다.

싱가포르에서는 누구나 태어나자마자 의료 저축 예금을 하게 됩니다. 이 예금은 본인이 사용하지 않으면 결국 상속인이 사용하게 되므로 자기 돈입니다. 싱가포르에서 의료 서비스를 이용하는 사람은 누구나 비용을 자기가 부담합니다. 그러므로 사람들은 의료 서비스를 더 합리적으로 이용합니다. 이렇게 리콴유는 매번 실용적이고 효과적인 방법을 실행했습니다.

리콴유 같은 인물은 흔치 않습니다. 그래서 나는 집에 그의 흉상을 둘 정도로 깊이 존경합니다.

현재 투자 분야에서 가장 새빨간 거짓말은 무엇인가요?

멍거 가장 역겨운 거짓말을 뽑는다면 '거래 수수료 면제'가 매우 유력한 후보입니다. 거래 수수료 면제는 사실은 면제가 아닙니다.

초기 단계 기업의 주식에 투자해야 유리한가요, 아니면 성숙기 기업의 주식에 투

자해야 유리한가요?

멍거 세쿼이아 같은 벤처 캐피털은 신생 벤처 기업 투자를 잘하고, 워런과 나는 성숙기 산업 투자를 잘한다고 생각합니다. 세쿼이아는 십중팔구 세계 최고의 벤처 캐피털이어서 초기 단계 투자에 매우 능합니다. 나는 이들과 초기 단계 투자로 경쟁하고 싶지 않습니다. 일부 사람들에게는 초기 단계 투자가 유리하고, 또 다른 사람들에게는 나처럼 성숙기 산업 투자가 유리하다고 생각합니다.

최근 당신은 세쿼이아가 최고의 벤처 캐피털이라고 말했습니다. 현재 디지털 경제가 변곡점에 도달했다고 보나요, 아니면 1999년 인터넷 거품기와 비슷하다고 보나요?

멍거 나는 세쿼이아와 경쟁하지 않습니다. 내가 리 루와 함께 BYD에 투자해서 내 방식이 세쿼이아와 비슷해 보일 수도 있습니다. 그러나 BYD는 신생 벤처 기업이 아니라 상장 기업이었습니다. 당시에는 규모가 작고 거래량이 많지 않아서 벤처 캐피털 방식으로 투자했을 뿐입니다. BYD를 제외하면 나는 세쿼이아처럼 투자한 적이 없습니다. 나는 그들만큼 잘하지 못하기 때문입니다.

앞으로는 어떤 유형의 해자가 가장 중요하다고 보나요?

멍거 매우 어려운 질문입니다. 사람들은 매우 강력한 해자를 많이 열거하지만, 미국에서 한때 정부 기관의 역할을 했던 독점 신문들이 지금은 거의 모두 망해가고 있습니다. 낡은 해자들은 계속 사라지고 새로운 해자들이 계속 등장하고 있습니다. 이것이 자본주의의 특성입니다. 진화나 생물학과 비슷합니다. 오래된 종은 사라지고 새로운 종이 탄생합니다. 이런 분야에서 경쟁을 극복하기는 쉽지 않습니다. 정신 측면에서 인생이 더 편해져야 한다는 법은 없으므로, 더 어려워질 것입니다.

투자는 타고난 재능

훌륭한 투자자와 훌륭한 체스 선수를 비교한 당신의 칼텍 인터뷰가 흥미로웠습니다. 넷플릭스에 올라온 〈퀸스 갬빗(Queen's Gambit)〉을 보았나요?

멍거 나도 〈퀸스 갬빗〉 한두 편을 보았습니다. 체스가 흥미로운 점은, 타고난 재능이 없으면 어느 수준 이상은 배울 수 없다는 점입니다. 그리고 타고난 재능이 있어도 어린 나이에 시작해서 방대한 경험을 쌓지 않으면 잘할 수 없습니다. 그래서 체스는 매우 흥미로운 경쟁 분야입니다.

사람들은 현명한 사람이 열심히 공부하면 훌륭한 투자자가 될 수 있다고 생각합니다. 나 역시 현명한 사람은 꽤 훌륭한 투자자가 되어 일부 함정을 피할 수 있다고 생각합니다. 그러나 모든 사람이 위대한 투자자나 위대한 체스 선수가 될 수 있다고는 생각하지 않습니다.

내가 알고 지내던 헨리 싱글턴Henry Singleton은 체스 챔피언이 아니었지만 눈을 가리고서 게임을 해도 그랜드 마스터 수준에 육박하는 실력을 가지고 있었습니다. 헨리는 천재였으며 이런 사람은 많지 않습니다. 이 정도가 아니면 체스 세계 챔피언이 될 수 없습니다. 사업 역시 헨리처럼 잘하기가 어렵습니다.

일부 분야는 잘하기가 매우 어렵습니다. 대체로 자산운용사를 이용하거나 사람들을 고용해서 판단하는 것은 실수입니다. 리 루 투자조합처럼 한 사람이 집중적으로 판단하거나 올바른 사람을 선택하는 편이 낫습니다. 평범한 사람이 위대한 투자자가 되기는 쉽지 않다고 생각합니다.

당신은 전기차에서 기회를 발견하고 BYD에 투자했는데, 수소차에 대해서는 어떻게 생각하나요? 장래에는 주유소나 화물 자동차 휴게소가 감소하지 않을까요?

멍거 버크셔는 본격적으로 화물 자동차 휴게소 사업을 하고 있으므로 나는 화물 자동차 휴게소가 감소하지 않기를 바랍니다. 물론 장래에는 다양한 운송 수단이 더 자동화될 것입니다. 내게는 수소에 대한 특별한 통찰이 없습니다. 다만 수소 공급 시스템을 구축하기는 쉽지 않다고 생각합니다. 로스앤젤레스에서는 모든 버스가 천연가스를 사용하고 있는데 천연가스는 휘발유보다 훨씬 저렴하므로 막대한 비용이 절감됩니다.

나는 버스 시스템 전체가 휘발유나 디젤에서 천연가스로 전환되는 모습을 보았습니다. 그러므로 수소 공급 시스템도 불가능하지는 않을 것입니다. 그러나 전체 수소 공급 시스템을 새로 만들어야 합니다. 나는 수소 공급 시스템이 휘발유 공급 시스템보다 얼마나 더 어렵고 위험한지 알지 못합니다. 이제 내 능력범위의 한계에 도달했으므로 더는 할 말이 없습니다.

그저 최선을 다할 뿐

갑자기 예상 밖으로 많은 이익이 나오면, 현재의 저금리 저인플레이션 상황에서 어떻게 활용할 생각인가요?

멍거 지금처럼 주가가 매우 높고 일부 부동산 가격이 대폭 상승한 상황에서는 자금을 활용하기가 쉽지 않습니다. 단지 최선을 다하겠다고 말할 수 있을 뿐입니다. 그러나 상황이 악화하면 문제가 저절로 해결되지는 않을 터이므로, 나는 내 몫을 다할 생각입니다.

주가에 대한 도덕적 책임?

경영진은 자사 주식이 최대한 적정 가격에 거래되도록 해야 하는 도덕적 책임이 있나요?

멍거 나는 도덕적 책임이 있다고 생각하지 않습니다. 만일 경영진에게 도덕적 책임이 있다면 나는 도덕적으로 하자 있는 사람이 됩니다. 현재 데일리 저널 주가는 내가 지불하려는 가격보다 훨씬 높습니다. 경영자는 항상 이렇게 실상을 말해야 하며, 자사 주가를 지나치게 선전해서는 안 된다고 생각합니다.

1999년에는 데일리 저널의 정규직이 355명, 비정규직이 61명이었습니다. 2010년에는 정규직이 165명, 비정규직이 15명으로 감소했습니다. 올해(2020년) 연차 보고서에 의하면 정규직이 97명입니다. 직원 수가 감소해서 신문의 질이 저하되지 않았을까요?

멍거 전통적 신문 사업이 축소되고 있으므로 우리 사업도 축소할 수밖에 없었습니다. 게리는 사고방식이 건전해서, 매우 불쾌한 일이지만 축소 작업을 적절하게 실행했습니다. 나와 릭을 번거롭게 하지 않으면서 말이지요. 업무의 질이 저하되었을까요? 공시公示 광고의 질은 저하되지 않았다고 생각합니다. 하지만 종업원 수가 감소하는데 편집의 질이 높아질 수는 없겠지요. 내 짐작에 편집의 질은 어느 정도 저하되었을 것입니다. 게리, 자네 생각은 어떤가?

게리 여기에는 여러 요소가 등장합니다. 기술은 매우 중요한 요소입니다. 우리 시스템 다수는 클라우드 환경입니다. 다만 법률 광고는 우리 매출이 가장 많아서 예외적으로 우리가 시스템을 개발할 수밖에 없었습니다. 다른 편집 시스템, 광고 시스템은 모두 클라우드 환경이고 회계 시스템 역시 클라우드 환경입니다. 신문 산업의 전반적인 쇠퇴가 큰 영향을 미쳤습니다. 안내 광고도 대폭 감소했습니다. 그래서 예컨대 디스플레이 광고(display advertising: 화려한 그래픽 광고)는 우리가 현재 25년째 거래 중인 우호적인 기업을 이용하면서 광고 판매까지 지원받고 있습니다.

다행히 우리는 코로나19 이전에 콘퍼런스 형식의 행사를 중단했으므로 행사 감소의 영향을 받지 않습니다. 그리고 캘리포니아 부동산 가격과 임대료가 상승했으므로 저널 테크놀로지와 데일리 저널이 사용하던 사무실 수를 축소했습니다. 샌프란시스코 지역은 인터넷 기업들의 편집 수요가 많아서 기자를 채용하기가 매우 어렵습니다. 얼마 전 우리는 〈캘리포니아 로여(California Lawyer)〉 잡지를 폐간했고 시애틀과 덴버 사무소도 폐쇄했습니다. 시애틀과 덴버에서는 법률 광고 시스템에 진입하기가 어렵습니다. 비슷한 시점에 우리는 피닉스에서 신문사를 인수했는데 지극히 잘 운영되고 있습니다.

멍거 축소되는 사업은 관리하기가 매우 어려운데도 게리는 훌륭하게 관리하고 있습니다.

흑사병 시대의 장의사

시장이 1999년처럼 장기 하락세로 갈까요? 아니면 기술이 기업에 대한 가치 평

가 방식에 항구적 변화를 불러왔다고 보나요?

멍거 변화가 얼마나 오래갈지는 모르지만 기술이 변화를 불러온 것은 확실합니다. 예측할 수 없는 복잡계 안에서 미래의 모습을 알기는 어렵습니다. 그래서 사람들은 난관이 닥쳤을 때 대안을 마련하려고 자금을 확보해둡니다. 사람들은 게리처럼 사업을 축소하거나 확대합니다. 흥미롭게도 데일리 저널은 압류가 급증한 기간에 이런 자금을 모두 확보했습니다. 말하자면 우리는 흑사병이 유행하던 시기에 갑자기 성공한 장의사와 같습니다. 재미있는 돈벌이 방식입니다. 이는 게리와 내가 모든 주에서 공시 광고를 확보하려고 초라한 영세 신문사들을 인수했기 때문에 가능했습니다.

게리 일종의 종합 서비스 센터를 인수한 것입니다.

멍거 그렇습니다. 이는 훌륭한 아이디어로 밝혀졌고, 우리는 막대한 돈을 벌었습니다. 주주들은 운이 좋았습니다. 게리처럼 학습 능력을 갖춘 인재가 있었으니까요.

전문가 역량과 포지션 수익률

자선 단체들은 향후 수십 년 동안 어떤 방식으로 자산을 운용해야 하나요?

멍거 내가 오랫동안 어느 정도 영향을 준 자선 단체의 자산운용위원회에는 잘나가는 재무 전문가들이 있습니다. 그리고 기부금 계정에는 두 가지 자산이 들어 있는데, 하나는 리 루의 차이나 펀드 지분 상당량이고 나머지 하나는 뱅가드 인덱스펀드입니다. 이 두 포지션 덕분에 이 자선 단체의 비용은 다른 단체보다 훨씬 낮고 수익률은 어느 단체보다도 높습니다. 이것이 내가 자선 단체에 조언하는 방식입니다. 그 성과는 미국 자선 단체들이 일반적으로 얻는 성과와 다릅니다. 자산운용업계는 위기를 자초했습니다. 이들은 세상이 예전 방식 그대로 유지되길 바라지만 그것이 고객들에게 옳은 방식은 아닙니다.

버핏의 기부금 덕분에 게이츠 재단에서 수백만 명의 목숨을 살렸을 터인데, 버크셔의 경영자들도 이 사실을 알고 있을까요?

멍거 일부는 알고 있을 것입니다. 그러나 그런 일로 버핏이 유명해진 것은 아닙니다. 버핏은 자선 기부금에 대해 인정받지 못해도 전혀 개의치 않습니다.

석유산업과 가스산업도 신문사들처럼 몰락하게 될까요?

멍거 아니요. 석유산업과 가스산업은 오랜 기간 유지될 것으로 생각합니다. 우리가 운송에 탄화수소를 많이 사용하지 않는다면 오랜 기간 유지될 것입니다. 탄화수소는 화학 원료로도 필요합니다. 석유와 가스가 여전히 훌륭한 사업이라는 말은 아니지만 신문 사업처럼 몰락하지는 않을 것으로 생각합니다.

대처할 수 있는 지구 온난화 문제

지구 온난화가 인류의 생존을 위협한다고 보나요? 빈국들은 여전히 저렴한 에너지를 사용해야 하는데, 어떻게 대처해야 할까요?

멍거 빈국들이 여전히 석탄을 사용해야 한다면 지구 온난화 문제를 해결하기가 매우 어렵습니다. 이는 심각한 문제입니다. 하지만 우리에게는 아직 적지 않은 시간이 있고 부국들은 충분한 재정 능력도 갖추고 있습니다. 약 100년 후 해수면이 60피트(18미터) 상승한다면 우리는 해안에 거대한 방조제를 쌓아야 합니다. 플로리다는 심각한 문제에 직면하겠지요. 그러나 대처할 수 있는 문제입니다.

빌 게이츠는 최근 저술한 책에서, 돈이 많이 들긴 해도 이런 문제를 해결할 수 있다고 판단했습니다. 그의 결론은 인류가 이 문제에 적극적으로 대처해야 한다는 것입니다. 나는 이견이 없습니다. 이 어려운 문제를 떠맡은 빌을 존경합니다. 나는 잘 모르는 문제는 피하는 편입니다.

요즘 어떤 책을 읽으며, 어떤 책을 추천하는지요?

멍거 이 질문은 건너뛰겠습니다.

인생을 바꾸고 싶지 않다

당신이 오늘 인생을 다시 시작한다면 무엇을 바꾸고 싶은가요?

멍거 벤저민 프랭클린은 역사상 가장 현명한 인물로 꼽히는데도 살아가면서 많은 실수를 저질렀습니다. 그에게 인생을 다시 살 기회가 있다면 그런 실수를 피할 것입니다. 그는 이에 대해 매우 정감 있게 표현했습니다. 그러나 인생을 다시 살 기회는 누구에게도 없습니다. 이론에 불과한 이야기입니다.

내가 항상 좋아하는 독일 속담이 있습니다. "사람은 너무 빨리 늙고, 너무 늦게 철든다"입니다. 프랭클린은 물론 얼간이에게도 적용되는 말입니다. 우리는 모두 이 문제를 떠안고 살아갑니다. 그리고 우리는 모두 자신에게 매우 너그러운데, 이는 십중팔구 좋은 일입니다.

나는 내 인생을 바꾸고 싶지 않습니다. 웬만큼 성공한 사람들은 대부분 충분히 행복하다고 생각합니다. 더 부유해진다고 해서 훨씬 더 행복해지는 것도 아니고 더 가난해진다고 해서 훨씬 더 불행해지는 것도 아닙니다. 사람들 대부분은 행복한 상태로 태어나며, 이는 인생에서 이룬 성과와 관계가 있다고 생각합니다.

1등과 결혼한 2등

당신은 배우자 선택이 중요하다고 강조했는데, 구체적인 사례를 알려주겠습니까?

멍거 가장 좋은 사례가 리콴유입니다. 학교 교육 과정에서 그는 2등이었습니다. 1등은 한 살 더 많은 여학생이었습니다. 그래서 그는 그 여학생과 결혼했습니다. 그의 아들은 총명해서 지금은 싱가포르의 총리가 되었습니다. 현명한 배우자 선택은 매우 중요합니다. 배우자 선택만큼 행복에 중요한 요소는 거의 없으니까요.

사회문제나 투자에도 물리학을 적용하나요?

멍거 투자 문제 해결에 물리학을 많이 이용하지는 않지만 가끔은 물리학이 유용합니다. 내게 제안한 사람이 물리학을 전혀 모르는 바보임을 알게 되면 나는 즉시 그에 대해 신경을 꺼버립니다.

투자할 때 기업문화 분석은 얼마나 중요한가요?

멍거 매우 중요합니다. 예컨대 수십 년 전만 해도 소규모 신생 업체였던 코스트코는 기업문화 덕분에 현재와 같은 거대 기업으로 빠르게 성장할 수 있었습니다. 코스트코는 원가, 품질, 효율성, 명예 등 온갖 좋은 요소에 열광하는 강력한 기업문화를 창출했습니다. 이 기업문화는 효과적이었습니다. 기업문화는 매우 중요합니다.

당신은 남들의 실수를 보고 배우라고 자주 말하는데, 데일리 저널의 실수는 무엇인가요?

멍거 게리, 자네가 저지른 가장 큰 실수가 뭔가?

게리 우리는 실수에 관해서 생각하지 않습니다. 우리는 현재 상황에서 문제를 해결하려고 노력합니다.

멍거 우리는 법원 소프트웨어 사업에 진출하려고 소기업을 높은 가격에 인수했지만 실수는 아니었다고 생각합니다. 이 사업이 그토록 어려운 줄 몰랐지만 이것도 실수는 아니었다고 봅니다. 우리가 끔찍한 실수를 많이 저질렀다고 생각하지는 않습니다. 이 주변의 부동산을 둘러보십시오. 우리는 이 모든 건물을 싸게 사들였는데 가격이 많이 올랐습니다. 데일리 저널을 인수한 것도 실수라고 생각하지 않습니다. 우리는 250만 달러에 인수했는데 그 직후에 받은 배당이 250만 달러였습니다. 그러므로 나머지는 모두 이익입니다. 우리는 지금까지 매우 잘 대처했다고 생각합니다.

기존 아이디어의 효과

《Poor Charlie's Almanack(가난한 찰리의 연감)》에 보태거나 수정하고 싶은 사항이 있나요?

멍거 더는 새로운 아이디어가 없습니다. 인생을 살아오는 동안 내 아이디어가 매우 유용했습니다만 이제 기적을 낳을 만한 새로운 아이디어가 더는 안 나올 듯합니다. 하지만 기존의 아이디어도 여전히 효과가 있다고 생각합니다. 최근 몇 년 동안 나는 더 좋은 기숙사를 지으려고 노력 중입니다. 나는 나이가 많은데도 노력하면 실제로 기숙사를 어느 정도 개선할 수 있습니다. 내가 여전히 역할을 할 수 있어서 기쁩니다. 그렇다고 기적을 일으키려는 것은 아닙니다.

배우자 선택이 아마도 인생에서 가장 중요한 결정인데, 조언을 부탁합니다.

멍거 아시다시피 나는 결혼에 실패한 사람입니다. 그러므로 젊은이들에게 결혼에 관해서 조언할 처지가 아닙니다. 도움을 드릴 수가 없네요.

당신이 건강하고 행복하게 장수하는 비결은 무엇인가요?

멍거 우연히 좋은 유전자를 물려받은 덕분이라고 생각합니다. 그래서 비결을 가르쳐드릴 수가 없네요. 게리도 장수하고 있지만 우리 둘 다 운이 좋을 뿐이라고 생각합니다. 비결 같은 것은 없습니다. 나는 인생을 다른 방식으로 살았어도 장수했을 것으로 생각합니다.

기대를 낮추고, 진실을 말하라

행복한 인생을 사는 데 필요한 원칙을 알려주시겠습니까?

멍거 행복한 인생을 사는 원칙은 매우 단순합니다. 첫 번째 원칙은 기대 수준을 낮추는 것입니다. 이 원칙은 어렵지 않습니다. 기대 수준이 비현실적으로 높으면 평생 비참하게 살게 됩니다. 나는 기대 수준을 잘 낮추었으므로 유리했습니다.

간혹 일이 잘 풀리지 않을 때에는 뒤집어 생각하는 방식이 유용합니다. 로즈 블럼킨 여사가 버크셔의 기업문화에 큰 영향을 미친 행동 원칙도 유용합니다. 여사는 500달러로 사업을 시작해 거대 기업을 만들어냈습니다. 여사의 좌우명은 "항상 진실을 말하고, 누구에게도 절대 거짓말하지 말라"였습니다. 매우 단순하지만 매우 훌륭한 원칙입니다. 인생에 유용한 원칙들은 이렇게 매우 단순합니다. 리콴유가 말한 "처음에 올바르게 하라"도 정말 훌륭한 원칙입니다.

팬데믹 이후의 변화

코로나19 팬데믹이 발생하고 1년이 지났는데, 어떤 교훈을 얻었는지 조언을 부탁합니다.

멍거 창업에 대해서 내가 해줄 조언은 많지 않습니다. 그러나 팬데믹을 통해서 우리가 배운 사실은, 출장을 대폭 줄이는 대신 줌에 의한 화상 회의를 대폭 늘릴 수 있다는 점입니다. 코로나가 종식되더라도 우리 생활 방식이 과거로 돌아가지는 않을 것입니다. 출장은 대폭 감소하고 화상 회의는 대폭 증가할 것으로 생각합니다. 세상이 많이 달라질 것입니다. 이런 원격 재택근무자가 증가해서 매주 3일은 출근하고 2일은 재택근무하는 사람이 많아질 것입니다. 변화가 많을 것입니다. 나는 이런 변화를 환영합니다.

마지막으로 전 세계 시청자들에게 한 말씀 부탁드립니다.

멍거 게리와 나는 둘 다 늙었고, 똑같은 일을 했다고 생각합니다. 우리는 함께 잘 대처했으며 비밀 같은 것은 없습니다. 그렇지 않나, 게리?

게리 비밀은 없습니다. 우리는 직원들의 생활에 관심이 많습니다. 이는 매우 중요합니다. 예를 들면 캘리포니아주에서는 매년 사형이 30~40건 선고되므로 우리 직원들이 항상 법원 사무실에서 고객들을 긴밀하게 지원해야 합니다. 그동안은 출장을 많이 다녔는데 지금은 많은 법원 사무실이 문을 닫아서 출장이 대폭 감소했습니다. 지금 법원은 문을 닫았지만, 향후에는 e파일링e-filing 같은 우리 기술을 이용하면 법원이 다시 가동될 수 있을 것으로 기대합니다. 그러므로 과거에는 고려하지 않았던 아기 돌보기 등 직원들의 필요 사항이나 바람에 더 관심을 기울여야 합니다. 똑같은 일을 하더라도 사람마다 처한 상황이 다릅니다. 우리는 직원들과 고객들이 서로 협조하면서 더 효율적으로 일할 수 있도록 비공식 위원회로서 역할을 담당해야 합니다.

멍거 우리는 우리를 신뢰하는 고객들에게 매우 열정적으로 서비스를 제공합니다. 우리는 호주, 캘리포니아, 기타 우리가 신뢰받는 지역에서 고객들에게 훌륭한 서비스를 제공하려고 노력을 기울이고 있습니다. 우리를 신뢰하는 사람들에게 믿음을 주는 것보다 더 중요한 일은 없습니다. 우리는 훌륭한 서비스를 제공하도록 필사적으로 노력할 것입니다. 데일리 저널 주주들은 이런 노력의 결과가 무엇이든 수용해야 할 것입니다.

워런 버핏 바이블 2021

초판 1쇄 2021년 5월 15일
5쇄 2024년 2월 15일

엮고 지은 이 | 이건, 최준철, 홍영표

펴낸곳 | 에프엔미디어
펴낸이 | 김기호
편집 | 김형렬, 양은희
기획관리 | 문성조
마케팅 | 박종욱, 이제령
디자인 | 채홍디자인

신고 | 2016년 1월 26일 제2018-000082호
주소 | 서울시 용산구 한강대로 295, 503호
전화 | 02-322-9792
팩스 | 0303-3445-3030
이메일 | fnmedia@fnmedia.co.kr
홈페이지 | http://www.fnmedia.co.kr

ISBN | 979-11-88754-41-0